二十四史校訂研究叢刊

唐張守節史記正義佚存

上册

〔日〕瀧川資言 著
〔日〕小澤賢二 録文
袁傳璋 校點

中華書局

圖書在版編目(CIP)數據

唐張守節史記正義佚存/(日)瀧川資言著;(日)小澤賢二録文;袁傳璋校點. —北京:中華書局,2019.2
(二十四史校訂研究叢刊)
ISBN 978-7-101-13692-0

Ⅰ.唐…　Ⅱ.①瀧…②小…③袁…　Ⅲ.①中國歷史-古代史-紀傳體②《史記》-研究　Ⅳ.K204.2

中國版本圖書館 CIP 數據核字(2019)第 003526 號

責任編輯:樊玉蘭

二十四史校訂研究叢刊
唐張守節史記正義佚存
(全二册)
〔日〕瀧川資言 著
〔日〕小澤賢二 録文
袁傳璋 校點

*

中華書局出版發行
(北京市豐臺區太平橋西里 38 號　100073)
http://www.zhbc.com.cn
E-mail:zhbc@zhbc.com.cn
北京瑞古冠中印刷廠印刷

*

850×1168 毫米 1/32・23 印張・4 插頁・490 千字
2019 年 2 月北京第 1 版　2019 年 2 月北京第 1 次印刷
印數:1-2000 册　定價:148.00 元

ISBN 978-7-101-13692-0

二十四史校訂研究叢刊出版説明

「二十四史」及《清史稿》，紀事連貫，卷帙浩繁，濃縮中國上下五千年的歷史和文化，是研究古代中國社會歷史和文化的基本資料，是珍貴的歷史文化遺産。二十世紀五十至七十年代，由全國史學界、出版界通力合作，中華書局承擔組織落實和編輯出版的「二十四史」及《清史稿》點校本，以其優秀的學術品質和適宜閲讀的現代形式，逐漸取代了此前的各種舊本，爲學術界、文化界和廣大讀者普遍採用，成爲使用最爲廣泛的權威性通行本。

「二十四史」及《清史稿》點校工作任務浩大，出版過程漫長。自一九五九年《史記》問世，至一九七八年《宋史》出版告竣，前後費時二十年之久。點校工作舉全國之力，衆多前輩學者爲之慨然奉獻，不遺餘力，其功績卓著，超邁前人。但由於當時客觀條件的制約，加以時作時輟，體例未盡統一，疏失亦所不免。隨著半個世紀以來的時代前進和學術發展，點校本「二十四史」及《清史稿》的修訂工作成爲而今的當務之急。二〇〇七年，中華書局啓動點校本「二十四史」及《清史稿》修訂工程，面向全國，選賢與能，組織專門班子，制定切實方案，要求進一步完善和統一點校體例，在保持點校本原有優勢的基礎上，吸收最新研究成果，補其罅漏，糾其謬誤，造就一個體例統

一、標點準確、校勘精審、閱讀便利的新的升級版本。

爲配合修訂工程的開展，提供更爲廣泛有效的學術支持，在做好各史修訂工作的同時，還將集中力量做好以下兩個配套專案的編輯出版工作：一是以此前已經編輯出版的「二十四史研究資料叢刊」爲依託，做好歷代「二十四史」研究成果的搜集整理工作，構建「二十四史」及《清史稿》研究的基本資料庫；一是編輯出版「二十四史校訂研究叢刊」，彙編今人校訂「二十四史」及《清史稿》的著述，包括此次修訂過程中形成的各項專題研究成果（如專史研究、校訂劄記、點校長編等），爲修訂工作提供一個廣闊的學術園地。

「二十四史校訂研究叢刊」重文獻考據，以實證爲要旨，收録範圍包括首次發表的新作，如陳美東先生的《歷代律曆志校證》、吴玉貴先生的《唐書輯校》等；也有先曾發表，現經訂補的轉精之作，如梁太濟、包偉民先生的《宋史食貨志補正》，龔延明先生的《宋史職官志補正》等；還有點校本出版之後學術界校勘補正成果的彙編，如臺灣學者詹宗祐先生編撰的《點校本兩唐書校勘彙釋》。此外，上個世紀點校時遺存的部分未曾發表的校勘長編，如王仲犖先生的《宋書校勘記長編》等，其中不見於點校本校勘記的資料在在皆是，對於此次修訂，乃至當今的史學研究，都具有重要的參考價值，也列入本叢刊出版範圍。本叢刊還將集中發表此次修訂過程中産生的相關校勘考證成果，尤其是限於修訂體例未能納入修訂本中的重要内容，以全面反映修訂工作的學術成績。

中華書局編輯部

二〇〇八年七月

目録

上册

下册

導論：《唐張守節史記正義佚存》手稿之文獻價值

袁傳璋

日本瀧川資言博士（一八六五—一九四六）於大正二年（一九一三），在東北帝國大學圖書館所藏慶長（一五九六—一六一四）、寬永（一六二四—一六二九）年間刊行的古活字印本《史記》二種欄外標注中，發現被宋人《史記》三家注合刻者删削的《史記正義》佚文「一千二三百條」，嗣後仙臺齋藤報恩會資助其採訪之費，得以見讀日本公私所藏更多的《史記》宋元古板本、古活字印本、鈔本，參互校訂，手輯以爲《唐張守節史記正義佚存》二卷。大批《正義》佚文的輯得，遂啓《史記會注考證》「纂述之志」〔一〕。瀧川資言編纂《史記會注考證》時，將輯得的《正義》佚文一一散入《史記》相應正文之下，自謂「略復張氏之舊」。昭和九年（一九三四）全書十册出齊。《史記會注考證》出版過程中，由於瀧川氏原稿字體潦草，手民或因字不識而以空格處置，或因字

〔一〕瀧川資言：《史記會注考證》第十册《書史記會注考證後》，卷末第一六八頁，日本東方文化學院，一九三二—一九三四年。

形近似而致誤植，甚至還有因跳行漏排多達數十字者。其時瀧川博士年近古稀，校讎重任前後全委阿部吉雄、勝又憲治郎，而二人對手民所致的訛、奪、衍、倒大都未曾校出更正，且有臆改妄增處，遂使《史記會注考證》新增《正義》留下不少語意不明或難以索解的瑕疵。自《史記會注考證》出，讀《史》者在盛稱其德的同時，也詬病其新增《正義》佚文不具出處以致真僞莫辨，甚至有學者如魯實先、程金造等因此而誤判這批《正義》佚文大都爲日人僞託；而對於新增《正義》的訛、奪、衍、倒，讀者咸以爲瀧川先生手輯《正義》佚文或史料原本如此而莫之疑。

針對《史記會注考證》新增《正義》佚文不具出處的缺陷，水澤利忠先生（一九一八—二〇一三）費二十年之功，博搜異本，廣校《史記會注考證》正文及三注，字爲校讎，悉記異同，又特爲《正義》佚文一一補其出處。於一九五七至一九七〇年間出版《史記會注考證校補》九巨册，彌補了《史記會注考證》新增《正義》不具出處的缺憾。但水澤氏《校補》原稿二十世紀五十年代末葉已經殺青〔一〕，無緣得見瀧川資言《史記正義佚存》手稿，故《史記會注考證》新增《正義》佚文的訛、奪、衍、倒的缺陷，多半被《校補》沿襲，所作校語雖大都精當，却也新增不少判斷失誤處。

〔一〕水澤利忠撰《史記會注考證校補》全九册，爲《史記會注考證》所做《校補》止於第八册上半，以下及第九册係《史記之文獻學研究》。第八册出版於昭和三十六年（一九六一），故知水澤氏《校補》實殺青於二十世紀五十年代末。

瀧川資言先生於昭和二十一年（一九四六）逝世後，私人藏書流散，《唐張守節史記正義佚存》手稿亦不知所蹤。直到《史記會注考證》出版四十多年後的昭和後期，約公元一九八〇年前數年，日本書誌學者長澤規矩也在坊間舊書肆偶得《史記正義佚存》手稿下卷，持贈《史記會注考證校補》作者水澤利忠，而其時上距《校補》第九册出版已十數年。平成三年（一九九一），日本史記正義研究會在瀧川資言故居意外發現《史記正義佚存》手稿上卷，至此二卷始成合璧。《唐張守節史記正義佚存》二卷手稿現藏日本京都大學人文科學研究所，但至今並未宣佈於世〔一〕。除日本史記正義研究會小澤賢二先生據其爲藍本作《史記正義佚存訂補》，訂正並補足瀧川資言《史記會注考證》及水澤利忠《史記會注考證校補》兩書新增《正義》佚文的不少錯訛、脱奪外，尚未有人對其以專題進行深入研究。

公元二〇一二年秋七月，筆者承蒙小澤賢二先生以瀧川資言手録《唐張守節史記正義佚存》二卷複製本見贈，方得目擊這部珍貴手稿的廬山真影像。手稿以高二十八公分、寬三十四點六公分的和紙謄鈔，内葉雙面對摺，半葉寬十七點三公分。上卷封面左側以楷體題寫「唐張守節史記正義佚存」書名，右側四眼細綫裝訂。正文凡一百六十三葉（内含《項羽本紀》篇題後空白四葉、《楚世

〔一〕日本京都大學人文科學研究所附屬網站東方學テシタル圖書館已於公元二〇一六年公佈手稿全文彩色影像。

家》篇空白一葉半、《三王世家》篇空白一葉半、《扁鵲倉公列傳》篇空白一葉）。無界欄，天頭留白七公分，地脚留白二公分。半葉十行或十一行，行二十二字。首葉首行書「唐張守節史記正義佚存」書名，次行低兩字書「五帝本紀第一」，第三行提行摘引所注《史》文「名曰軒轅」，空一字後鈔録《正義》佚文。《五帝本紀》佚文抄録完畢之後，空兩行接書「夏本紀第二」。以下依此程式，按《史記》一百三十篇篇次於該篇篇名後摘鈔《正義》佚文；無《正義》佚文之《史記》篇目亦書篇名。上卷終《三王世家第三十》，其後又補鈔三家注合刻本《秦本紀》及《秦始皇本紀》的部分《正義》七葉。下卷始《伯夷列傳第一》，終《太史公自序第七十》。卷末爲長澤規矩也以《史記正義佚存》下卷持贈水澤利忠的識語：「《史記正義佚文》一卷，瀧川君山所鈔。予獲諸坊賈矣。水澤君校訂《史記》多年，業有可觀。謹贈是書，以爲資料。長澤規識。水澤君云：君山從東北大所藏古活字本鈔出者。」鈔本字體泰半爲行書，部分爲草書，故有少數文字頗難辨識。所録佚文條目有的有塗抹、圈改、鈎乙、添注，有的在題頭或文尾除標注「慶長本」、「寬永本」之外，還標注「楓山」、「三條」、「南化」、「博」（璋按：指《博士家本史記異字》。）、「札」（璋按：指清同治金陵書局刊張文虎《校刊史記集解索隱正義札記》。）等版本或文獻略稱者，顯露出瀧川氏曾以所見多種《史記》古板本、鈔本及相關文獻與東北大學所藏古活字本《史記》參互校訂的痕迹，而並非如水澤利忠所云僅從「東北大所藏古活字本鈔出者」。這部手鈔《唐張守節史記正義佚存》，當是瀧川資言編撰《史記會注考證》新增《正義》佚文的原始依據。

宋代以前的《史記》古注，據史籍記載有二十餘種，歷經歲月篩汰，唯餘學術價值最高的南朝劉宋裴駰的《史記集解》、李唐王朝司馬貞的《史記索隱》和張守節的《史記正義》，學界習稱《史記》三家注，經宋人合刻爲《史記集解索隱正義》而流傳至今。《史記》三家注彙集了《史記》成書以來下迄盛唐八百餘年間諸多學者的研究成果，合刻本又保存了東漢時形成的《史記》文本，遂成爲《史記》研究史上第一座里程碑。《史記》作爲正史之祖，三家注之後的歷代研究者留下專門著作或單篇零劄的不下數百家。但可惜直至二十世紀初葉一千一百多年間，無人能如裴駰、司馬貞、張守節那樣對《史記》全書作出新而全面的整理疏證。

瀧川資言博士窮二十餘年之功，於一九三二至一九三四年間出版《史記會注考證》十册。該書起初以日本明治年間刊行的鳳文館本《史記評林》爲工作本，以後又改以當時所見校訂最爲精善的清同治九年金陵書局梓行的《史記集解索隱正義合刻本》爲底本，「正文以我邦（璋按：指日本。）所存鈔本校，《正義》以僧幻雲所録補」〔一〕。注文除保存刻本三家注的全部成果外，又廣蒐博採「禹域」（璋按：指中國。）上起盛唐開元劉知幾的《史通》，下迄清末梁啓超的《史傳今義》，中間包括宋代的洪邁、鄭樵、王應麟，元代的馬端臨，明代的凌稚隆、胡應麟，清代的顧炎武、方苞、王

〔一〕瀧川資言：《史記會注考證》第十册附録《史記總論·史記鈔本刊本》，第一三六頁。

鳴盛、錢大昕、梁玉繩、王念孫、張文虎、王先謙等學術大家關涉到《史記》的著作一百餘種，日本本土上起恩田仲任，下迄新城新藏，中間包括岡白駒、中井積德、僧瑞仙（桃源）、僧壽桂（幻雲）等著名漢學家的相關著作二十餘種，以事串聯，爬梳整理，辨析折中，然後取其精義，以考證的名目，分繫於相應《史》文三家注之下。瀧川氏若遇疑難《史》文前人未曾解説或説而未明，而自己又有心得者，亦加以考辨注説。全書之末又附瀧川氏自撰之《史記總論》，就太史公事歷、太史公年譜、《史記》資材、《史記》名稱、《史記》記事、《史記》體制、《史記》文章、《史記》殘缺、《史記》附益、《史記》流傳、《史記》鈔本刊本、《史記集解索隱正義》、《史記正義佚存》、司馬貞張守節事歷、引用書目舉要等「《史記》學」中重要事項，分列條目予以論述，亦足備爲瞭解太史公其人其書的參考。其書問世以來一直成爲海内外研習漢學者不可或缺的最佳《史記》讀本。

《史記會注考證》繼《史記》三家注之後，在保存《史記》三家注全部成果的基礎上，第二次對盛唐以下直至近世的歷代《史記》研究成果進行了全面的總結疏證，以資料最富、體例最精而樹立起《史記》研究史中又一座里程碑。唐貞觀中，顔師古《漢書注》成，時人稱「顔秘書爲班孟堅忠臣」[一]。《史記會注考證》出，愚以爲瀧川資言當亦無愧「司馬子長忠臣」的品題。

〔一〕歐陽修等：《新唐書》卷一九八《儒學上·顔師古傳》，第十八册，第五六四二頁，中華書局點校本，一九七五年二月第一版。

《史記會注考證》的面世，離不了《唐張守節史記正義佚存》手稿的催生，誠如瀧川資言本人所言：「予得《史記正義》遺佚於東北大學，始有纂述之志。」〔一〕自然，《史記正義佚存》手稿尚有自身不可替代的文獻價值。所録《正義》佚文有助對《史》文的深化理解自不待言，除此之外，尚有數端可圈可點。

首先，瀧川資言手輯《史記正義佚存》「略復張氏之舊」。張守節作爲盛唐東宫屬官，職任諸王侍讀，有幸自青年時代起便得依東宫崇賢館《史記》《漢書》名師門牆〔二〕，並可檢閲東宫豐富藏書〔三〕。「涉學三十餘年，六籍九流地里《蒼》《雅》鋭心觀採，評《史》《漢》詮衆訓釋而作《正義》，郡國城邑委曲申明，古典幽微竊探其美，索理允愜，次舊書之旨，兼音解注，引致旁通，凡成

〔一〕瀧川資言：《書史記會注考證後》，《史記會注考證》第十册卷末。

〔二〕唐代東宫學館講授《史記》《漢書》由來有自。高宗龍朔中，劉伯莊以弘文館學士、國子博士，兼授崇賢館學士，撰《史記音義》《史記地名》《漢書音義》各二十卷，行於世。見《舊唐書·儒學列傳上》。崇文館學士張嘉會獨善《史記》，司馬貞曾「少從張學」，見《史記索隱後序》；而張守節在《正義》中多次稱道「張先生」「張先生書」，可證張守節亦師從張嘉會受《史》《漢》。東宫學館爲諸王講授《史記》等「三史」，其制亦傳於東瀛。當唐肅宗時，日本已有其制。

〔三〕安史之亂前，唐東宫崇賢館典藏極富。開元間褚無量校内府書，玄宗曾詔無量借崇賢館藏書鈔寫以補充内府書。東宫又有司經局，掌「四庫圖籍繕寫刊輯之事」。

三十卷，名曰《史記正義》。」〔一〕「正義」者，「傳以通經爲義，義以必當爲主。至當歸一，精義無二」之謂也〔二〕。張守節以《正義》爲所撰《史記》注命名，其自我期許已非淺。故北宋慶曆元年（一〇四一）皇家藏書定著的《崇文總目》著録稱：唐張守節撰「《史記正義》三十卷。爲《漢書》學者，此最精博」〔三〕。但由於張守節與作《史記索隱》的唐弘文館學士司馬貞生當同世，著書所引圖籍資材大抵相同，故二人之《史記》注文常有雷同之處。南宋合刻《史記》三家注時，以先已梓行的《史記集解索隱》爲本注，而以《正義》爲增注附刻其後。編刻者爲減少重複，對附刻的《正義》删削獨多。自《史記》三家注合刻本風行於世，單本《史記正義》漸次湮没，明代士人已無緣復睹原本。瀧川資言的《史記會注考證》之所以備受重視，原因之一正是由於他據手輯《史記正義佚存》爲該書增補了因被《史記》三家注合刻者删削而湮没八百餘年的一千餘條《正義》。

其次，《佚存》手稿保存的《史》文異字有助《史記》文本校勘。《史記》在長期流傳過程

〔一〕張守節：《史記正義序》，《史記》第十册，卷末第一一頁，中華書局點校本，一九五九年九月第一版。

〔二〕唐玄宗：《孝經序》，阮元刻《十三經注疏》，中華書局縮印本，下册，第二五四〇頁，一九八〇年十月第一版。

〔三〕王堯臣等奉敕撰：《崇文總目》（《永樂大典》本）卷三「正史類」，《文淵閣四庫全書·史部·目録類一》所收。

中，輾轉相鈔，各種鈔本形成「文句不同，有多有少，是非相貿，真僞舛雜」的現象〔一〕。雖經東晉徐廣「研覈衆本，具列異同」，又經裴駰「以徐爲本」，再加整理而成定本，但在北宋初年板刻《史記集解》前的手鈔階段，《史》文仍難免出現豕亥魯魚般的錯訛。張守節注《史記》主要依據其師「張先生舊本」，而守節又以「精博」著稱，故佚文《正義》所保存的《史》文異字，大多優於三家注合刻本的今本，實有助於《史記》文本校勘，以期接近太史公《史記》原貌。如《外戚世家》「因欲奇兩女，乃奪金氏」（中華本第六册，第一九七五頁）。《佚存》手稿《正義》：「奇，作倚，竝於綺反。倚，依也。問卜筮，兩女當貴，乃依恃之，故奪金氏之女。」按之《史記》上下文，佚《正義》作「倚」，深契太史公原意，又與《漢書》作「倚」合。一「倚」字直探臧兒奪女的深心。《索隱》本作「奇」，注曰：「奇者，異之也。」顯然與欲恃「兩女」以獲大富大貴之父母私心不符。《史記》今本「奇」字當依《佚存》手稿《正義》佚文校正爲「倚」。又如《李將軍列傳》「廣家世世受射」（中華本第九册，第二八六七頁）。今本「受」字，《佚存》手稿《正義》佚文作「愛」，全句爲「廣家世世愛射」。佚文釋「愛」云：「愛，好也，習也。」然則「受」耶「愛」耶，孰是孰非？且看太史公下文：「廣訥口少言，與人居則畫地爲軍陳，射闊狹以飲。專以射爲戲，竟死。」直是「愛射」的絕妙注脚。據太史公所敘李將軍秉性，《史記》原

〔一〕裴駰：《史記集解序》，《史記》第十册，卷末第三頁。

文以作「愛」爲是，「受」則爲「愛」字之形訛。又如《朝鮮列傳》「真番旁衆國」（中華本第九册，第二九八六頁）。《佚存》手稿《正義》「衆」作「辰」，全句爲「真番旁辰國」。佚《正義》除引《後漢書》「朝鮮有三韓：一曰馬韓，二曰辰韓，三曰弁韓」外，復引《魏志》及《括地志》佐證今本「衆國」爲「辰國」。是「衆」乃「辰」之形訛。再如《酷吏列傳》「天水駱璧推咸」（中華本第十册，第三一五四頁）。漢無「推咸」刑名，而「推咸」又别無可解。《索隱》：「上音直追切，下音減。謂椎擊以成獄也。」司馬貞讀「推」爲「椎」、「咸」爲「減」强勉爲解，實不足訓。而《佚存》手稿《正義》佚文作「推成」，釋爲「言推掠以成罪也」。不煩改字而文從義順。今本「咸」顯爲「成」之形訛。

然而《佚存》手稿所存《史》文異字亦有欠妥者。如《楚世家》「膺擊韓魏」（中華本第五册，第一七三一頁）。佚《正義》「膺」作「鷹」。「鷹擊韓魏」，若從單句看，「鷹」自較「膺」佳。若聯繫此句的上下文「秦爲大鳥……左臂據趙之西南，右臂傅楚鄢郢，膺擊韓魏，垂頭中國……」，則作「膺」者是，作「鷹」者非，且佚《正義》：「膺作鷹。如鷹鳥之擊也。」也與《史》文原義違戾。凡此均應仔細甄别。

第三，《佚存》手稿保存古佚書遺文可資史事考證。張守節注《史記》，憑藉東宫書府，徵引浩博。據《佚存》手稿所見，守節注地大都徵引魏王李泰主編之《括地志》，據其引文，得知某地地里方位、政區沿革、歷史故實、風土民俗。注書大都徵引《漢書·藝文志》、阮孝緒《七録》，據其引文，得知某書作者誰何及目録卷帙。據其所引衛宏《詔定尚書序》，得知古文《尚書》文多段借，實因潁川人朝錯奉詔赴齊地從伏生受讀，而兩地音讀有異，錯所不解者直以潁音屬讀所致。又如《史記·魯周公世家》「成王與大夫朝服以開金縢書」（中華本第五册，第一五二二頁），周公卒後雷風變異事，史公敘事前後錯繆，張守節佚《正義》徵引三國蜀漢譙周《古史考》論金縢之文予以辨析，實有助古史疑案考證。還有佚《正義》引述過的《世本》、《竹書紀年》、《燕丹子》、陸賈《楚漢春秋》、《漢故事》、蔡邕《天文志》、張華《博物志》、《荆州圖考》等等，宋以後大都亡佚，由於《正義》的徵引方得存其片段。即使是斷帛碎錦，於解讀《史記》其書、理解太史公其人均有所裨益。

第四，《佚存》手稿可校正考證本、校補本訛、奪、衍、倒的失誤，其價值往往勝過「一字千金」。《唐張守節史記正義佚存》手稿由瀧川資言獨力過録自日本公私所藏《史記》宋元古板本、古活字印本（慶長、寛永本）、鈔本校記，又據所見多種板本、鈔本參互校訂，未經二手轉抄或手民排印，故最爲完好地保存了所録《正義》佚文的原始面貌。考證本、校補本存在的訛、奪、衍、倒之失誤，大都可據《佚存》手稿訂正。本書附録《對讀札記》對此已多有討論。這裏再略舉數例予以闡釋。

考證本《正義》佚文不可索解者，得《佚存》手稿訂正則如撥雲見日。如《廉頗藺相如列傳》「以數千人委之」（中華本第八册，第二四五〇頁）。考證本《正義》佚文云：「委之，反以少年先常以委。」意不可曉。而《佚存》手稿《正義》佚文作「委，之僞反。以少軍先嘗以委」。先爲「委」字注音，然後爲全句釋義，句意豁然明朗。於是知考證本「年」爲「軍」之形訛，「常」爲「嘗」之形訛。

考證本《正義》佚文敘次混亂不可卒讀者，得《佚存》手稿訂正，則敘次犂然有序。如《魏公子列傳》「平原君負韊矢」（中華本第七册，第二三八一頁）。考證本此下佚《正義》敘次顛三倒四，與《史》文若無關聯。《佚存》手稿《正義》先節録《集解》引出「吕忱」，然後補釋吕忱行歷及其著作《字林》，最後引《字林》釋「韊」文：「若胡鹿而短。」原原本本，正見守節非凡功力。

考證本有些形近而訛，如「自」訛「白」、「旻」訛「昊」、「洛」訛「路」之類，尚無大礙；有的形訛則使含義背反，甚至匪夷所思。如《孝景本紀》「殖蘭池」（中華本第二册，第四四三頁）。考證本佚文《正義》：「《括地志》：蘭池陵，即秦之蘭池也。」而《佚存》手稿佚文《正義》作：「蘭池陂，即秦之蘭池也。」考證本「陵」爲「陂」之形訛。「陂」爲澤，「陵」爲山，考證本一字之訛，遂人爲地變澤爲山，含義不啻天壤之别。又如《孝文本紀》「發倉庾以振貧民」（中華本第二册，第四三二頁）。考證本此下佚文《正義》：「《百官箴》者，廣所著書名。應劭著《官儀次比》。」

而《佚存》手稿佚《正義》作「《百官箴》者，廣所著書名，應劭著《官儀》之比。」胡廣所著《百官箴》屬於應劭所著《官儀》之類。考證本訛《佚存》手稿之「之」字爲「次」字，遂鬧出應劭曾著《官儀次比》一書的笑話。

考證本、校補本所録《正義》佚文的脱奪往往造成嚴重誤會，得《佚存》手稿方能澄清。如《孝文本紀》「天下人民未有嗛志」（中華本第二册，第四一九頁）。校補本於此下補《正義》佚文云：「恨也，未有恩惠之志民也。」「未有恩惠之志民」，文句不通，且與文帝詔書原義不合，定有訛奪。《佚存》手稿佚《正義》作「未有恩惠之志於民」，則契合文帝自責之本意。校補本補《正義》奪一「於」字，則誤人匪淺。又如《吴太伯世家》「見舞《象箾》《南籥》者」（中華本第五册，第一四五三頁）。此下校補本補《正義》曰：「按：北方南舞曲也。」「北方南舞曲」成何話説？按《佚存》手稿佚《正義》作「按：北方、南方舞曲也」，則涣然解疑。校補本奪一「方」字則使讀者茫然。再如《李斯列傳》：「且少我哉？且固我哉？」（中華本第八册，第二五五八頁）校補本補《正義》曰：「言丞相幼少，且以我爲故舊哉。」《史》文主體是秦二世皇帝胡亥，丞相指李斯。李斯時已高齡，何來「幼少」之説？其誤顯白。《佚存》手稿佚《正義》作：「言丞相幼少我。」二世意謂李斯欺我年齡幼少，佚文正符二世惱怒的心態。校補本奪《正義》原本中的「我」字，遂與《史》文原義背戾。再如《袁盎晁錯列傳》「夫一旦有急叩門，不以親爲解」（中華本第八册，第二七四四頁）。考證本佚《正義》「言人有急叩門被呼，則依父母自解説也」。意謂面對有急求助者，以父母爲託辭而拒人於門外。其猥瑣平庸之態令人齒冷。這絶非袁盎盛譽爲「天下所望」的雒陽劇孟之爲人。考證本佚文必有錯訛。考《佚存》手稿佚《正義》作：「言人有急叩門被呼，不依父母爲解免也。」古道熱腸之俠士形象立現人前。考證本奪一「不」字，則使劇孟無端蒙羞；補一「不」字，則煥發劇孟俠義風彩。「一字千金」，此之謂也。

由於考證本與校補本新增《正義》佚文大量存在訛、奪、衍、倒的失誤，瀧川資言先生「略復張氏之舊」的願望不僅未能完好地實現，而且還招致對《史記會注考證》的誤會，更使《史記正義》的作者張守節蒙受不白之冤。筆者期望《史記會注考證》的出版者日本東方文化學院及史記會注考證校補刊行會擇機依據《唐張守節史記正義佚存》手稿，對《史記會注考證》及《史記會注考證校補》新增《正義》佚文進行全面校訂，重新推出《史記會注考證》校正版，以真正實現瀧川資言先生生前「略復張氏之舊」的夙願，並滿足海内外研讀《史記會注考證》者能有一個更完美文本的期望。

正如筆者在上文所言，對《唐張守節史記正義佚存》手稿的專題研究尚未開始。本文作爲抛磚引玉之作，希望能充當一片墊路的燕石，引發海内外《史記》研究者對這一重要課題的重視。

公元二〇一三年，適逢瀧川資言先生於東北大學藏書中發現湮没八百餘年的《史記正義》佚文一百周年。謹以此小文作爲對《史記》研究史中這一勝事的紀念，並對瀧川資言先生辛勤的耕耘表示由衷的敬意！

瀧川資言手録《史記正義佚存》之發現與其歷史背景

小澤賢二

一、引 言

《史記正義》是《史記》三家注（《集解》《索隱》《正義》）之一，爲唐朝開元年間張守節撰著之書。張氏爲《史記》作注，多引用唐以前之佚書，更詳於地理，又博徵故實，於字句文義的詮釋亦中正鵠。雖然三家注合刻本以南宋所刊「黄善夫本」为嚆矢，但是《正義》曾被合刻者删節二千餘條以致多所散佚。幸運的是，散佚《正義》在日本國綿延不絶地被傳承着。

瀧川資言博士（一八六五—一九四六）廣泛涉獵《正義》佚文，並在十卷本《史記會注考證》（一九三二—一九三四年，東方文化學院上梓初版；一九五六—一九六〇年再刻，史記會注考證校補刊行會刊行。〔北京〕文學古籍刊行社，一九五五年據初刻本影印）中將所輯得的《正義》佚文插入相應《史》文之下，自謂「略復張氏之舊」。爾後水澤利忠博士承繼其業，撰寫了《史記會注考證校補》等著作，對「添寫批注」在古刊本及古活字印刷本内的一千六百四十五條《史記正義》

佚文進行了收録，並爲每條佚文一一補其出處。這在《史記》研究史上堪稱是兩项最大的業績。此後筆者繼承了瀧川和水澤兩位博士的研究，在《史記正義》佚文的來源及其系統的問題上展開了進一步的調查，调查的結果證實了栴室本的「添寫批注」是《史記正義佚存》二卷最初底本的可能性。這方面的詳細内容，可以參照《史記正義之研究》（水澤利忠編纂，日本東京汲古書院刊，一九九四年）中收録的《史記正義佚存訂補》（小澤賢二撰）一文。

早在明治四十三年（一九一〇）瀧川博士到金澤旅行的時候，就在前田侯爵文庫裏看到了《博士家本史記異字》所引《史記正義》佚文。爾後經過了八十餘年的斗轉星移，終於由日本三代學者从日本公私所藏的三十餘種典籍史料中，蒐集到了日本傳存的《史記正義》佚文一千六百七十四條（瀧川一千四百一十八條＋水澤二百二十七條＝《校補》一千六百四十五條；《校補》一千六百四十五條＋小澤三十條＝《佚存訂補》一千六百七十五條）。

其後筆者繼續其研究工作而究明了南化本的底細。所謂「南化本」，是日本國立歷史民俗博物館收藏的南宋黄善夫刊本《史記》的别稱，作为《集解》《索隱》《正義》的三注合刻本，是迄今为止所見最早的版刻本。「南化本」這一名稱，最初出現在江户時代（一六〇三—一八六七）後期大島贄川的《博士家本史記異字》一書中，其命名據説出典於釋南化玄興舊藏的古書記載。「南化本」這一名稱在現代中國的古代史研究者以及《史記》研究者的論文或著作中仍被廣泛使用。筆者與尾崎康教授整理南化本，以《國寶史記》的書名上梓而詳述了其特徵（全十二册，日本東京汲古書院刊，一九九六年—一九九八年）。曾經有幾位中國學者認爲南化本欄外標注的《正義》佚文並非《史記正義》。可是當中國學者從日本購入《國寶史記》回載漢土以後，對南化本標注的《史記正義》佚文的糾彈批判言論庶幾止息了。

畏友袁傳璋先生（安徽師範大學文學院中文系教授）一直支持瀧川、水澤、筆者的《史記正義》佚文收集工作，而且袁傳璋先生所撰《宋人著作五種徵引〈史記正義〉佚文考索》（中華書局，二〇一六年），從宋人吕祖謙、王應麟、胡三省的五種著作所徵引的《史記正義》中輯出三百九十四條佚文。其中，有二十四條亦爲瀧川博士從日本所藏典籍中全部或部分輯得，所以他新發現的《正義》佚文是三百七十條。袁先生完成輯佚考索工作的時候，已在筆者的《史記正義佚存訂補》上梓後二十年，而上距瀧川博士起初發現《史記正義》佚文則整整經歷了一百年之歲月。蓋日本學者三位與中國學者一位，從衆多典籍中蒐輯的《史記正義》佚文總計可能多達二千零四十五條，距復原《史記正義》舊貌大概已不爲遠。

二、瀧川資言博士著《史記會注考證》

瀧川資言博士編纂《史記會注考證》十册，採録一千四百一十八條之《史記正義》佚文。《史記會注考證》的原稿本，是將日本明治年間刊行的鳳文館本《史記評林》的整葉裁開成B6版大小的兩個半葉，然後將其分别貼附在B5版大小的剪貼簿（Scrapbook）上，在剪貼簿的餘白處，用紅色的鋼筆墨水填寫了《史記正義》佚文等的「添寫批注」。每條《史記正義》佚文，有瀧川博士親手用紅色的鋼筆墨水所劃的一條直綫指向應插入鉛印的地方。瀧川博士用這樣的編撰手法，大概在很短的時間内完成書稿，繼而送入印刷廠排印。龐大的《史記會注考證》十册，僅執筆三年而能順利刊行，當依據這樣的節省勞力的方法。瀧川先生所採用的鳳文館本《史記評林》也與别的版本的《史記評林》不同，此書多引用張文虎等清朝考據學者之説，而且多據明嘉靖震澤王延喆刊本及金臺汪諒刊本，這對瀧川先生編纂《史記會注考證》幫助甚大。而與瀧川資言博士的《史記會注考證》並稱爲《史記》疏證双璧的池田蘆洲先生的《史記補注》十册，之所以脱稿費時甚久，部分原因在於該書手稿的《史記》正文與三家注以及蘆洲新增補注完全是靠著者親自書寫的。參閲《史記會注考證校補》卷一圖版四六（頁二一）。

在一九九〇年到一九九二年期間，筆者常常拜訪水澤博士，在他的住宅（前橋市岩神町）一層日本式房間的開架書棚裏看到過瀧川博士《史記會注考證》原稿的三四個B5版大小的剪貼簿（據筆者的記憶是某列傳）。一九九三年，筆者作爲史記正義研究會主幹將刊行《史記正義佚文之研究》，計劃揭載作爲瀧川先生《史記會注考證》原稿的B5版的剪貼簿之一部，可是其時原有的三四個B5版的剪貼簿竟然不翼而飛！此事對筆者而言不啻晴天霹靂。遂立即將這一非常情況告訴了水澤博士，並詢問這幾本剪貼簿的去向。水澤博士答曰：「我自己對此也不明就裏。但是我從這個房間的開架書棚裏絶未帶出過。我意識到的時候，它已經消失了！」

圖版四六　瀧川資言史記會注考證初稿書入鳳文館校刊史記評林本

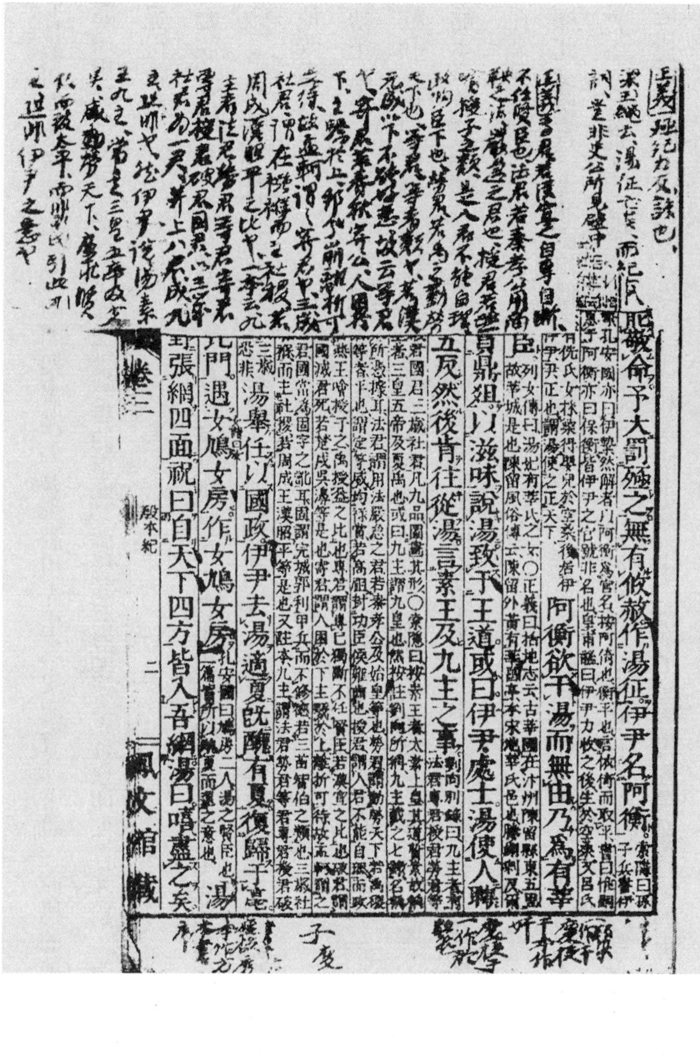

敬命予大罰殛之無有攸赦作湯征伊尹名阿衡

阿衡欲干湯而無由乃爲有莘氏媵臣負鼎俎以滋味說湯致于王道或曰伊尹處士湯使人聘迎之五反然後肯往從湯言素王及九主之事湯舉任以國政伊尹去湯適夏既醜有夏復歸于亳入自北門遇女鳩女房作女鳩女房湯出見野張網四面祝曰自天下四方皆入吾網湯曰嘻盡之矣

卷三　殷本紀　二　鳳文館藏

當筆者最初在水澤博士住宅的開架書棚裏發現瀧川先生《史記會注考證》原稿的剪貼簿的時候，要是能預想到日後可能會發生這樣嚴重的事態，應該將剪貼簿全部複印保存才對。筆者到現在想起來還覺得後悔。

後來聽説，往時有一個文教大學的學生某某獲準可以自由出入這所房子。考慮這種情況，帶出《史記會注考證》原稿剪貼簿的只可能是此人。如果他到現在還保留這些剪貼簿没有丢失，筆者會毅然要求他歸還其書。

瀧川博士《史記會注考證》第十册所收《史記總論》之「史記鈔本刊本」條云：「同治十一年金陵書局校刊《史記集解索隱正義》，附張文虎《札記》。《集解》《索隱》，多據毛晉本；《正義》，多據王延喆本。校訂頗精。愚著《史記會注考證》，以金陵本爲底本，正文以我邦所存鈔本校，《正義》以僧幻雲所録補。」

筆者據此文所言，推測瀧川博士在梓行《史記會注考證》校正工作中曾以金陵書局本對校過。

又按：關於「添寫批注」的大量《史記正義》佚文，瀧川博士起初只知東北帝國大學圖書館藏本而已，可是刊行之前，從《幻雲史記抄》和《博士家本史記異字》等書陸續發現了《史記正義》佚文，所以《史記會注考證》都加以採録。

一九五六年到一九六〇年，史記會注考證校補刊行會覆刊《史記會注考證》的時候，用《史記會注考證》的初版紙型上梓。這些《史記會注考證》的紙型，長久以來在東京大學東洋文庫的天花板内保管，現在也繼續保管在那裏。可是其保管的歷史記憶將會被人們淡忘。

三、瀧川資言博士手録《史記正義佚存》

筆者的工作成就是證實瀧川博士手録《史記正義佚存》二卷的存在。瀧川《史記會注考證》第十册所收《史記總論》之「史記正義佚存」條云：

東北大學所藏慶長、寬永活字本《史記》，上欄標記《正義》一千二三百條，皆三注本所無，但缺十表。其後又得《桃源史記抄》《幻雲抄》《博士家史記異字》，所載《正義》略與此合。幻雲標記《桃源抄》云：「幻謂：小司馬、張守節，皆唐明皇時人也。而《索隱》不知《正義》，《正義》不知《索隱》，各出己意而注正之。今合《索隱》《正義》爲一本者，出於何人乎哉？蕉了翁（釋桃源瑞仙）亦未詳焉，況其餘哉！吾邦有《索隱》本，有《正義》本。《索隱》與此注所載大同。《正義》者此注所不載者夥，故諸本之上書之。」余於是知大學本標記之所由，欣喜不能措，手録以爲二卷，題曰《史記正義佚存》。

《史記正義佚存》的版本概要如下：

二卷。瀧川博士手録。卷上封面左側有「唐張守節史記正義佚存」之大字墨書。用開本爲縱二八・〇×横一七・三釐米的日本楮紙抄録。有瀧川博士的墨筆及朱筆標記、墨筆斷句及朱筆斷句。下卷末葉有書誌學者長澤規矩也的贈書手識。

雖然瀧川博士自筆《史記正義佚存》二卷，因《史記會注考證》第十册所收《史記總論》之《史記正義佚存》一文而著名於世，然而遺憾的是，在瀧川博士逝世後，《史記正義佚存》手稿的下落久已不詳。幸好書誌學者長澤規矩也先生（當時任法政大學教授）於一個舊書肆發現了卷下，持贈《史記會注考證校補》著者水澤利忠博士，而其時上距《校補》第九册出版已十數年。其後經過十餘年之星霜，在平成三年（一九九一），我們日本史記正義研究會在瀧川博士舊宅（東京都新宿區西落合）之梁上發現了卷上，至此二卷始成乾坤合璧。

平成三年，史記正義研究會的《南化本史記之綜合研究》項目（代表：水澤利忠），獲得文部省（現在的文部科學省）《綜合研究A》的「科學研究費」。筆者要求研究小組的尾崎康先生（慶應義塾大學斯道文庫教授）在慶應義塾大學將瀧川資言博士的《史記正義佚存》手稿二卷全部拍攝爲縮微膠卷，其目的是爲防止《佚存》手稿再次散佚。攝影後，史記正義研究會向慶應義塾大學斯道文庫獻呈了《史記正義佚存》手稿縮微膠卷；筆者自費作成了複製本《史記正義佚存》（黑白照片的B4版橫型）。

爾後由水澤利忠博士保管原本的《史記正義佚存》手稿，筆者則收藏了複製本的《史記正義佚存》，並得以用複製本的《史記正義佚存》編集拙稿《史記正義佚存訂補》，附印於《史記正義之研究》之中，《史記正義之研究》所收《語彙索引》即包含了《史記正義佚存訂補》中新收之《史記正義》佚文。

《史記正義之研究》刊行後，水澤博士要求借用筆者複製本的《史記正義佚存》，筆者應諾水澤博士的要求，立刻親手交給了他。日後謡口明先生（文教大學教授）告訴筆者，那部複製本的《史記正義佚存》到了文教大學學生某人的手中。所以筆者對謡口明先生提出，要求該生返還複製本的《史記正義佚存》。後來某生自己將複製本寄還給了筆者。

至於水澤利忠博士保管的《史記正義佚存》兩卷手稿，在《史記正義之研究》刊行前後已經消息不明。水澤利忠博士在《史記正義之研究》刊行後，向文教大學捐贈了自己所藏的稀覯書，其中並没有《史記正義佚存》，捐贈目録也無該書的記載。

説起來筆者與《唐張守節史記正義佚存》手稿還真有緣分。在《史記正義之研究》刊行十多年之後，筆者於不久之前得悉某所保管了《唐張守節史記正義佚存》原本，於是就立即接收了過來。雖然筆者曾打算將該手稿捐贈給文教大學，但是聽説文教大學圖書館對所藏瀧川文庫、池田（池田蘆洲）文庫、水澤文庫等等文化財産經管乏善，所以筆者不得不取消這個計劃。

最終筆者接受謡口明先生的建議，並且取得水澤史彦先生（水澤利忠博士之子）的同意，將原本《唐張守節史記正義佚存》二卷捐贈給京都大學人文科學研究所。爲方便讀者查閲，筆者同時向京都大學人文科學研究所捐贈了複製本的《唐張守節史記正義佚存》二卷。

凡例

一、《唐張守節史記正義佚存》手稿二卷，正文凡一百六十三葉，合三百二十六面。本書以此手稿複製爲圖版，分爲上、下兩册：上册爲手稿圖版，下册爲録文及必要注釋。

二、瀧川資言纂述《史記會注考證》，起初以明治十六年刻印初版之鳳文館本《增補評點史記評林》爲工作底本。該版本半葉十三行，注文小字雙行。爲便於將從東北大學所藏《史記》標注所輯得之《正義》佚文插入鳳文館本《史記》相應《史》文之下，手稿於每條《正義》佚文起始字右側加注小字位置標注，提示該條插入鳳文館本《增補評點史記評林》某卷的葉數、葉表（オ）或葉裏（ウ）、行數。如：《五帝本紀》首條「名曰軒轅」位置標注爲「一ウ一三」，録文釋爲「一裏一三」，意爲鳳文館本《五帝本紀》第一葉葉裏第十三行；次條「幼而徇齊」位置標注爲「二オ三」，録文釋爲「二表三」，意爲鳳文館本《五帝本紀》第二葉葉表第三行。以下依此類推。

三、瀧川博士自東北大學藏本抄出《唐張守節史記正義佚存》後，曾以所見多種《史記》古板本、古抄本及相關文獻與之參互校訂，在每條條首或條尾標出參校本及相關文獻的板本簡稱，如：

博、桃源抄、楓山、慶長本、寬永本、三條、南化、皇疏、杜注、漢注、通鑑注、札等，表示兩者相同。若個別文字有異，則在該字右側添注異文，其下以小字標其出處。參校本及相關文獻簡稱所指如左：

博　《博士家本史記異字》
桃源抄　《史記桃源抄》，實即《史記幻雲抄》
楓山　楓山文庫舊藏元板彭寅翁本《史記》校記
慶長本　東北大學圖書館藏慶長古活字八行有界本《史記》校記
寬永本　東北大學圖書館藏寬永古活字九行無界本《史記》校記
三條　三條西實隆自筆元板彭寅翁本《史記》校記
南化　幻雲南化玄興舊藏南宋慶元黄善夫本《史記》校記
皇疏　皇侃《論語義疏》
杜注　杜預《春秋經傳集解》
漢注　《漢書》顔師古注
通鑑注　胡三省《新注資治通鑑》
札　張文虎《校刊史記集解索隱正義札記》

四、原稿漫漶之處，若可以辨識，則出録文；若雖難以辨識，而瀧川博士已將正字於其右側清晰添注者，則將添注正字出録文；若無法釋讀，則以空格符（□）標示以存疑。

五、本手稿抄録時，偶有脱奪、訛誤的文字。本書按下列方式校訂：

（一）凡屬明顯脱奪的文字，在六角括號〔〕中予以補足。如：《五帝本紀》「帝嚳高辛者」句下佚文《正義》「炎帝作耒耜以利百姓，教民種五穀，故號神」。「神」字下顯奪「農」字，本書校訂爲「故號神〔農〕」。

（二）凡屬抄誤的文字，以圓括號（）將訛字括入，其後的六角括號〔〕中填入正字。如：《絳侯周勃世家》「其稚少文」句下佚文《正義》「責諸生説書意爲語」，「書」字，據《史記》原文，係「士」之訛。本書校訂爲「責諸生説（書）〔士〕意爲語」。

（三）凡屬原稿校正時作者自行塗抹的文字，本書爲該字添加删除綫標識。如：《晉世家》「唐叔虞」句下佚文《正義》「餘才宋《國都城記》」，「餘」字圈削改爲「徐」，「宋」字改爲「宗」。本書校訂時爲「餘」、「宋」二字添加删除綫，作「~~餘~~」、「~~宋~~」。

六、原稿以墨筆或朱筆點、逗，斷句頗多失誤。爲便讀者，校點者據文意爲録文酌加標點。

唐張守節史記正義佚存

小澤賢二氏寄贈

唐張守節史記正義佚存

五帝本紀第一

一ウ三 名曰軒轅　鄒曰作軒冕之服，故曰軒轅

一ウ三 而徇齊　徇謂七歲已下時也（徇音俊，齊自稽反）

[illegible]

二オ四 命爲雲師　命名也

三ウ六 與猶易焉　与猶比也

四オ四 草木　草作卉

[illegible]

五ウ二 帝嚳高辛　炎帝作耒耜以利百姓，教民植五穀，故曰神

2000275 91676

右四正義

富而不驕　正義曰若慬下，謂之富貴，言雖天下之富而不驕人也

黄帝制輿服宮室等，故号軒轅氏，少昊象日月之始，能師大昊之道，故号少昊氏，此謂象其德也

其服也士　服，士之祭服緇衣纁裳也，

其仁如天　郭璞注爾雅云，仁覆慜下，謂之昊天也

合和萬　正義今作蛙　廣本標記

其民燠，鳥獸氄毛　冬時其民因，鳥獸生耎毳細毛之時，當服綿絮褚衣溫之，以御冬寒也，褚音竹呂反

在璿璣玉衡以齊七政　璿璣玉衡天象也，言天体有三宗，一曰周髀，二曰宣夜，三曰渾天也

尚書大傳云，七政布位，日月時之主，五星時之紀，故以此為七也，[illegible]五星者指數七者何失，在於人君

之政、易緯云、天垂象見吉凶、聖人象之、日月五星、有

失其常、因其變動爲占、七者有異政、故曰七政也、按

五星者、木曰歲星、火曰熒惑星、土曰鎮星、金曰太白星、

水曰辰星也

二十有八年 堯崩 三年之喪畢 先儒以下盡于先也

播時百穀 劉云時是也、案時字或作蒔、蒔音付

夏本紀第二

恰 播出 言出教命、皆合衆心、是納出也、擬將有表

也、名股肱耳目、是士之股肱也、孝經鉤命決云、禹耳

無閒然矣菲飲食而致孝乎鬼神惡衣服而致美乎黻

二十三 冕 冕黑也其義並通不及善字義也

二十四 泥行乘橇 集解橇形如箕擿行泥上 擿天歷反今泉舡猶云擿舡

二十六 通九流 正 通達九州之道路也

二十七 度九山 釋名曰山產也產生物也言九州之山川產生物

二十八 貢 視地所宜商而度之以致其賦也

二十九 至于衡漳 衡音橫

三十 大陸既作 言水去大陸以成澤

三十一 [illegible]南壁 [illegible]北方南方也言南北及於[illegible]皆從之

泥行乘橇 橇音昌蕘反

上長部亥

二ノ少一二 姓姒氏　禮緯云禹母脩己吞薏苡而生禹因姓姒氏
野王云薏苡干珠也

殷本紀第三

一才三 殷契　契音薛
一才六七 因孕生契　娀音嵩本作洛非也三代世表及諸傳云湯
之先為契無父而契母與姊妹浴於玄丘水有燕銜卵
墮之契母得之誤吞之而生契也
一ノ五 是為成湯　帝王世紀云成湯豐下銳上晳而有髯句身
揚聲長九尺臂四肘有聖德張晏曰禹湯皆字也

專君若漢宣

二十一 帝太罰極之 極、紀力反、誅也、

二十六 九主之事、集解劉向別錄曰、九主者云々

之自專因斷、不任賢臣也、法君、若秦孝公用商鞅之法、

嚴急之君也、授君、若燕噲授子之之類、是人君不能自

理政歸臣下也、勞君、若禹稷之勤勞天下也、等君、等者

也、若漢元成以下、不能好云、故曰等君也、寄君、若春秋

齊公人困於下、主驕於上、離分崩離析可立之待、故孟軻

謂之寄君也、三歲社君、在襁褓而主社稷、若周成、漢昭

平之比也、一本云、九主者、法君、勞君、等君、寄君、專君、授君

君、國君、以三歲社君為一君、并上八君、成九主、恐非也、

從伊尹說湯素王九主、從伊尹說湯素王九主、當是之三

破君若望射之類也、國君言禍於一國之政、蔵於人、若智伯之類也

若君亦去專長

皇、五帝及少昊咸勤勞天下，處武賢佐而致太平，而與

氏引此九主，退則伊尹之立書也。

二ウ七 舍我嗇事 穡曰穡，斂曰嗇。

三ウ四 朝會以晝 殷家尚白，晝日色白也。

伊陟爲相 伊陟，伊尹子也。

四ウ三 作原命 原，再也。書太戊贊於湯廟，言伊陟事甚不可

使如臣佐。伊陟讓，乃再爲書命之。

四ウ一三 夢 使百工營求之野 工，官也。營謂刻畫所夢之形像，於

野外求之。

說爲胥靡 爲，音于僞反。胥靡，腐刑也。

〔第四葉表〕

周本紀第四

一オ六 居期而生子　期滿十月

一ウ二 名棄稷　稷若今司徒也

博

三オ三 伯夷叔齊在孤竹　集解應劭曰、在遼西令支　令支故城

惜

在盧龍縣南七十里、按後漢令支縣屬遼西郡

廿オ四 有火自上復于下　周元稱火、後代改之、故秦始皇以為

周火德、稱水德滅之、是也

惜

廿オ一二 諸侯咸會曰孳孳無怠　日作日、言日日孳進、其心無有

為慢也

廿オ一〇 使師尚父與百夫致師　注環人掌往來之賓、致師者、挑

戰同事也、譬猶歷也、御車歷御車壘而行疾、旌旗靡

惜再校

從而還也。蔽音側留反，字或作掫。晉蔽箭之美者也。杜預云：蔽矢美箭。捎力丈反，捍田軍反，捎拂拭馬也。正鞅而還，以示閑暇無懼也。

奉陳常車　陳列也。常車，行威儀車也。

召公贊采　札學云：引史記贊，采作貢，共敏證作贊采。

悲鴻滿路　淮南子云：鳶筆於牧，搏鳶筆怪彀也。此云鳶

鴻滿路

八才三 何暇寐 博士貢案、言賊危有不明之臣，猶不章絶
史國以己 諸本注 今、我所滅殷國而未定知天之保
安我者、於何暇寢而不敢字
八才六 瓞從瓞之也 博士貢案 瓞退也、紂名也、言武王過
武諸惡虐咸瓞退之、莫從殷之教令、悦周之聖
化也
八才三 日夜勞來 曰 上郎到反、下郎代反、謂撫循勸勉也
八五之 唇譽有河 博士案 釋例地名云王屋在河東陸澤縣南五十里
八才六 汾石 粉林之虛 博士案 虛音墟、墟廢林也
一才一 光之猾德不觀 博士案 言光己以德光耀四方不同無失紀
代也、

一四ウ一 載戢干戈 博士本 顧野王云：戢，藏兵

一五オ二 終王 博桑 終一王而繼立者乃來朝享

一五オ八ヽヽ 無勤民於遠 博士 言勤勞萬民之嫗於遠也

一一オ 犬戎以御不職見 博士本 犬戎能守終始純一堅固之德，亦有

學王命也

一五ウ六 正於五罰 博 孔安國曰之ヽ 疵 之陵反下同 疵病也

二五ウ七 官獄內獄 博士本 官獄謂以事要上也，內獄謂以華主相

濫也

一六オ 神人百物無不得極 極，至也。夫王人者，將導其利而布之上下者也

徧布之命，上下共成也，於神人萬物皆得其利而從

日怵惕懼怨之來責也

〔第六葉表〕

一二ウ六

猶日怵惕　作日　正義本　音人質反

一三オ七　近臣尽規　規度時之得失也

一四オ六　子幽王腥云　腥作湿、旁出、按字又作腥、腥音所信反

一六ウ七　天子之二守國高在　守臣特、禮記云、大國三卿、二卿命於天子、一卿命於其君、按國氏、高氏為上卿、天子所命

一七ウ一　珪鬯　鬯勅亮反、珪瑞玉也、孔安國云、以珪為杓柄、謂之珪瓚、鬯黍曰秬、釀以鬯草

一五オ六 褒而收之 夫婦賣檿弧箙、宣王欲執殺之、遂逃於路遇

此妖子、褒而收之

一九オ八 夫史儋 儋□甘反、又丁談反

二〇ウ七 秦破華陽約 桃源抄云、日得良云、約有要約之約、寫

〔第七葉表〕

華陽之緒、陸善經云、緒地名、華陽緒兩地之名

秦本紀第五

一オ一三 寶鷄谷氏 寶猶是

一セウ二三 攻楚取鄧 鄧城在襄州〔札記作鄧州〕

二オ一 取郢為南郡 括地志云、郢城在荊州江陵縣東北六里、

楚平王之郢都之地也

一八オ四 會襄陽 括地志云、襄陵在晉州臨汾縣東北三十五里

闞駰十三州志云、襄陽晉大夫郤犨邑也、

一八オ二 白起為武安君 言能撫軍士、戰則克、得百姓安集、故號

武安故城在潞州武安縣西南五十里，七國時趙邑，即

趙奢拒秦閼與處也

黔中郡　括地志云，黔中故城在辰州沅陵縣西二十里，

江南今黔府亦其地也

秦始皇本紀第六

秦國事大臣

正義本標記大曰政，小曰事，紀綱法度曰

政，動作云為曰事

臨古絶尤

陸曰，謂今之法以臨於古，尤絶也

行為碑方

行平声

二二ウ四 詳以義立我

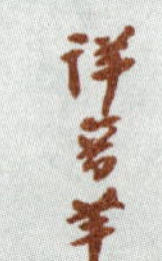

二九ウ九 謚之稱始皇

項羽本紀第七

高祖本紀

○廷中吏　廷中吏、泗水及沛縣之廷也、狎、輕狎也、侮、慢也、府縣之吏、高祖皆輕慢也、廷音亭、

○王媼　王媼者王家母、武負者魏大夫耳之母也、

○讎倍　言聖帝所至皆有福祐、故酒讎倍、及衆驚怪、

○襄城無遺類　言項羽嘗攻襄城、襄城之人無閑少大、盡坑之、無復遺餘種類皆坑之、漢書噍類即依古義

○與父老約　約、省也、省約秦之煩法、唯三章、謂殺人傷人及盜

○漢王從臨晉渡　臨晉即蒲津關（通鑑注）也

○絕河津　絕、斷也、河津即蒲州蒲津關、蒲津橋即其處也、

〔第一三葉表〕

豹從同州由橋河東即斷之而叛漢也

三六四　因殺魏豹　史記項羽及高祖紀漢書及史記月表皆言三年殺魏豹而月表又言周苛魏豹死在四年表誤

月表誤

一五六三　輯河北趙地　輯与同集也和合也

一五六二　虜中吾指　悉士卒壞散故言中吾指

一五〇二　乃使使者召大司馬周殷　漢書云漢亦遣人誘楚大司馬周殷、殷叛楚以舒屠六舉九江兵迎黥布

一七ウ五　太公擁篲　擁抱也篲長帚掌寺之所把也按擁篲曲腰若擁帚

十九ウ七　楚王梁王皆來送葬

十七　括地志曰漢太上皇陵在雍州

紀六紀 十五之十八

櫟陽縣北二十五里。漢書云：高帝十年太上皇崩，葬万年縣陵也。

二、十二 鄉反 有端崖　方言云：端，緒也。

二三、十八 吹樂　上尺瑞反，下音岳。以前但有歌兒，今加吹樂。

之二 小人以僿　先代反，又音四。僿猶細碎也。言周末世文細碎，鄙陋薄惡，小人之甚。

漢興承敝 以忠　夏之政忠。忠之敝，其末世敗壞，多威儀，若事鬼神。周人承殷，為文。其末細碎薄陋，文法無有悃誠。故秦人承周，不改敝，反成酷法嚴刑。故漢人承秦苛法，約法三章，反其忠政，使民不倦，得天統矣。故太史公引禮文為此贊者，美高祖能變易秦政，使百姓安寧。

〔第一四葉表〕

二オ二 ○呂后本紀
持酖飲之　酖亦名運日、又食野葛、畫酒中飲、立死、

尊公主爲王太后　公主此時爲宜平侯夫人、正以公主
二ウ五

先是趙王敖后、其子偃當爲王、故先請其母、不知偃之

封號、但言爲王太后、下云賜謚魯太后、後以偃封魯故

大事与前帝已義曰兩後而已矣也此述前了也

猶豫　與音預、又作豫、爾雅、猶如麏、善登木、說文云、猶玃
二ウ八也、　正義本作与

類、師古云、猶獸名也、性多疑慮、居山中、忽聞有聲、則恐

有人且來害之、每豫上樹、久之無人、然後敢下、須臾又

上、如此非一、故不果決稱猶豫、一曰、隴西俗謂犬子爲

猶、犬子隨人行、每豫在前、待人不得、還來迎候、故曰猶

〔第一四葉裏〕

豫、又曰、猶豫二獸、並与狐疑、或有疑事、故曰〻〻、廣野

曰猿類矣、

七才一三 ミ才八 平陽侯窋　竹律反、曹參子也

八才七 祐禮　禮音但、与祖同、

即長用事　長丁丈反、言少帝年少、即長用事、誅害忠良、

群屬無種類

八才二三 揺矣罷去　又白北反、又李陟反、徐廣曰音构、

九才八 民得離戰國之害　離力智反

〔第一五葉表〕

孝文本紀

一オ七 喋血京師　上音疊、漢書作喋、廣雅云、蹀履也、顔師古云、

二オ六 字當作蹀、蹀謂履涉之也、

顧諸閒言　上記閑反、閒隙也、隙之間私語也、

二オ十 上對天子重容　時掌反

二ウ三 塡王府　顛絕八反、塡音傾

四オ四 未有慊志　恨也、未有遜讓之志於民、又慊　反、言未有

愜洽之志於民

八オ一 逮從擊長安　上音代、謂追捕從禁長安詔獄、

八ウ四 朝那塞　塞先代反、括地志云、朝那故城在原州百泉縣

西七十里、漢朝那縣城是也、塞即蕭關、今名隴山關、漢文

〔第一五葉裏〕

帝十四年匈奴入朝那塞者也按百泉亭即朝那縣之

地。鉼白刑反。地理志云鉼屬琅琊郡。

成 八六九 侯赤　赤音呼格反

[illegible] 八九四 終始傳五德事　漢書郊祀志云漢五帝廟同宇帝一

殿陽面五帝各以其帝色也按地志云在渭城

土 十四 德應黃龍見　見音胡練反韋昭云聽聰知正則黃龍

見文帝尊孝弟力田又除秘祝肉刑故黃龍爲之見成

紀在秦州縣本漢縣至今在州北二里

歲 八九七 以有年　豐年也

天下大酺　古者祭酺聚錢飲酒故後世聽民聚飲皆謂

之酺漢書每有嘉慶令民大酺是其事也顏注云因祭

酭、而与民長幼相酬、鄭注所謂祭酺合醵也、酺音蒲、
句注上古侯反、下之具反、括地志曰、句注山一名西陘
山、在代州雁門縣西北三十里、句、漢書音章句之句、
軍、棘門注如淳曰、棘門在横門外也　横音光、秦興樂宮
北門對横橋、今謂之横橋
城、張負民注胡名、名廣、胡公名廣、漢太尉、百官儀者廣所
著書名、應劭著官儀之比
直百金　漢法一斤為一金、一金直万錢也、百金直千貫、
常衣綈衣　綈厚繒也、
服大紅　顔師古云、、按文帝權制西官而已、輕重之服、
不當併言三十六日、

十六之三

霸陵　括地志云、霸陵漢文帝陵、在雍州萬年縣東二十里、霸陵故芷陽也、漢書春秋云、愍帝建興三年、秦人發霸杜二陵、珠玉綵帛、以千万計、帝問索綝曰、漢陵中物何乃多耶、對曰、天子即位一年而爲陵、天下貢賦三分之一供宗廟、一供賓客、一充山陵、武帝享年既久、比崩茂陵不復容物、赤眉賊不能減半、今猶有朽帛委積珠玉

二　盡、此二陵是儉者也、

郎中令武　張武也、

二オ五

孝景本紀第十一

一オ八 封故相國蕭何孫係為武陵侯　蕭何傳曰以武陵縣二
千户封何孫嘉為列侯漢書及史記功臣表皆云孝景
一オ三 三年封係為列侯恐有二名也
内史　漢書百官表云内史周官秦因之掌治京師景帝
二年分置左内史右内史武帝太初元年右内史更名
京兆左内史更左馮翊主爵中尉更名右扶風是為三
輔地理志云祋祤故城在雍州□宜縣界漢祋祤故城
二ウ二 蘭池　括地志蘭池陂即秦之蘭池也在雍州咸陽縣界
三秦記云始皇都長安引渭水為長池築為蓬萊山刻
石為鯨長二百丈劉伯莊云此時蘭池毀溢故堰填

以上孝景本紀ノ正義（一二オ）ト同じ

〔二ウ七〕繩侯

繩侯未詳

〔三ウ一〕四侯

四侯未詳

〔四オ四〕馬舂

舂或（式）龍切、馬碾磑之類也。先時用馬、今止之

〔四オ五〕不造歲

造至也、禁天下貴米穀、恐食不造歲

〔四ウ一〕周陽

絳州聞喜縣東二十九里有周陽故城 [illegible]

鼎也、正義曰括地志云[illegible]
以[illegible]在雍州長安縣西北
十七、黄[illegible]南門外也
宮中池云[illegible]也在長安[illegible]
中門外之西、漢書[illegible]
帝自[illegible]、虞[illegible]、[illegible]
陽[illegible]、周曰[illegible]也、漢[illegible]
武帝造、未詳[illegible]大

孝武本紀

臨二合國建君　神名　慶長本注

申功六才心　漢書郊祀云云　及封禪書皆作申公疑功錯誤

三代世表

十二諸侯年表

六國年表

〔第一九葉表〕

秦楚之際月表

漢興以來諸侯王年表

〔第一九葉裏〕

〔第二〇葉表〕

高祖功臣侯者年表

惠景間侯者年表

建元以來侯者年表

漢興以來將相名臣年表

禮書

樂書

〔第二〇葉裏〕

律書

曆書

小餘三百四十八

〔第二一葉表〕

天官書

封禪書

明堂　括地志云漢明堂在雍州長安縣西北七里長安故城南門外也關中記云明堂長安城南門外門之西漢書黃帝曰合宮虞曰總章殷曰陽館周曰明堂漢書

明堂武帝造五奉修全大

祠竈　周礼曰顓頊氏有子曰黎爲祝融以爲竈神

功臣表

郊祀志

十三オ十三、深澤侯舍人注　功臣表曰、顯字　景帝九年有

注徐廣曰、深澤侯嗞〻顯子、嗣、後封
頭絶、〻至元朔五年國除、

十四オ三 諸藥齊　劑在西切、劑皆也、言同諸藥化丹砂皆爲黄金

十四オ七 怪迂之方士　迂猶遠也、言怪異遠處遊戲之方士、〻多於

十五オ六 相效、更言神事、謂談丘〻翁變大之屬、

病 鼎湖　[illegible]郊祀志云、采首之銅、〻鑄〻鼎荊山之下、有龍

鼎[illegible]、下迎黄帝、後人名其處曰鼎湖也

十六オ八 太史公　按二家之說皆非也、如淳云、漢儀注、太史公武

帝置、位在丞相上、天下計書先上太史公、副上丞相、茂

陵中書、司馬談以太史丞爲太史公、自敍傳云、〻生談爲

太史公、仕於建元元封之間、又云、太史公[illegible]天官不

民、有子曰遷、又云太史公遭李陵之禍、又云余述黃初帝
以來、至太初訖、九百七十篇、後此而料明司馬遷父子
號太史公、太史公乃司馬遷自題
一六ウ七 不中得　中謂中政得ゝ也、言与合不共啓
一七オ二 食馬肝死　論衡言盛夏熱而毒、故食馬肝而死
一七ウ五 以衛長公主妻之　劉伯莊云衛后女三人、以最長嫁欒
大也、非天子姊妹也、漢書外戚傳云、衛子夫生三女、元
一七ウ七 朔三年生男、據此則是太子之姊
一七ウ二 [illegible]第之上　喻有潔白之德
莫不搤掔　搤掔、猶執手也、言海上燕齊之閒、方術之士
見女君欒大、貴振天下、無不相執手、皆自有禁方服之、

〔第二二葉裏〕

不引正義

一七〇三 能使人神仙矣、漢武帝召之

一七〇三 掊視 掊音白侯反、師古曰、掊、手抱土也、

款識 劉伯莊云、自古識鼎皆有銘、記識其事、此鼎獨無

一九才三 款識也 不引正義

謂曰寶鼎、事已決矣、尚何以為 所以謝公孫卿、言寶鼎

已決知矣、不須此書

一九才十二 首山 首山一名雷首山、亦名申條山、亦名歷山、亦名蒲山、

亦名襄山、亦名甘棗山、亦名獨頭山、泰室嵩高泰山岱

一九才十三 采

一九才十三 斷斬 非鬼神者 以邪淫祀神、乃斷斬之、

一九才十五 藏在甕中 水而洇之、又以水合汁洒甕中也 晉灼曰 亦説合牲

徐：內之

〔第二三葉表〕

二〇九ウ右檐中

二〇十ウ五明庭　下於謹反、師古云明庭神光及黃雲之處也、

牡荆　晉灼云、牡荆節間不相當者、月暈刻之為券、以畏

病者、萬畢術云、以南山牡荆指、病自瘉也、顔師古曰、言

以畏病、牡荆為幡竿、而畫幡為日月龍及星也

二オ七空侯　釋名云師延所作靡靡之樂、後出於桑間濮上之地

埜空國侯〻所好也

釋兵正義本作澤兵　上音亦、謂飲畢上酒也

[illegible]

二ウ七九皇　按說同耳、張言〻人皇九首、如今人呼牛九頭、以上

古質、故言九首也

命曰嵩高邑　韋昭云嵩高有大室嵩高總名也嵩高山

記云山高二千八百丈周迴七十五里

巨公　正義張晏云夫子爲天下父故曰巨公

大以嵩僊人也　大謂崇大其事

宿留　音秀

子侯　霍嬗子侯去病子也

一茅三脊　括地志云辰州盧溪縣西南三百五十里有

苞茅山武陵記云山際出苞茅有刺而三脊因名苞茅山

是也

毋有復作　毋音無復作伏毋有謂弛刑徒也

至九原　秦九原郡城在勝州榆林縣西界漢武帝元

州二年更名五原郡

反至甘泉六 於穿而已三月帝繼反五原乃至甘泉則八日

中國萬八千里其不能乎按武紀正月是

還拜祝祠太一 拜說之說正義作說 漢書郊祀志作祝下云贊

饗則祝拜也說字誤當爲祝

壽星二 封星中極老人星見諸人主之壽命延長之應常以

秋候之南郊見則國家安寧故以長年故謂壽也

信星三 鎮星中主上爲信者君之象爲天子福祿之精嘗

時而見所見之分其下穀自登有不耕而食不獲而於

故知和平遠近安樂之應

東甌王三 東海王搖號爲東甌王也

以鷄卜　集解：漢書音義曰，鼠卜者，左迫安吉門，用竹篾長四寸，墨並塗通累並安齊等布粳米七粒，置門右旁，如此山門用粉塗通，曰置如前，亦米呪曰靈姑今十義事若吉食門外米，仍咒於山門下。

通天並臺　漢書無並字，疑衍字。括地志云：通天臺在雍州雲陽西北八十里，武帝以五月避暑，八月乃還。

回中道　括地志云：回中宮在岐州雍縣西三十里。按武帝郊雍五時，遂通回中道，往處回中道也。

太元神策　策數也，言得十一月甲子朔旦冬至日，禮上帝明堂，是天授古昔上皇劉曆泰元神策之數爲首，故周而復始。

四八八

二五ウ、四 玉堂璧門　漢武故事云、玉堂内殿十二門、階陛咸以玉
爲之、門門三層、臺高十餘丈、椽首薄以璧造之、因名璧
ウ七 門　正義本璧作壁
輦道相屬　輦道門道也、屬音燭、續也、
二六オ九 石閭　十七 石閭山在兗州博城縣西二十五里、應劭曰、石閭
山在太山正南
二六オ十二 常山 恒山ヵ　卽恒州山也、括地志云、在定州恒陽西北百四
十里、爾雅云、恒山爲北岳、道書福地記曰、恒山高三千
三 二百丈、上方二十里、有太玄之泉、神華棲可度俗
二六ウ一 凡六祠　謂后土蘼上五反六祠也、后土在汾陽、非寬舒
領祠、故別言凡六祠、

〔第二五葉裏〕

河渠書

平準書

〔第二六葉表〕

吳太伯世家

二オ一 開晉伐虢也　晉滅虢，在周惠王之二十二年，從武王元年至滅，合百七十八年。

三ウ四 歌邶鄘衛　集解杜預曰：武王伐紂，分其地爲三監　漢書地理志云：河內殷之舊都，周既滅殷，分其畿內爲三國，邶以封紂子武庚，鄘管叔尹之，衛蔡叔尹之，以監殷人，謂之三監。又音義云：自殷都以南爲鄘，蔡叔監之；殷都以北爲邶，霍叔監之，是爲三監。二說不同，未詳。

四オ七 自鄶以下無譏焉　括地志云：故鄶城在鄭州新鄭縣東北四十二里。

四ウ五 象箾南籥　按：北方南方舞曲也。執羽籥舞，南北異之曲也。

四ウ二如天之無不盡也　燾覆也

五オ六謂舍於宿　宿音戚

五ウ二至雲妻

雲、汎干反、又音云、縣名也

六オ七公子光伐楚　諸樊之子也

八オ六艞姑蘇也　越世家云、吳師敗於檇李、言艞姑蘇、誤也、姑蘇乃是夫差敗處、太史公甚疎

九オ八行成　成、平也、

九ウ一有虞　括地志云、宋州虞城縣本虞國、舜後所封之邑也、左傳云、伍員曰、昔少康奔有虞、虞思妻之以二姚、杜預云、思、虞君也、姚、虞姓也、

十オ六顛越勿遺　杜預云、顛越、不共從橫不承命者也

十六 子胥屬其子於鮑氏　譙周云：託其子於鮑氏，以備吳

十五 令可爲器　言吳必滅亡，樟木耐濕，可以爲棺，故樹

十四 橐皋　橐音拓

十四十三 乃長晉定公　國語云：晉責吳曰：夫周室命圭有命，曰吳伯，不曰吳王，諸侯是以敢辭。夫諸侯無二君，而周無二王，君無卑天子以干，而曰吳公，不敢不順從君命。吳王許諸，吳公先歃，晉侯亞之

十二 笠澤　笠澤江，松江之別名，在蘇州南三十五里

十六 句踐死　力知反

十三 以天下讓，民無得而稱焉　鄭云：其讓之跡蔽，權反

吳紀 孔氏　吳郡志引史記正義云：吳地志云：笠澤江，松江之別名……笠澤……太湖

皇號

帝，當時莫知，故無明稱，可謂至德也已，范甯云，其德弘遠，故曰至也

以皇疏

皇疏

皇疏十八

齊太公世家

一六才四 東海上人　按蘇州海鹽縣，有太公宅及廟，其縣臨海，故云東海。

一才七 申呂或封枝庶　周平王母申后之家也

弃四 蒼兕蒼兕　按言以此獸名官，令其衆庶便水而疾濟

三之一 營丘　水經注云，臨淄城中有丘，淄水出其前，經其左，故有營丘之名

此條注

〔第二八葉表〕

拉殺魯桓公　集解公羊傳曰搚幹而殺之　幹、脅也

紀遷去其國　括地志云故劇城在青州壽光縣南三十一里故紀國城也帝王世紀云周之紀國姜姓也紀侯譖周哀公於夷王烹之外傳云紀侯入為周卿士竹書云齊襄公滅紀遷紀云云

魯莊公請獻遂邑以平　集解杜預曰遂在濟北蛇丘縣東北蛇音移

諸侯會桓公於甄　甄作鄄括地志云濮州鄄城縣是也

以與魯完盟而去　左傳云齊桓公帥諸侯師盟于召陵是也

會諸侯于葵丘　左傳云僖九年齊桓公會諸侯于葵丘即此也

七オ九 一匡天下　一説謂陽穀之會、會諸侯云、無障谷、無貯粟、無以妾爲妻、天下皆從之、謂云一匡天下、

八ウ二 而會諸侯踐土朝周　括地志云、故王宮在鄭州滎澤縣西北四十五里王宮城中、城内東陽有踐土臺也、

九オ十 長翟來　蓋時號虜風、今号長翟、

弑父　父名南　正義下十八オ

埋之北門　左傳云、埋其首於周首之北門、杜預云、周首齊邑也、北穀城縣東北周首亭

十オ二 免舍之　舍音捨、左傳云、鄭子曰、人不難以死免其君、我殺之、不祥、赦之以勸事君也

十オ三 賓媚人　左傳云、賂以紀甗玉磬也、杜甗玉甑也、齊伐紀

十一ノ二得之、故云秏、飆無底觀也

十一ノ上太行、入孟門　左傳云、伐晉為二隊、入孟門、登太行山

陪臣爭趣有淫者　言行夜得淫人、使崔杼命討之、不知他命也、此言爭趣者、太史公褒文、今依字讀、言陪臣但爭向有淫者捉之、更不知他命也

二ウ二崔宗邑不可　言崔杼乃崔宗長、其宗邑宗廟所在、不可與成也、杜預云、濟南東朝陽西北有崔氏城、成欲受崔邑以終老也

十七ウ一柏寢　柏寢在青州千乘縣東北二十里、韓子云、景公與晏子游於少海、登柏寢之臺、而望其國、公曰、美哉堂堂乎、後代孰有此、晏子曰、其田氏乎、公曰、寡人有國而田氏

杜預

有之奈何、對曰、君欲奪之、則近賢遠不肖、治其煩亂、緩
其刑罰、振窮乏、恤孤寡、行恩惠、崇節儉、雖十田氏其如
君何、撫子此文不同也
一四ウ六 成子兄弟四衆如公 杜預云、成子兄弟昭子莊、簡子齒、
宣子夷、穆子安、廩丘子意茲、芒子盈、惠子得、凡八子、二人
●共一乘也、齊世家云、田常兄弟四人如公宮、脈虎杜預
云、八人四乘者未詳
五オ二 需者事之賊也 需音須、待也、言疑惑須待之是賊害之也
五オ十六 雍門 齊城北門名雍門也

二、一ウオ

一オ三 魯周公世家

周公旦者、周武王母弟也　括地志云、周公城在岐山縣北九里、此地周之畿内、周公食采之地也、周公即公周室元宰、輔佐文武成康已下、並嫡子封于燕、次子食采于畿内、奕葉為卿士、故謂之周公、即公也、

一才四 盟津　盟作孟、地名、津渡黄河處、

一才六 牧野　衛州即牧野東北、去朝歌七十三里　去本畿不有

已畑二字

一ウ三 負子之責　索本多校　陸以大贈以責也德之大負也　鄒文讀負為丕　義不引正

一ウ六、能念予一人　予周公也、一人武王也、

二オ八 弗辟而攝行政者 正義曰：辟音避。（一通行本）又屛亦反。辟，君也。言我所以不居魯攝行政者，為成王少，恐天下叛周也。言不辟者，以成王少，不避管蔡之流言。（慶長以下無正義）

二五七 命之曰鴟鴞 詩云寧毀我巢，雜以喻帝位，而謀於管蔡是也。鴟音寧，鴞音夫。

二六五 受命禾得天子命 徐廣云：嘉一作魯字誤，諡音旅。命為書云旅禾此下文諡作嘉字誤，不須改嘉為旅也。

二六六 貽王 貽音怡，與也。

二九三 倍依以朝諸侯 倍音負，依音於豈反，此餞重敘周公初攝時也。鄭玄曰：負之言倍也。

書紀 太甲

又云三頁ウ衍施縁說

如云不悔縣寡ノ

下注カ

按殷本紀云：太甲既立三年，不明，暴虐，不遵湯法，亂德，於是伊尹放之桐宮。三年，伊尹攝行政，當國以朝諸侯。太甲悔過自責反善，伊尹乃作伊訓三篇，褒帝太甲，稱太宗。此是太甲也。太史公采史書 年 甲既賢，遵從戒，何繼性施於民，不悔縣寡，又按帝 君甲卽陽云：帝甲十六年，太甲三十三年，明王既說

三九 是也

其民皆可誅　言紂信爲淫荒逸樂，不顧念於天道，不顧念民之從其化，故其民皆可誅也

必 莽我成周　成王不居成周，按王文云：周公往營成周，以下居東，遂國之，以成王不居成周，故云亡莽我成周

太史公不見古文尚書

明吾不敢亂成王

四十四 以開金縢書　按尚書武王崩後，周公被流言而東征，王而未知周公之志，周公乃有風雷之異，此文乃是周公卒後，疑太史公不見古文尚書，有斯謬誤矣。

古文尚書云：金縢事異。今據金縢篇云：周公居東二年，王亦未敢誚公。與武王即位崩後十年事，同偽二說。以為之論，及孔安國云：此上在大誥後，因武王喪并見。則謂周公之言不盡誕矣。太史公有所見，乃作世家。

四十三 凡大木所偃，盡起而築之　孔安國云木有偃起而立之。築其根，葉無虧，百穀豐熟，周公之德也。

四十七 夫政不簡不易，民不有近　為政之法，必須簡而易行，民

〔第三二葉表〕

大史

則親近。若不簡不易，民則不親近也。

四十 民必歸之　言政平等簡易，親近於民，遠方之民必襁負而歸之。周公見伯禽難見禮，故設此言是也。

四十二 作肸誓　周公伐三監，魯公伐淮夷，故於費地而盟衆，即東伐淮夷徐奄之屬。

五十五 敬復之　敬注云：一作振。書作振。敬，敬也。祇振古通行，斯例多有，無益其義，故不録之。

魯公攢之　攢音蜀

太山之邑祊　括地志云：祊田在沂州費縣南，許田在許州許昌縣，有魯城，周公廟在焉。杜預云：成王營成周，有遷都之志，故賜周公許田。

庾信字南山、來

六ノ九 以璧易天子之許田　【集解】庾信曰云

海人、魏樂年大守、

六ノ一三 申繻　繻音須

八オ二 衰善逃奔鄫　鄫國兗州鄫縣、古鄫國也、

八ノ六 鄋瞞伐宋　仲尼云、汪罔（國語作芒）氏之君、守封嵎（國語隅）之山、

為釐姓（國語作漆）　釐　在虞夏商為汪罔、罔為長翟、今謂之大

人、其國在湖（湖州）武康縣、本防氏、杜預云、鄋瞞狄國名也、

防風之後漆姓也

八ノ三 晉之滅路　本傳云魯宣十五年、杜預云、潞赤狄之別種

也、故今潞州也、

獲其弟榮如　杜預云、榮如之弟焚如獲死、而志說者、其

〔第三三葉表〕

兄弟伯季相況也。

襄仲公子遂

服虔曰：襄仲公子遂也。世本云：莊公之子仲。按：居東門，因号曰東門襄仲也。

十六十一

寶賂集解大屈弓　張：尺根反。弛貝也，角弓不張也。禮云：

三十九

張弓尚筋，弛弓尚角，是也。

甚矣魯道之衰，洙泗之閒齗齗如也。　言魯被周公

三十四

之化，揖讓之禮則從矣，而君臣相弒，何戾之甚。

如越

蘇州西南四十五里横山南有魯卿村，村内有塚，

俗云：魯哀公如越，越居哀公處。

五、六オ

燕召公世家第四

一オ五 封召公於北燕　集解宋忠曰，有南燕，故云北燕　括地 十七

志云，滑州城古南燕國也，胙城即南燕姞姓之國，黄帝之後也。

二オ二 巫咸治王家　按巫咸吳人，今蘇州常熟縣南海隅山上

二オ一 有巫咸冢及咸子賢冢

十六年與宋衛共伐周惠王云　惠校劉云，太史公採此

燕之史而爲世家，兼采諸記，而燕之事，蓋爲此燕

杜預云，燕仲父，南燕伯也。周本紀云，鄭虢居燕，鄭與虢

二オ五 君伐殺王子頹，入惠王，故鄭與南燕所以執其仲父。

山戎來侵我　左傳莊三十年，齊人伐山戎　杜預云，山戎

二オ三・四 南有碣石、某注、碣石山在平州、盧東南

〔第三四葉表〕

四十七

北戎無終國名也。括地志云：幽州漁陽縣本北戎無終國，其後戎滅山戎也。

桓公十六年卒　燕四十三代，三桓公，二僖公，二宣公，二惠公，二文公，蓋國微，其諡號重。

反閒　徐云：縱來用己，反用之，故曰反閒。軍之所數，其軍也，以二文非也。今五閒不索之判乎也，今之安置之也。

醢之子之　顧野王云：醢，醬也，常也，法也。

以徇　徇行示也。

孟軻謂齊王　軻字子輿，鄒人，著孟子十四卷，趙岐注。

北地　北地謂齊之北境，滄德等五州也。

〔第三四葉裏〕

聊莒即墨　括地志云：故聊城在博州聊城縣西二十四里。莒即密州莒縣是。即墨故城在萊州膠水縣南六十里。

中陽　括地志云：中陽故城在汾州隰城縣南十里。

敗趙於長平　長平故城在澤州高平縣西二十一里，秦

趙聽將渠解燕圍　趙殺將渠也。言將渠和諫燕王，不令伐趙，趙人聞之，以將渠爲知者，以謀已之微故也。

榆次　榆次并州。

督亢地圖　地下有圖字者非。括地志云：督亢坡在幽州范陽縣東南十里。劉向別錄云：督亢，膏腴之地。風

〔第三五葉表〕

風俗通

俗通云：九藪也。言平望漭漭，無涯際也。九澤之居水處

魚之謂

六才二 措齊晉 措，置也，安也。言邀之地都邑交於齊晉之境內

也。

管蔡世家第五

一才二 文王舍伯邑考 舍音舍。

二ク六 使為晉滅沈 舊沈子國，為楚所滅，後號亭也。

四才大 為鯆攜 攜音觿，本作觿。

四オ九 曹叔世家　曹在齊南，因名曹，括今曹州也

四ウ四 子惠伯兕立。集解：孫檢曰　孫檢或云齊人，不知何代史

記注內有此人，其注無別音異，此恐名字而已。王儉七

志、阮孝緒七錄並無，疑非此國所錄，恐此人自加之

五ウ一 不用僖負羈　列女傳云：曹僖負羈妻者，曹大夫僖負羈之

妻也。晉公子重耳過曹，曹恭公不禮，聞其駢脅，伺其將

浴，設微薄而觀之。負羈妻言於夫曰：吾觀晉公子，其從

者三人，皆國相也，皆善戮力以輔一人，必得晉國。若得

歸國，必霸諸侯而討無禮，曹為首。若曹有難，子必不免。

子胡不早自貳焉？且吾聞之：不知其子者視其友，不知

其君者視其所使。今其從者皆國相之僕也，則其君必

霸王之主也。若加礼焉，必能報施矣。若有罪焉，必能討過。子不早圖，禍至不久矣。負羈乃遺盤飧加璧其上。公子受飧反璧。及公子反國，伐曹，乃表負羈之閭，令兵士無入，士民扶老攜弱而赴之，其閭者門外成市。君子謂僖氏之妻能遠識矣

知唯德之不建　夫治國立政，知唯往徒，而不建立也。不用僖負羈言，乃美女三百人乘軒車，是不建立德也

陳杞世家第六

舜 傳燾反

媯汭 括地志云：媯汭水源出蒲州河東縣南首山。記

云：河東縣首山北，中有二泉，下南流者為汭水。蒲坂城中

有舜廟，城外有舜宅及二妃壇。按：河東縣本漢蒲坂縣，舜所都也。

舜子商均所封國 譙周云：以虞封舜子。按：宋州虞城縣，

商均封於虞，其子虞思事少康為相，號幕，下至遂

公，湯事殷湯為司徒，湯滅夏，封為遂公，其同虞遂之後

子孫為鄉，去殷入周，事武王為陶正，帝乙之子遏父事文

王為陶正，閼父之子滿，武王滅殷，封於陳，賜姓媯氏。

諡胡公

〔第三七葉表〕

一〇七 封之於陳 括地志云帝舜後有遏父為周武王陶正武王賴其器用封其子媯滿於陳宛丘之側按今陳州有古陳城在西北隅也

一四四 觀國之光利用賓于王 正義 居在親近而得其位明習國之禮義故利於賓於王也 言有王賓否卦義云否閉之世非是人道交通之時不利君子為正也上下不交而天下之之困否也言利賓於王逢否困之世故利君子為政必君困也

二〇九 大夫孔寧 寧作寗音寧

二一〇 衷其衵服 集解 衷其衵服 正義 衵作衵 衵乙尼反口口衣

二一五 弑靈公 正義 公作殺靈

右隱曰

三ウ四 司徒𣏌　招作苌，同韶

三ウ七 殺陳使者　使者干徵師也。左傳云，昭八年，陳靈公縊，而干徵師使於楚，楚執陳行人干徵師殺之

四ウ五 空爲五歲矣　哀公被楚滅，使棄疾爲陳公五年，及棄疾立爲楚王，而立惠公，探續哀公卒爲元年，故空稱至此

四オ三 复歳也

軍於城父　父音甫，亳州縣

四ウ四 楚之白公勝　按地志云，白亭在許州扶溝縣北四十五里，即勝所封，按白亭在豫州褒信縣者是也，以解在楚（楚世家矣又音

四ウ六 世家

滅陳　楚惠王四十年滅陳，當周敬王四十一年，魯哀公

〔第三八葉表〕

七、一〇オ奥

七、一〇ゥ

五オ一〇行 十六年

五オ二 公子款立 款音速、注同音

楚之惠王 ▇十四年 年表云、楚惠王十年滅陳、四十

四年滅杞、是杞後陳亡三十四年、從湣公一年、哀公十

年、出公十二年、簡公一年、合成二十四年、欠十年、未知

五ウ三 何公十年、是太史公誤耳

◎或封英六 括地志曰、光州固始縣故英國、南蓼地域也、

春秋時蓼國也、偃姓、皋陶之後、又有北蓼城、在固始縣

北七十里、蓼國有南北二城、故六城在壽州安豐縣南

百三十二里、帝王世紀云、皋陶生於曲阜之偃地、故帝

因之賜姓曰偃也、英見春秋僖十七年經、檢無英國、蓋

英為慈耳

五ノ一百 滕、薛、騶、夏殷周之間封也　騶音鄒、括地志云、公丘故城

在徐州滕縣西南十五里、秦滕縣城即古滕國、蓋黃帝

之子滕姓所封也、世本又云、滕錯叔繡周文王子、居滕、宋

忠云、陳國公丘縣也、故薛城在滕縣、故薛侯國、黃帝之

子任姓所封、又左傳定元年、薛宰云、薛之祖奚仲居薛、

為夏車正、奚仲遷于邳、隱十一年傳云、滕侯、薛侯來朝、

是也、故邾城黃河口口縣東南一百二十一里、邾子曹

姓、終氏之子、會人之後、邾俠居邾、至隱公徙鄒、鄒今徐

州縣也、後又番口口、今滕縣是、又徙鄒、鄒穆公改邾作鄒、

地理志云、鄒縣故邾國、曹姓、二十九世為楚所滅、能三

五、八ノ

國微小，春秋時□□□□

六才一 江黄胡沈　括地志云，安陽故城在豫州新息縣西南八十里。應劭曰，古江國也。地理志云，安陽縣古江國，黄國故城，光州定城西十里。春秋國黄國都也，傳漢書云，江黄嬴姓國也，胡沈解在前

六才四 苗蔡說　說一作班

衛康叔世家第七

一才二 衛康叔　括地志曰，朝歌城在衛州衛縣西二十里，本□□邑，殷都也。不□□□康叔爲君居河淇間，故商墟

六之七オ

即朝歌也。括地志云，故康城在許州陽翟縣西北三十五里。洛陽記云，是少康之故邑。

成周　括地志云，洛陽故城在洛州洛陽縣東北二十六里，即成周城也。

河淇間　黄河自衛州南東北流，淇河在衛州自東南來，至黎陽入河，故云河淇間。

南河　括地志云，衛州汲縣南河水至此有棘津之名，亦謂之石濟津，故南津也。左傳云，僖公二十八年，晉伐曹，曹在衛東，晉假道于衛，衛人不許，還自南河濟，即此也。

師曹　師曹，樂官，曹名也。

如宿　宿音夙。

〔第四〇葉表〕

五ウ一三 毋所興 興音預

六オ一 公孫敢闔門曰毋入爲也 公孫敢既閉門，因有使者出，子路乃得入。

六オ二 食焉不辟其難 言食君之祿，豈得避其危難也。眼虎云，言悝之祿，欲救悝難，此明不死國也。按眼此說是也。仲尼弟子傳云，子路曰，君焉得用孔悝，請得而殺之。

六ウ二 雖殺之必或繼之 子路云，太子若不舍孔悝，雖殺之，必有繼續而攻太子殺孔悝。

六ウ八 戎州 括地志云，宋州楚丘縣，古戎州己氏之城也。左傳隱七年，戎伐凡伯于楚丘以歸。括地志云，楚丘故城在楚丘縣北三十里，衛楚丘之邑也。按諸侯爲衛城楚丘

左傳作閒

唐文公居、即滑州衛南縣是也、左傳哀公十七年、初衛莊

公登城以望戎州、以問之、以告、公曰我姬姓也、何戎之

有焉、杜預云、己氏戎人姓也、呂姜莊公夫人也、

七ウ三 秦拔魏東地　東地謂濮陽黎陽等地也

七ウ三 更徙衛野王縣　元君徙濮陽、又徙野王、濮陽濮州縣也、

野王懷州城古野王邑也

微子世家第八

一ウ三 吾家保于喪　言紂有淫亂、吾宗室保喪亡、吾微子也

一ウ七 今誠得治國　微子言太師少師、无別無故告我理殷國

象箸 一六一 也 箸字亦作櫡、同音、劉伯莊云、音直慮反、與此、按說

文云、被論象箸、必為玉杯、然曰口口 近諸、用上音是

於乎 也、 烏呼兩音

尚書作時人德、按是其有德之人、令於中正之

道、有斯福者之

王道平平 平音頻忍反

曰天子作民父母、以為天下王 日者是 言天子美中正之道

誠可為天子也、君能守中正、而民順行之、是天子為父

母、而為天下歸往

〔第四一葉裏〕

佐古本孔傳無此句

三ウ二 沈漸剛克 漸音潛，謂溫和也，言溫和之人主政，須能剛

四オ一 高明柔克 斷 高明謂俊朗，言俊朗之人主政，須能柔和

四オ三 害于而家，凶于而國 孔安國曰，家謂臣，國謂君也，為上

云剛，為下逼上，凶害之道，

四オ四 用側頗辟 辟音僻

四オ七 衍貣， 貣音特，土得反，

女則有大疑，謀及汝心 孔安國曰，將舉事，而汝則有大

疑，先盡汝補心，以謀慮之，以然汝本作仲卿士衆民，然後卜筮以決

、之

四ウ二 王省惟歲 省，山井反，王者省歲之休咎，知民豐儉，此下

[刊本初分]

四ノ二ノ三 敬五者以臣識歲月之善惡也

師尹雖曰　師尹謂長臣。若今刺史縣令。師尹視日之

四ノ三ノ五 曉臣用微　微作□　爲作章

四ノ三ノ三 家用不寧　孔安國云：君失其柄，權臣擅命，治闇賢隱，國

家亂也　[孔傳抄]

五ノ才ノ五 五曰福一曰壽云云　壽百二十，富財豐備也

疾　[孔安國云：常抱疾苦]

憂　[常憂也]

貧　[困於財]　[一孔傳]

五ノ十ノ八 朝鮮　朝鮮潮仙二音。括地志云：高驪平壤城，本漢樂浪　[鄙都]　（書）衍

[八ノ一ノ二ノオ]

〔第四二葉裏〕

郡王儉城、即古朝鮮也、

六〇五 祭仲 上側界反、括地志云、故祭城在鄭州管城縣東北

五十里、鄭大夫祭仲邑也、杜預云、在陳留縣、或云、祭城在

河南、上有敖倉、周公所封也

六〇八 戰於乘丘、集解、徐廣曰、乘一作勝

六〇二 不圉人於陁、陁音厄、謂阻隘也

六〇三 敗長翟緣斯於長丘 紫絪云、魯世家云、武公之世、㕜緣

斯於長丘、今此云昭公、未詳、按春秋文公十一年、魯敗

狄於鹹、獲長翟緣斯於長丘、與年表同、齊世家云、魯惠

公二十年長翟來、王子成父殺之、年表亦同、按春秋及

年表世家、年成亦合、魯世家云、宋武公、是誤、當為昭公、

〔第四三葉表〕

八ウ二 御待令矣、

文馬四百匹 集解文馬、畫馬也 畫胡卦反

文ウ七 司馬 淮南子高誘注云、司馬者今之大夫官

三八オ 晉世家第九

一オ三 唐叔虞 徐 鄭才 宋國都城記云 唐國帝堯之裔子所封為唐

文武國故唐侯、封於唐、在河汾之東方百里故曰

唐叔虞、叔者伯叔兄弟、虞名也、

三九ウ 一ウ七 出奔于絳 晉陽霍邑縣、李漢絳縣也、鄭玄注周禮云、霍

山在絳縣、今春秋霍伯國

一四二 十年，伐千畝有功　集解杜預曰：西河界休縣南　界休縣

屬汾州，本漢縣也

二才六 翼晉君都邑也　括地志云：故翼城一名故絳，在絳州翼城縣戰

東南十五里。諸侯譜云：晉穆公遷都於絳，曾孫孝公改

絳為翼，翼獻公又命曰絳。

三才八 五年，伐驪戎　殷周之驪戎國城也。今陝西西安府臨潼

河東有驪戎城

四才六 使太子申生伐東山　左傳云：使太子申生伐東山皋落

氏。上黨記：皋落氏在潞州壺關縣城東南山中，去五十

四才八 里。今名平皋赤壤，其地險阻，百姓不居，今空之也。

君行則守　守音狩，下同。守者守也，君若狩巡而令境內

監守也
恭與是憎　共音供也
衣之偏衣集解服虔曰偏裻之衣　徐廣云裻背縫
佩之金玦　徐廣云玦如環而缺不連
遂亂當有　當晉書狼瞫也
重耳遂奔狄　括地志云文城故城在慈州文城縣北四
十里故老云此城晉文公爲公子時避驪姬之難從蒲
奔狄因築此城人遂呼爲文城風俗通云　春秋傳曰
狄本山戎之別種也其後分居號曰赤狄白狄
虢公醜奔周　左傳云童謠曰丙之辰龍尾伏辰均服振
振取虢之旂鶉之賁賁天策焞焞火中成軍虢公其奔

其九月十月之交乎、丙子旦、日在尾、月在策、鶉火中、必
其時也、冬十二月丙子朔、晉滅虢々公醜奔京師、賁
賁、鶉火鳥星也、賁々鶉火星貌也、天策尾上一星、名傅
說々焞々近日月之貌、火焞々也、中鶉火中也、成軍々有功

大才二三 泖戸
河西 河西謂同母弟々之地也、河內謂懷州
大六八 荀息曰、吾不可負先君言 國語云、荀息曰、昔君問臣
事君於我、我對忠貞、君曰、何謂也、可以利公室、力有所
能、無不爲、忠也、葬死者養生者、死人復生不悔、生人不
大六一二三 愧、貞也、吾言既往矣、豈能欲行吾言、而又愛吾身乎、
獻公將伐驪戎、卜曰遇兆爲禍 國語曰、獻公卜伐驪戎

〔第四五葉表〕

史蘇占之曰勝而不吉公飲大夫酒令司正實爵與史
蘇曰飲而無肴驪戎之役汝曰勝而不吉故賞汝以爵
罰汝以無肴克國得妃其有吉孰大焉史蘇卒爵再拜稽
首曰兆有之臣不敢蔽蔽兆之紀失臣之官有二罪焉
何以事君大罰將及不唯無肴史蘇告大夫曰有男
戎必有女戎若晉以男戎勝戎而戎亦以女戎勝晉里
克曰何如史蘇曰夏桀伐有施有施以妺喜女焉與伊尹
比而亡夏殷辛伐有蘇有蘇以妲己女焉與膠鬲比而
亡殷周幽王伐有褒有褒以褒姒女焉與虢石甫比而
亡周

緒十五年晉無不昌

占

言略舉後十四年晉君不昌也

寛永

李梅

八ノ五 御戎 韋昭曰晉大夫家僕徒也、杜預曰、步陽郤犨

之父也

八ノ六 惠公馬鷙不行　左傳云、晉戎馬還濘而止也、國語云、晉師

潰、戎馬濘而止、韋昭曰、濘泥也、顏師古曰、鄭玄云鷙很

也

九ノ二 愛君而知罪　君惠公也、知罪、謂惠公倍秦河西地也、言

君子之人事惠公、知惠公倍秦河西地之罪、欲以惠公

以待秦之命耳

七牢 韋昭云饔餼七牢、侯伯之禮也、

九ノ九 貫佗　佗音陁、即費季、解在後、左傳曰五士、之費也乃顛

頡之屬也

〔第四六葉表〕

九ノ一三 宦者履鞮　履鞮即勃鞮也、曰寺人、杜預曰寺人閹人

九ノ一三 以為可患　患惡也、本作與字者非也

衛九ノ一三 文公不禮　國語云、衛文公有邢翟之虞、不禮焉、甯莊子言於公曰、夫禮國之紀也、親氏之信也、義德之建也、國無紀不可以終、民無結不可以固、德無建不可以立、此三者國之所慎也、晉公子善人也、而衛親也、君不禮焉、棄三德矣

九ノ二三 曹共公不禮　國語云、重耳過曹、曹共公不禮焉、僖負羈諫曰、愛親明賢、禮之符也、禮賓矜窮、禮之宗也、禮以紀政、國之常也、失常不立、君所知也、國君無親、以國為親、先君叔振出自文王、晉祖唐叔出自武王、二王之

嗣世不廢祀、今君棄之、不愛親也、晉公子十七年而亡、卿材三人從之、可謂賢矣、而君蔑之、是不明賢也、玉帛酒食猶糞土也、愛糞土以輕三常、失其國之心不輕、其則曰、三常放棄以害國本也

〔一〕[illegible]女之　去、齊女也

辟王三舍　國語云、公子曰、設兵令于中原、避君三舍、若不獲命、其左執鞭弭、右屬櫜鞬、以與君周旋、韋昭云、左謂之弭、櫜矢房、鞬弓衣也、言以禮避君、君不施、乃執左鞭、右屬矢、與君周旋也

去過宋　國語曰、重耳過宋、與司馬公孫固相善、固言於襄公曰、晉公子亡長幼矣、而好善不厭、父事狐偃、師事

〔第四七葉表〕

趙衰、狐賈佗、狐偃也、魏犨、顛頡、二十業也世家

云公孫固、宋莊公孫也

十才七 以適諸侯禮待之

適音敵、國語云、重耳如楚、楚成王以周禮享之、九獻、庭實旅百、韋昭云、九獻、上公之享、庭實庭中之陳也、百舉成數也、周禮上公出入五積、饔餼九牢、米百有二十筥、醯醢百有二十甕、禾十車、芻薪倍禾也

與重耳飲

國語云、秦伯饗重耳、以國君之禮、子餘相、云、君子來朝、何以錫予之、雖無予之、路車乘馬

二十八 趙衰歌黍苗詩 毛詩黍苗篇 韋昭云、詩云、芃芃黍苗 芃音蓬

十三才 何以爲盟、

三

三、六オ

十五オ六

秦兵圍令狐　令狐故城在蒲州猗氏縣西四十五里

三十三オ七

龍欲上天，五蛇為輔　龍，文公也。五蛇，趙衰、狐偃、賈佗、先軫、魏武子也。又誤，不容有數十人，此子推以五士數，從者，偏子推隱而死，故作歌以感文公，見世家五士耳，即云五蛇為輔，不容子推不在五蛇之中，後代學者妄列五蛇之名，以子推為數，從惑誤耳，請後君子詳鑒焉。

三十三オ三

河南　括地志曰：南津亦名濟津，又名棘津，在衛州汲縣南，又延按濟浚曹郎是也

十四オ九

作王宮于踐土　括地志云：故王宮在鄭州滎澤縣北四十五里王宮城中，今城內東北隅有踐土臺，衛雍、踐土相去二十餘里。

按五蛇還是，不明所其人，而子推自在其中，不於一蛇獨認二句，不可通解

六、四オ

〔第四八葉表〕

六代作七代

一五才一 秬鬯 孔安國曰：鬯，香草，飲酒之。瓚以華鍾爲飾。

一五才二以 把鬯也

一五才三 王若曰父義和 王，平王也。孔安國云：文侯同姓，稱曰父，義和，字也。稱父者非一人，故以字别之。按王若曰父義和至其在位，是尚書命晉文侯仇之文，而太史公據左傳作此世家，從平王至襄王凡六代，文侯仇至文公重耳十一代，如隔一百三十餘年，極疏謬矣，及此衆氏於孔馬遷不考年代，亦依前説矣。左傳尚書各有文，蓋因襄王自命文公作侯伯，及賜弓矢，左傳文分明，而太史公引尚書平王命文侯之文，太史公誤矣。

一五才六 朝王於踐土 賈逵云：河陽，晉之溫也。踐土，鄭地也。按王完

〔第四八葉裏〕

是、

先蔑將左行、集解杜預曰、三行無佐、疑大夫帥也、　三行

行、胡郎反、注三行無佐、疑大夫行也、不置佐者、當避天

二十年二　子也、或初置三行、官未備耳、云大夫帥者誤也、

令使謂先蔑□公、　左傳　石若侯　猶了也了秦師師女退杜

二十年二　頃也、鴟之也　鄭大夫　過　臥反

一章二　秦兵過我郊　哀七同反

晁子意錄　取晋汪、　左傳文公二年冬、晋先且居等伐秦取彭衙而還

括地志云、彭衙故城同州白水縣東北六十里、今按

年　彭衙相近在同州北五百五十里、南去秦使画明視

等報殽之役、取晉汪以冬晉使先且居伐秦、取汪及彭
衙也、
取王官 正義云：按地志云：又王官故城、在蒲州猗氏
縣南二里、若渡河取、蓋此城也 覆按本
賈季 賈季晉明云：賈季晉大夫狐偃之子射姑也、食采
於賈、字季、名他、世本云：狐射姑
隨季 隨季字子孔、杜預曰：隨季晉臣也、杜預曰、隨季晉
臣也、世本云：狐偃也
不如其弟也 即反子也、反秦字、子圍妻、秦以妻
重耳
使士會如秦 士會字季、晉卿士蔿之孫、成伯缺之子、[illegible]

〔第四九葉裏〕

車八百乘　八百乘六萬人也

觴三行　行酒三遍。左傳云：提彌明曰：臣侍君宴，過三爵，非禮也。遂扶以下

智罃　智罃，武伯荀罃

伯宗　伯宗，晉大夫伯州犁祖

紹　紹，詐也

晉以巫臣為邢大夫　邢，侯國也。周公旦子後封邢。申公巫臣亦為邢大夫也

蕭桐姪子

梁山崩　括地志云：梁山在同州韓城縣東南十九里

〔第五〇葉表〕

其山東西臨河，東南崩跡存焉。公羊傳云：梁山崩，壅河三日不流。穀梁傳云：成公五年梁山崩，晉君召伯宗用輦者之言，令君率群臣哭，斯流矣，如其言，河乃流也。

問伯宗，伯宗以爲不足怪也。集解：伯宗隱其人 用輦者之言，不書其私曰隱。

使呂相讓秦 賈逵云：呂相，秦大夫。杜預曰：魏錡子也。

譖伯宗，殺之 左傳云：初伯宗每朝，其妻必戒之曰：盜憎主人，民惡其上，子好直言，必及於難也。

陰陽穀進酒 穀陽豎 杜預云：穀陽，子反内豎也。

子周 子周，晉悼公也。世本云：襄公生桓伯捷，捷生悼公周也。

二〇四九 使人之周 括周 傳曰、洛陽、時周平都洛、年表云 立襄公子糾 （年表丙午

二一才九 為椁也

二〇八二 朝武宮 杜預云武公曲沃始命君也

二〇八二 逐不臣者七人 杜預云夷羊五、、等

二〇七六七 戒諫公 左傳云 羊舌赤對曰 將命二志、事君不避難、有

罪不逃刑、又將來辭、魏絳至曰、臣聞師眾以順為武、軍

事有死無犯為敬、君合諸侯、臣不敢不敬、君師不武、執事

不敬、罪莫大焉、臣懼其死、以及楊干、無所逃罪

◎ 二一〇四九 秦取我櫟 櫟音歷、故地在◎ 河內陽翟縣古櫟邑也、左

傳云、襄十一年、秦庶長鮑、帥師伐晉、以救鄭、於櫟、秦

晉戰于櫟、晉師敗績、杜預云、從輔氏度河也、年表云使

〔第五一葉表〕

二八四〇 齊長伐晉取鄭、敗之擾、擾地二名、在陽翟也

六卿 韓魏趙范中行知氏也

二八九〇 范氏 晉大夫邢野

音域 杜預云、棫林秦地也

二三〇三 棫林

相惡於[illegible]

左傳云、祁勝與鄔臧通室、祁盈遂執之、晉侯用荀躒言執祁盈、及[illegible]、楊食我、杜預云、祁勝鄔臧、祁盈家臣也、通室易妻也

二二四六 不信 欲殺午、趙鞅定十一年伐衛、衛懼貢五百家、趙鞅置之邯鄲、今欲徙之晉陽、歸其父兄、父兄不許、倍言是

二二四八 韓不信 不信 世本云、不信韓宣子孫簡子也

史記索隱、[illegible] 簡子名不信

二三ウ八 魏侈　即魏襄子，左傳作魏曼多。世本云：魏襄子多也。

（世本云：……陽……魏桓子……，取……多。大夫魏……魏襄子生……多……子。）

二三ウ二 黄池　黄池在汴州封丘縣南七里，去汴州四十三里。

三三オ四 是爲哀公　諸說諡不同，疑年表爲長也。

二三オ六 晉懿　宋忠引此世家，注世本云：晉哀、

二 靜公俱酒立　世本云：生靖公俱也。

楚世家

卷章生重黎　帝繫云：顓頊娶于滕墳氏女，

楚先也　世本云：老童娶根水氏之子，謂之驕福，産重黎

根水，又作……驕福，大戴記、山海經作驕……人名作驕極

老童娶竭水氏，謂之驕福

張湛集補記 世本

一才六 及吴回也

重黎爲帝嚳高辛居火正　此重黎火正也、少昊之後重

一才八 木正也、則知此重黎則非彼重也、

共工氏作亂　杜預云、共工氏在太昊後、神農前以水名

一才九 吴回生陸終　世本云陸終娶鬼方氏之妹、謂之女嬇

三 六子、孕而不毓、三年啓其左脇、六人出焉

一四三 昆吾　虞翻云、昆吾名樊、亦詳觀也、

四才二 參胡

夔不祀祝融鬻熊　左傳云、楚以其不祀祝融鬻熊、使鬭宜申

帥師滅夔、以夔子歸是也

四ウ一二　六英　英、□之國也、徐廣云　高辟也

十才四　山林　正義山林作山川

十ウ七　常壽過　姓常、名壽過

八才二　芊尹　釋芊國之尹也

八才一二　乾谿　上力甚反、乃□王乃成王、過諸韓關以北、杜預曰、

八ウ六　江上　嗼、里名、闔門也

八ウ八　兩已　江上、卽江之邊也

謂靈王子比也

九ウ四　薦五聲　所數反、五聲、謂從徐時蕩僕等五大夫也　聲　□本

九ウ二　作聲　音賚

先神命　謂埋璧之時也

〔第五三葉表〕

九ノ九

子餘子[illegible]杞　子餘、趙襄子、把、犯、僂也、

兩荅晋不甚　左傳云伍尚爲棠君、括地志云揚州六合

縣本春秋時棠邑、伍尚爲大夫也

百ウ三

雲夢　括地志云雲夢澤在安州安陸縣東南五十里、是也

百ウ四

郭公

鄭公左傳云楚子殺戎蠻子、使開年居鄭、鄭眼云、鄭

公令尹子文毛孫量、戎乙子開年、

大梁榆關　年表云惠王三年、以榆關予鄭、括榆關當鄭

之南、大梁之西也、榆關在大梁之境、此時屬楚、故云歸

我大梁榆關也

張丑偽　正義作張丑爲、爲音偽、言張丑爲田嬰詐偽說

此韓

〔第五三葉裏〕

□□　音全

一四オ十 此國之冠之上　冠無官、後同、楚國之官、令尹最高、昭陽已為令尹矣、若人冠已在首、冠之上、不可更加

一五オ一 商於之地方六百里　荊州圖副云、鄧州內鄉縣七里、張儀所謂商於之地

一七オ三 王甚善之　昭睢　言韓以得武遂於秦西界之河山之險、楚是昭王之甚善楚

一七オ四 本枝韓之□也　[illegible]齊韓尊重秦相、穰侯疾之、以齊韓善事秦王、而齊韓又與楚親、穰侯不欲會兵、今又益權

一八オ六 恐穰侯之讒、恐其言秦王以伐楚侵地、

下東國　楚之下國最在東、故曰下東國、即楚淮北

〔第五四葉表〕

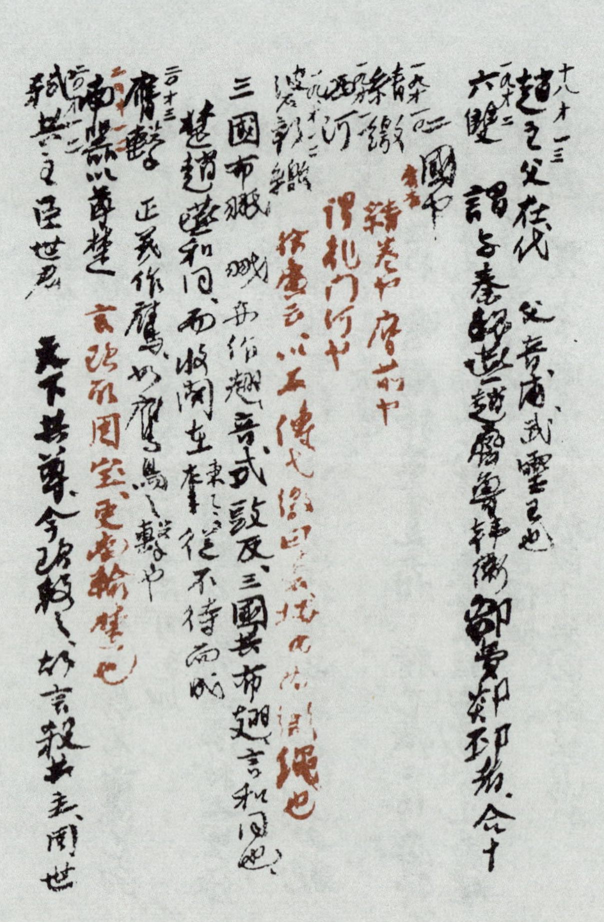

〔第五四葉裏〕

君天下，故言世君也

鋭士死，中士傷，而碧不拔　言用之攻圍用兵[illegible]

虎肉臊，其兵利身　虎有爪牙以衛其身，若人身加兵於

三翮六翼　翮當作䎘，音歷。䎘，羽也。謂翼外謂之䎘，䎘是謂之䎘也。進䎘羽也。三䎘六翼，即九䎘

左徒　左徒官名，若今時左右拾遺爲左徒。侍太子於秦也

取吾封表[illegible]

王翦破我軍於蘄　蘄音機，又音祈。地理志云沛郡蘄

物也

〔第五五葉表〕

越王句踐世家第十一

一オ三 越王句踐　句踐，越王名也。今越州也。周元王命爲伯也

一ウ七 持滿者與天　言執持滿足之德，惟天須之。越絶云「天道盈而不溢，盛而不驕。定傾危之計，惟人須之」。越絶之地貴定傾，人貴即事，與此文反也

三オ一二 置吳東門　越後滅吳也。從闔閭城東南開示浦，以子胥夢示之，是從東門滅吳也。

棲吳王於姑蘇之山　夫差棲於姑蘇山，對戰于西北敗

四ウ六 干遂　私記引吳都志

敎寡人伐吳七術　（正義曰云云。承見撰）故曰，九者勿患。戒口勿傳，以取天下不難，況於吳乎。

〔第五七葉表〕

五才四 舊不得晉　晉即韓魏也，於時三晉滅其君，已二十餘年

矣

五才八 祈帝於得晉　全猶珍器之也

五才五 得志於楚也　齊國泗上界楚，秦出武關侵楚，韓西葉陽

隣楚，魏南陳上蔡接楚，言四國欲伐楚，是得其志於楚

也

五ウ六 不耕而穫　言齊秦攻楚，韓魏與兵，猶未戰而以得地也楚

不耕而穫之

五ウ六 頓困於河山之間　言韓魏頓困於黄河華山之間，猶穢

為秦使役之也

秦何其以然之也　其以此失計狂惑之也

〔第五八葉表〕

四ウ九 是目論也　論，郎頓反。顧使云：越王知晉之失計，不自知己之分越也之過於，大眼見毫毛而不見其睫，故云目論。

六ウ二 范蠡事越王句踐集解太史公素王妙論曰　七略云：素王妙論二卷，司馬遷撰也

六ウ一三 鴟夷子皮　吳王殺子胥，盛以鴟夷子皮，浮之江中。蠡既去越，比之子胥，故自稱鴟夷子皮。鴟夷以馬革為之，形若榼也。韋昭曰：鴟夷，革囊也。韓子云：鴟夷子皮事田成子，去齊之燕，子皮從之

七ウ四 耕畜廢居　畜，許六反，養五牸也。耕，耕田也。廢，停也。居，貯也。停賤物，貴而賣之也

七ウ九 不窺識　若從頭也，言此朱公之金皆如此，病患須用者乎。

〔第五八葉裏〕

珍所

而言不預識總攝，自反朱公，懷莫動也，一云，有如病此全

珍聞之如

一丈三、鄭世家第十二　　宗周

鄭桓公　毛詩譜云，鄭國者，畿內之故國，宣王封其弟友

宋本

於棫林之地，是為鄭桓公

幽王以為司徒　詩序曰，鄭桓公為司徒，善於其職，國人

宣之，故作緇衣之詩，是也。傳云，桓公友入為司徒，及

子武公繼為之

一才六

河雒之間　河雒之間，蓋河之南，洛水之北。

毛詩疏

一ウ八〇虢鄶果獻十邑　括地志云、故莘城在鄭州管城縣南三十里、鄭玄詩譜鄭語是、杜預曰、鄭穎川郡陵縣即記水鄶也、鄶邑皆相近、東[illegible]詳的處、毛詩疏也、世說虢鄶果獻十邑、如世家言、則桓公自取十邑、而云死後武公取者、司馬遷見國語史伯爲公謀取十邑之文、不知桓公身未得、故傳會爲此說耳、外傳云皆子男之國、虢鄶爲大、則八邑各爲其國、以虢鄶之地、全而以獻之桓公也、明司馬遷之說謬耳

然則曰、效也、公與羣臣未異、更稱邪數衆也

一ウ二覺國之

驅秦兵於涇　涇、烏黄反、在同州北二百里、彭衙相近也

有死無隕　有死毋不隕墜晉君命也

〔第五九葉表〕

睔　睔，大目也。

主厭　杜預云：主厭，主祀厭，辰大星也。左傳襄九年云：陶唐氏之火正閼伯居商丘，祀大火。大火，心星也。

趙世家第十三

盜驪　盜，竊也，淺也。驪，黑也。

驊騮　驊，赤也。騮，[illegible]也。穆天子傳云：赤驥、盜驪、白義、渠黃、

驊騮綠耳踰輪、山子也、騄也。

穆王日馳千里馬攻徐　按穆王元年去楚文王元年三

〔第五九葉裏〕

一千一百一十餘年也。

見西王母，樂之忘歸　穆天子傳曰：穆王觴西王母于瑤池之上，西征至于崑崙之丘，見西王母。其年王母來見，賓于昭宮。括地志云：崑崙山在肅州酒泉縣南八十里。十六國春秋云：酒泉南山，崑崙之丘也，周穆王見西王母，樂而忘歸，即謂此山。有石室王母堂，珠璣鏤飾，煥若神宮也。

二十二　觸不熟　饎，煮飪也。熊蹯難熟，以煮凡肉，熊蹯難不熟。

二六二　君子所有　君子謂孔子也。

四六一　宋公孫其子子嬰齊　謂魯不救節也。

〔第六〇葉表〕

鈎天　淮南子、中央曰鈎天、
吾有所見子晣也　晣星歷反、其字從日、晣白也、音於希
偶見子晣白之作記識也
簡子問其姓、而延之以官　簡子問何姓、又延之何官也
荀躒
轅不佞　正義作櫟
輓二　正義作轅不信、注曰、轅而子也、信本作佞也
宰人各以枓擊殺代王　直也
傒下而馮、左袵畏衆　冬音路
也、衆馬被甲、　馮音憑、依也、左袵、胡服也、畏即介
葛薛　二城名、薛魚桀反

〔第六〇葉裏〕

葉十七

十二ウ一三 晉時胡服騎射　趙之策

吳師道注引正義云、胡服今時服、廢除裘裳也

千葉本作云々

十七ウ一 武靈王　世本云、肅侯語生武靈王雍

索隱世本、肅侯生武靈王、國策補注云、世本名雍、疑當觀其家、肅侯子武靈王名雍也

十二オ五 其女娃嬴　娃於佳反、美女也、姚舜姓也

十三オ九 賸　賸頻忍反、臏骨也

一三ハオ六 驅世以笑我　驅音區、驅逐也、謂舉一世以笑我也

一三ハ十七 業

一四ウ七 虙戲　伏羲同音　音宓

一四ウ 器械　內盛曰器、函棺之屬、外盛曰械、刀鋸之屬也

一五オ一 是鄒魯無奇行也　言鄒魯儒服長纓、非志好奇淫蕩也、

一五オ二 俗辟者民易　言吳越辟處海隅、其民疎誕簡易也、而生孔子、顏回、曾參、閔損、皆無奇行也、巫咸、巫賢、太公呂尚、吳季札、言偃、皆秀士也

〔第六一葉表〕

一卒才五以書御者　以儒學之人為御
一七才二儒術　儒亦述也　能言述儒先堯也　孔子世家　儒術者
一七才一家之狗
鷇　哺鳥子受哺者謂之鷇　鳥啄食者謂之鶵也
一八才五非己有己　若以宋友云已此也
一九才二謹為上傚　傚音効　功勞也
二〇才一自殺　劉伯莊云　殺自忖度也
二二才三不能持無功之罪　持猶執
卒四十餘萬皆阬之　白起傳云　斬首虜四十五万人　括
地志云　頭顱山一名白起臺　在澤州高平縣西五里　上
黨記云　秦阬趙衆收頭顱築臺於壘中　因山為臺崔嵬

嵬樂起　今音自起　去聲也

二三オ八　王還不聽秦　還從便也

二三オ九　蘇射　[illegible]射夜

二三オ三　延陵鈞　鈞名也

二三ウ四　龍兌　兌音奪

二三ウ一　春平君　春平未詳

二三ウ六　城韓皐　韓皐未詳

二三ウ七　餘民謠言　謠音訛

魏世家第十四

今命之大　命名也

屯固比入　屯難、故須堅固比、親也、故云入

魏絳　絳音他

世本云、魏武子犨生悼子、悼子徙霍、及荀子吸、吸生魏絳子、多生

桓子駒　駒生文侯斯、甚、与此不同、古書誤也

亂

子　適音嫡、是故蔡所言、故曰故曰也

敗韓于馬陵　此馬陵在魏州元城縣東一里

魏我觀　正義國語云、下大夫有五觀、屬長平有觀

國　夏啓子、太康第五弟之所封也、夏竟滅之矣」

〔第六二葉裏〕

七オ九 紀相田需死　需作霈，音須

六オ一二 史人芒卯　芒莫康反

九ウ二 豆以爲樂也　子當言乃也

九ウ六 范痤　痤在和反

十ウ六 不可得也　不可得令從也

二ウ七 秦攘之　攘曲也

讖亡　讖，謂和讖，謂讖緯，言不從者也

韓世家第十五

武子後三世有韓厥　世本云：桓叔生子萬，萬生賕伯，賕伯

〔第六三葉表〕

伯生定伯簡、簡生輿、輿生獻子厥、並居韓、擬桓叔晉文

侯弟成師也、晉昭公封之曲沃、號曰桓叔、

宣子卑、子貞子　世本云宣子起生平子頎

陵觀　晉館、未詳

申不害相韓　不害河南人、作申子三卷、在法家也

以一易二之計也　一、謂縣秦一名都、二、使秦不伐韓而

又與之伐楚

以楚徇韓　徇、行示也、言而蔽鋒、

收蛩　其言語也、眼魚遇於網於擁相牽而收大相乘、而

覽類甚修其謀伐韓也

公何爲稱此順於楚　爲于僞反、下同

五之七 夏山　夏山未詳

五之二 是可以為公之臣使乎　為如字，書錄甚多，擢並為之臣也

田敬仲完世家第十六

一之三 陳厲公佗之子　佗同何反，譙周云：春秋傳謂佗即五父，又世家與傳違。案左傳云厲公名躍，而佗未踰年無謚，又桓六年經云蔡人殺佗，又莊二十二年傳云陳厲公蔡出也，故蔡人殺五父而立之，則佗與五父俱為蔡所殺，其名雖異，其實則同，佗與五父是一人明矣，而史記以

他為厲公以躍為利公、恐太史公誤、又恐常有所别也、觀國又以厲公為桓公弟、今誤矣、

賓于王　杜預曰、此周易觀卦六四爻辭也、四為諸侯、變而之乾、有國朝王之象、易之為書、六爻皆有變象、又有互體、聖人隨其義而論之、易正義云、居觀之時、最近至尊、而得其位、明習國之禮儀、故宜利賓于王庭也、

爻卦云、觀國之光、觀之也、此是人道交通之時、不利君子貞也、上下不交、而天下無國也、言利于王庭、位于無國之世、故利君子為不臣、世代君有國、

利在此而在異國乎　六四爻變為乾卦為本國、外卦為異國、六四於外卦、故知為異國也、

〔第六四葉裏〕

一〇七 女姜姬　六四爻　是本木爻、親之乾巽、未為羊、羊為女、以

一〇六 女羊、故為姜、姜、齊姓、女在齊也

在子孫　内外為卦、内卦為子孫、六四爻變、故亡在子孫

也

鳳一〇四 鳳于飛　杜預曰、雄曰鳳、雌曰皇、雄雌俱飛、相和而

鳴鏘鏘然也、猶敬仲夫妻相隨、適齊有聲譽也、

莫一〇五之與京　賈逵云、京、大也、杜預曰、敬仲八代孫陳常也

田完世家云、八代孫田常之子盤也、而杜以常為八代

者、以桓子無宇生武子開、與釐子乞、乞子常繼事齊、故以

常為八代

媯二〇一三于豕芑　媯於本反、芑音起、芑、白粱粟也、言齊之婦媯

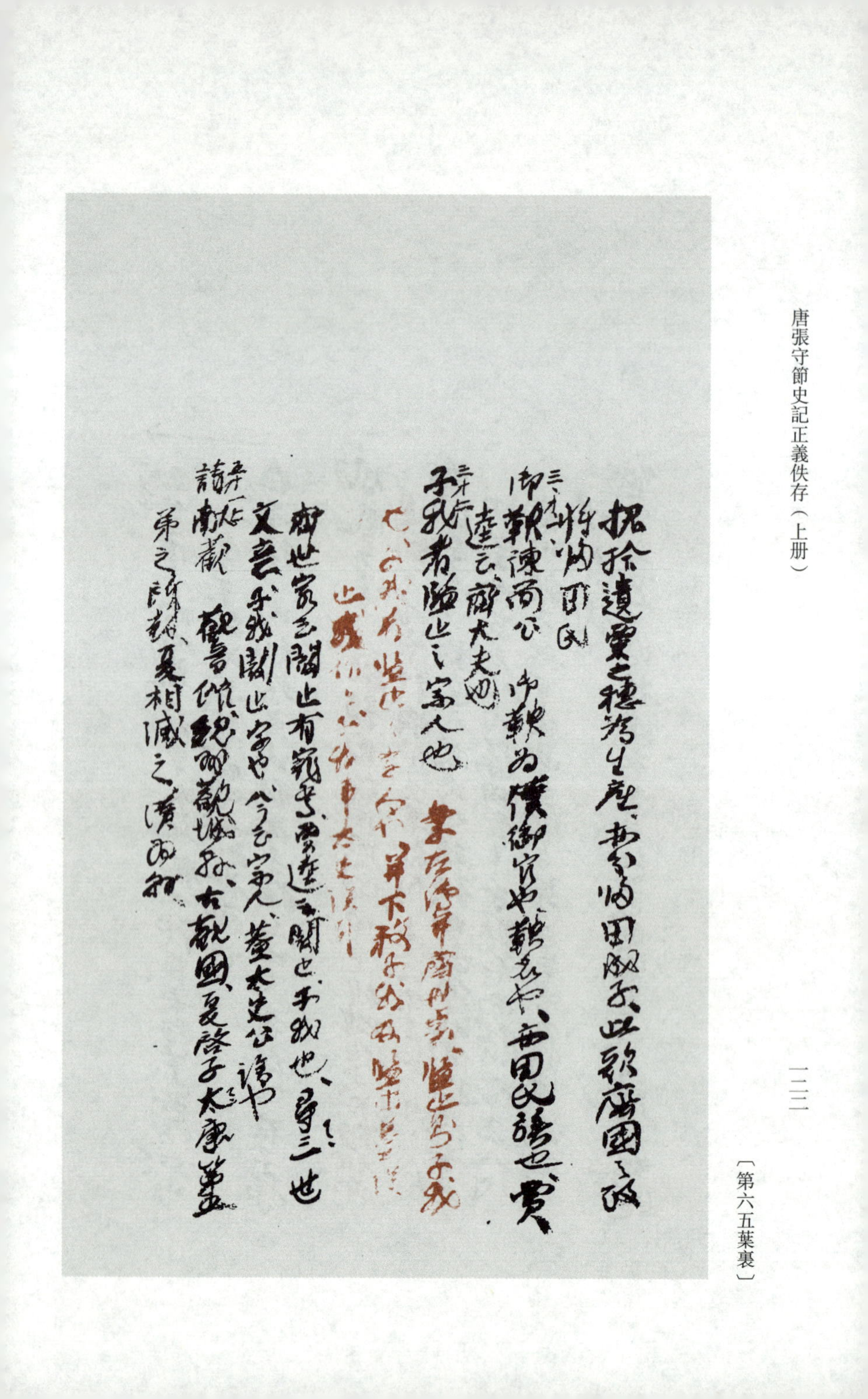

〔第六五葉裏〕

八ウ六 秦逐張儀 六七 魏氏舊本繼在之後陳軫隨張儀交爭而事

齊楚此陳軫之從反之也

九オ五 齊楚若有資矣 資藉也又材質也

十オ二 所以形服 形服見齊〻 形勢𡟲趣不以服

十オ六 韓聶 聶七涉反齊將也

孔子世家第十七

一ウ七 疑其父墓處 母諱之也 梁紇葬時徵在既少後不能教

口 爲其的處

三ウ五 自大賢之息 大賢文王周公等也

三六八 景公止孔子　爾雅云：止，待也。

四才六 得胥　[illegible]胥屋兩翮

十一才九 耰而不輟　耰[illegible]椎也，[illegible]即椎碎之覆種子也。

十二才八 [illegible]而容　言[illegible]有賢士[illegible]居也

一四一 彬彬　彬音斌，斌斌文也。孔子言假我數年間，我於易則文

一五才一 鉏商獲獸　鉏音鋤。服虔云：車子，微者也。子姓，鉏名。[illegible]也　質備矣

一六才一 鉏名商，車子御車之人也

一六才三 乃因史記作春秋　夫子修春秋，據魯十二公年月，而視

周及諸侯行事也

舉而開之

正義[illegible]陽[illegible]開

一七ウ七
子思作中庸　中庸一卷在礼記中、又作子思子八巻也、
魯穆公師

陳涉世家第十八
●勝立數月而死、死後、為世家者、以唱始起兵、滅暴不終
秦、亦世家之道也
一オ一三
蕭也長　也猶楚也
二ウ一
今亡亦死、舉事亦死、　為反亂取國、不得而死、陳勝成卒
而死、

〔第六七葉表〕

一六九 卜鬼乎 [illegible][illegible]公子扶蘇楚將項燕、爲天下倡、宜多應者、

一ウ二 卜之、是卜鬼也

念鬼 念鬼言常思扶蘇項燕、日者以此假我、此幽冥也

二オ四 將尉醉 尉爲將領戍人也

二オ五 尉劍挺 果丘嘤傳云前旋頭劍挺是也 一兩字

二オ七 藉第令毋斬 言假令且之則不斬

九オ九 至令之 不善者繫而罪之云〻 言諸將不如令、及己所

不善者、不下吏、朱房胡武輒自決之、以苛察爲忠正、陳

王乃任之

七オ三 鋒鍉 鍉音的、注鏑同焉、

七ウ二 鉏耰 鉏音鋤、耰音憂、矜与勤、鉏〻柄也、耰塊椎也、矜矛

栖也、棟、木戕也

外戚世家第十九

一才四、繼體守文　繼体謂嫡子繼先祖者也、守文謂守先祖法

內德茂也　蓋亦外戚

內德謂皇后也、外戚謂皇后親戚

世本云、帝俈次妃娀氏之女、曰簡狄、而

一才八　殷之興也以有娀　生契

一ウ四　父不能得之於子、況卑下乎　言臣子有親愛之情、若父

…從不能陰秦況卑下而欲出聲乎

一〇五 成子姓 言其子孫

一〇五〇 愛弛 下式反 謂關係也 言媞婧 多也

四〇三 沐沐我

竇太后好黄帝老子言

黄帝道書十卷老子二卷

四〇三 東宮 東宮太后宮

四〇七 蛤賤

蛤扶兩反

四〇八 倚女 倚作倚 綺於綺反 倚依也 閉卜筮 兩女當貴 乃

五〇七 猗恃之 所奪金氏之女

以猗根之 望衍根也

〔第六八葉裏〕

第一 夜霸上 被音霸、今之灞

第二 低頭俛首送 俛音俯

第八 太子年五歲之年 漢書曰、後元年上疾病、遂立昭帝太子、年八

歲、後日武帝崩、太子即皇帝位、五歲者誤、先儒說者誤

一千五 過巨鹿 楚元王世家第二十 丘大、長嫂積之、鎮師長曰、丘巨皆大也

二十二 張子卿 荊燕世家第二十一 張子卿漢書作澤卿、音釋萬紙紀周勃傳作釋

〔第六九葉表〕

二才二 子卿字也

爪大臣謂太傅　謂道告夜以卑言尊之意也

三才七 事當相重　謂事者勸諮問其得失相重

齊悼惠王世家第二十二

一才四 諸民能齊言者　諸齊民言語與楚魏趙異者隨其皆以

一才六 屬齊也

四才三 元被如家人　不以惠帝如家人兄禮

惠王子罷　罷無擬　擬今本二字作不

五才九 事浸潯　浸潯二音一音尋又音淫浸潯猶漸潤澤也

五ノ十一 市租千金　謂臨菑之市，所賣之物，出稅利千金。言臨

菑之人殷富也，千金，萬貫也。

輕重　言與輕重大小之事，故許之。

蕭相國世家第二十三

三ノ四 上林中多空地棄（正義作空地棄）　言上林苑中空地虛棄，不如

三ノ四 令民得入田之

毋收稾爲禽獸食　其稾草留苑中爲禽獸食之

曹相國世家第二十四

一ノ二 後攻之杠里　杠音江，地名

〔第七〇葉表〕

大宗伯ヲ正詞

一ウ一一 逃北 敗軍曰北

三ウ一三 邑爲執珪 周禮曰：王執鎮圭，尺二寸；公執桓圭，九寸；侯執信圭，七寸；伯執躬圭；子男執蒲圭，五寸。

三ウ才 又夜擊其北 其北，藍田北也。

三ウ四 寧秦 秦作秦。

三ウ 碭蕭城 碭音唐，宋州碭山縣是也。蕭，彭城縣，徐州西二里。

三ウ九 至武反於黃 括地志曰：故黃縣在曹州外黃城縣東二十四里。左傳云：陳留外黃縣東有黃城是也。

三ウ一三 上假密 上假密即高密也。地理志云：高密，故膠西國。下假在膠東國。括地志云：濰州，今俗謂百尺水，在密州南。

即韓信決濰水 濰，水名。韓信傳云：南廣走高密，流東

進廣武高都西赴伐晉且救解史泚水陣信出泜將水
上流引軍半渡佯不勝走趙追信渡水信決流囊水
大至趙且軍大半不得渡信即急擊殺龍且龍且水東
軍散走明殺龍且在高密縣洮水西也
木訥於交辭　訥內同也物反謂遲鈍也又音謀刃反譬
木之聲言語遲鈍也言擇之無文誄也字長者言轄也
樸無飾者也
崔步厭與　步武步反與音餘言以股肱之力不問國事以
日飲不治事也
胡何也　者何謂治寵二百
縱橫者一　鄭玄云張群見也岩組自撿且也鹿幾完教
宜以勉勵教

〔第七一葉表〕

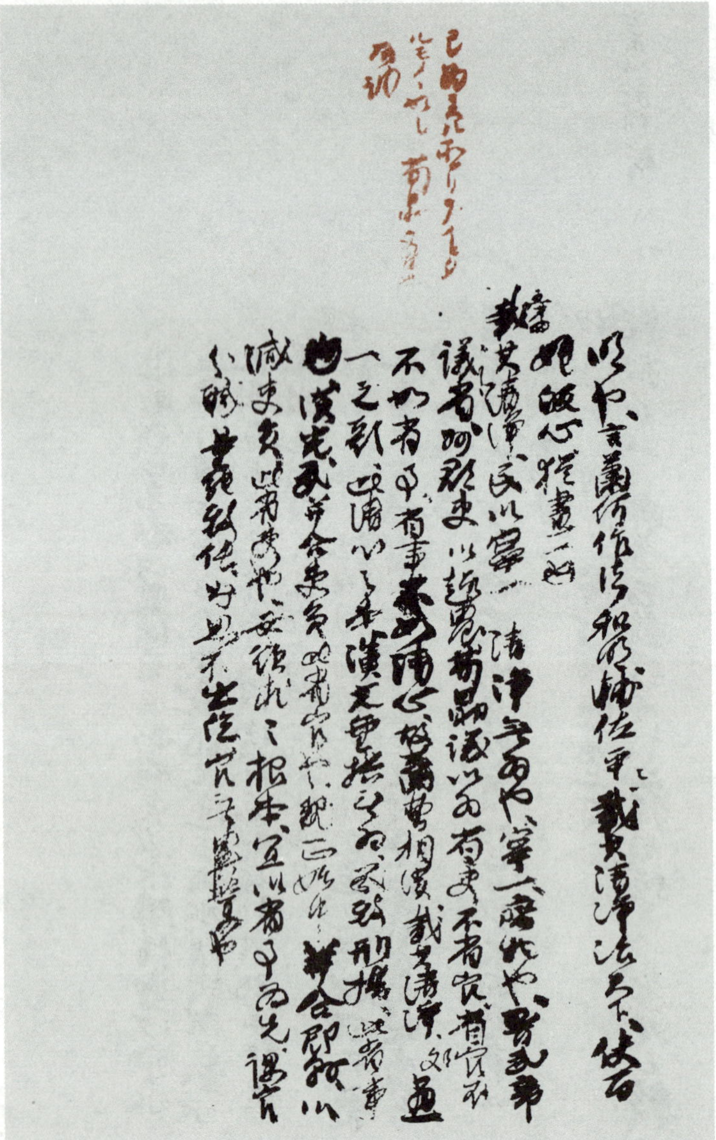

〔第七一葉裏〕

留侯世家第二十五

一十七 留侯張良　括地志云：良，張仲三十代孫。仲見毛詩，張

老孫，見毛春秋後禮記。王符潛夫論云：良為韓

公族，姬姓也，秦索賊急，乃改姓名，其後言張良

一十九 大父開地　大父開地相昭侯宣惠王襄哀王，父平相釐王、

悼惠王，括言五世相韓也

二十四 祇禍　顏師古云：禍，謂橫禍。今在洛所張是也

二十二 一編書　編，卑連反，以韋編連而為書之一

二十八 因女卿　佳，諡反，善慢也

鯫生　鯫，小魚也，比鯫小人也。　服虔曰：鯫，七垢反，鯫小人也

三十一 沛公為漢王王巴蜀　巴通壁蓬閬集合萬豐渠渝等十

〔第七二葉表〕

一州、本巴國地也、蜀灌彭劍綿閬梁遂梓眉邛雅資嘉

普武萬姚利等十九國、本蜀侯之國也

棧道閣道也

謂棧梯 棧女救反 師古曰棧謂也其字從木

與我故 服虔云未起之時与我有故怨 師古曰遺以勇

力用厚高

金城千里 金剛、堅固也、關中四塞若金城

天下有四人 皇甫謐高士傳四皓 一曰東園公 二曰綺

里季 三曰角里先生 四曰夏黄公 皆河内軹人 漢書外

傳云 園公陳留襄邑人 是其先居園 公、陳留風俗傳云

園庚字宣明 後之 東園家本文 为秦博士

吳

遭秦亂逃，避地於南山。皇帝為太子，即拜園公為司徒，遂
位。太子封□□□□鄉侯。陳留志云：唐姓，常居園中，因
謂之園公。周樹洞曆云：角里先生名術，字元道，太伯之
後，京師號霸上先生。紹氏世譜云：角里先生，河內軹人，
太伯之後，姓周氏，名術，字元道，京師號曰霸上先生。一
曰角里先生。□□俗云：是吳人，今太湖中西有□□祿
里村是。漢書外傳云：秦時之亂，退匿南山，取因商洛深谷，
咸吏曄曄紫芝，可以療飢。駟馬高蓋，其憂甚大。富貴而
畏人，如貧賤而肆志。夏黃公或為大夏黃公。□稽典
錄云：書侏朱有封郡將濮陽詳原云：大里黃公墓在鄴
縣。輿地志云：鄴□有大里，是黃公所居也。今鄴縣有黃

〔第七三葉表〕

公廟、崔氏譜云、夏里黄公、姓崔名廣、字子通、齊人、隱居夏里、修道、故曰夏里黄公、角音禄。

轜車　轜車私音[illegible]。

臥而護之　護謂監諸將也。

矰繳　矰音曾、繳音灼、繳、生絲縷也、用繩繫矢也、射者引繳收之、言一舉千里、以矰繳不及、太子羽翼已成、難改也。

赤松子　列仙傳云、赤松公、仙人也、神農時為雨師、服水玉、教神農、能入火自燒、至崑崙山、上西王母石室、隨風上下、炎帝少女追之、亦得仙、俱去。

白駒　莊子曰、隙過者、塵埃扣、搖遠望空中、塵埃隨風、飄疾如歸馬、群奔、白馬者、塵埃也、日入壁隙、塵埃内過、日

〔第七三葉裏〕

八ウ七
魏光不盈瞬息，其色白，故云白駒過隙。又云騏驥之馳隙。
魏豹彭傳　蘇林之說，蓋謬也。

陳丞相世家第二十六

六オ三
面皺　皺，數也。

六オ四
嫉人与我何如耳　顧念恩也。

六オ五
以右丞相讓勃　秦漢以前，以右爲上，左爲下；晉宋以來，左爲上也。

六ウ四
王陵　下文云傅御大夫，各得任其職，是王陵在下，他說皆謬。

〔第七四葉表〕

絳侯周勃世家第二十七

一オ五 常為人吹簫給喪事　今之挽歌以鈴為節，而以案亡者

神魂

三オ六 最　最者功是多也（一本多）

三オ一〇 文權少文　喪諸也　謙書音目訓，推薦桃木之錄，儀直說

四オ二 其事少文飾，

四オ二 瑣員　員名也，此婦也

四オ七 壁門　壁音辟

此不足君所乎　此字有下此字（一本作）　景帝視而笑曰，此非所食矣　不足案，謂無膽也，如淳云，此物不足君之食矣

偶失之

〔第七四葉裏〕

六八五
工官尚方　尚方中工官名乎？顏師古云、上方作禁器物

六八六
取庸苦之　庸、謂庸作也、苦役、謂使勸而更不與價直也、
七　漢書師古曰、庸謂賃也、苦謂極苦使也

七〇四
坐酎金不善　坐酎金不善、當在元鼎五年、食既不善、口
是

有罪國除　史記口口以語數例、所以先儒致疑、班固已
以文不善、及有罪將而兩把、從漢書即云、坐酎金免官、
有罪國除、乃謂與大過、致令讀口口也
紛擾

梁孝王世家第二十八

一五
[illegible]　梁者國也、其者國也、天子當與以行天下、不散

〔第七五葉表〕

作言天子、姓曰[illegible]

布書　以布衣書也

蘇[illegible]義其後　蘇等也

君子大居正　大謂崇大

解說　解開置反　說音悦

失忠於袁盎諸大臣　然謂忠義也謂怨望也

五宗世家第二十九

隱陂　顔師古曰、陂謂傾側也　言含解諸[illegible]陰陂詔偽也

六安王慶

[illegible]

〔第七五葉裏〕

三王世家第三十

一ウ 慼愓 愓，劉伯莊音傷容反，顏師古音昌容反。愓音唐。

三オ八 輿械 輿，軍也。械，戈矛弓矢之屬。

四ウ二 葷粥氏 葷粥氏，唐虞匈奴號。

五オ一 五湖 胥、游、貢、蔓為五湖，皆太湖東岸，今連太湖，並後五湖南也。

五オ三 毋侗好佚 顏師古云：侗，未成器之人。佚，過也，逸也，樸也。

六オ一 軌安 以弟稚幼沖 謂昭帝，言此武帝子也。

八ウ八 公戶滿意 公戶，姓；滿意，名。

八ウ二 誅其兩弟 管叔、蔡叔與武庚作亂，周公誅管叔，放蔡叔。

天下太平

〔第七六葉表〕

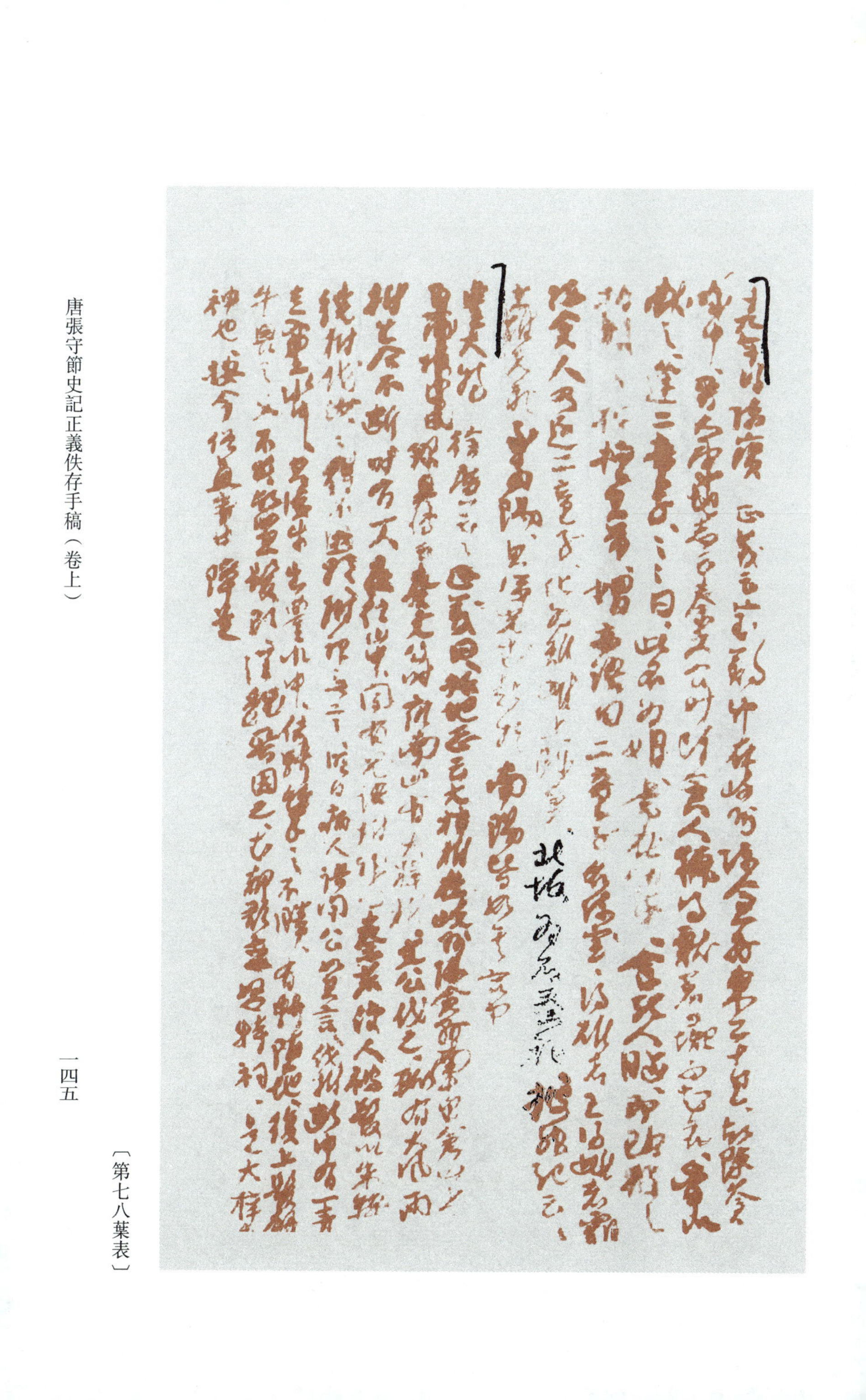

〔第七八葉表〕

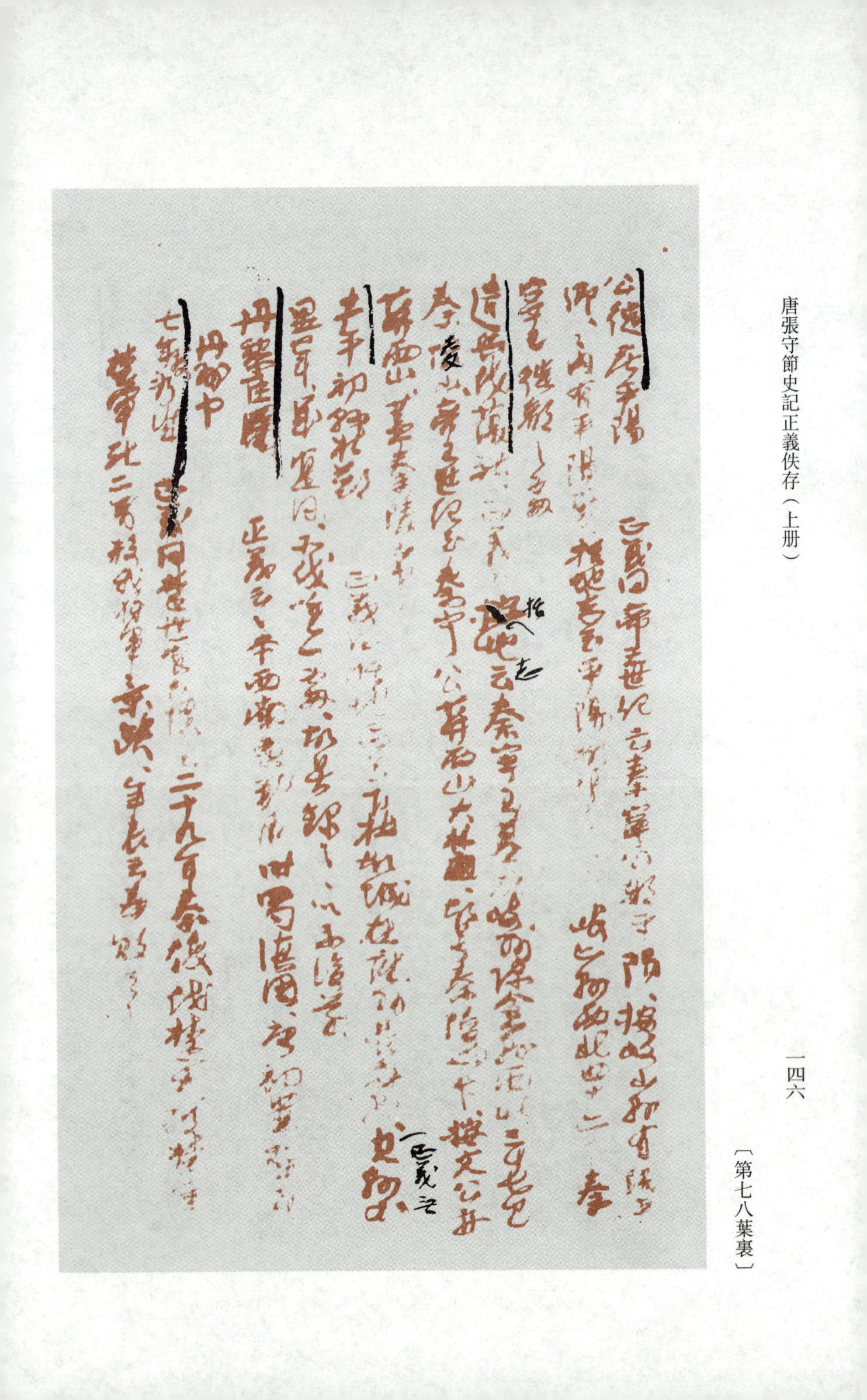

〔第七八葉裏〕

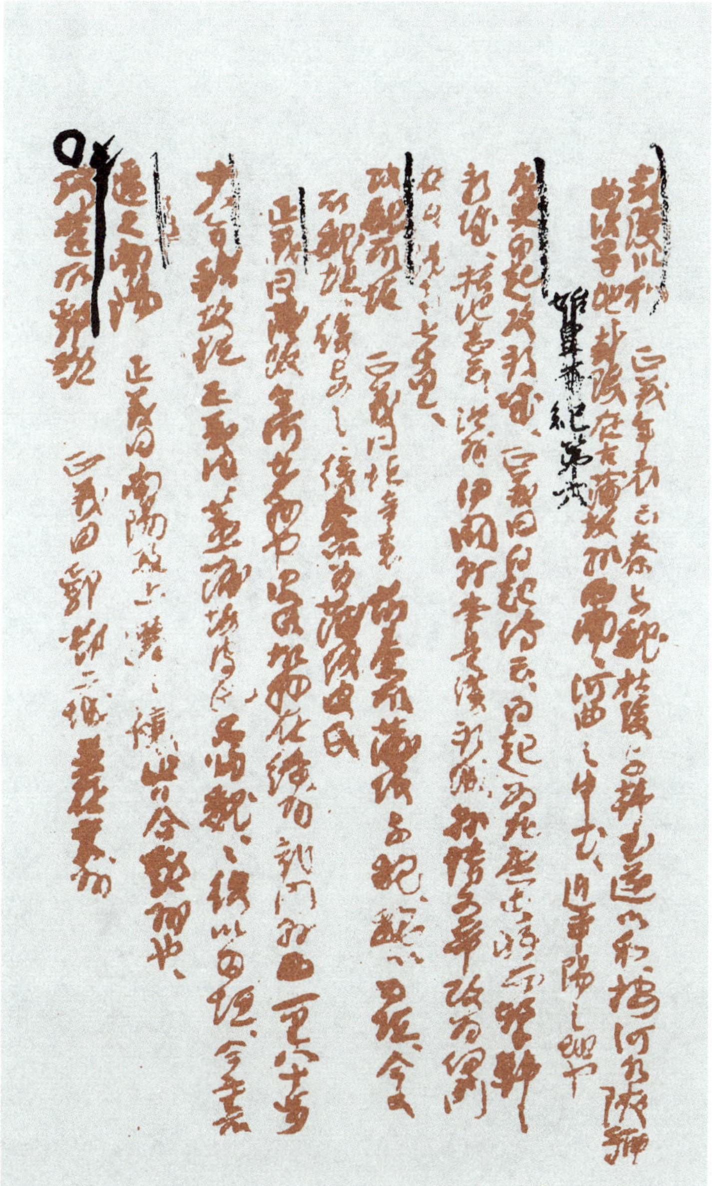

〔第七九葉表〕

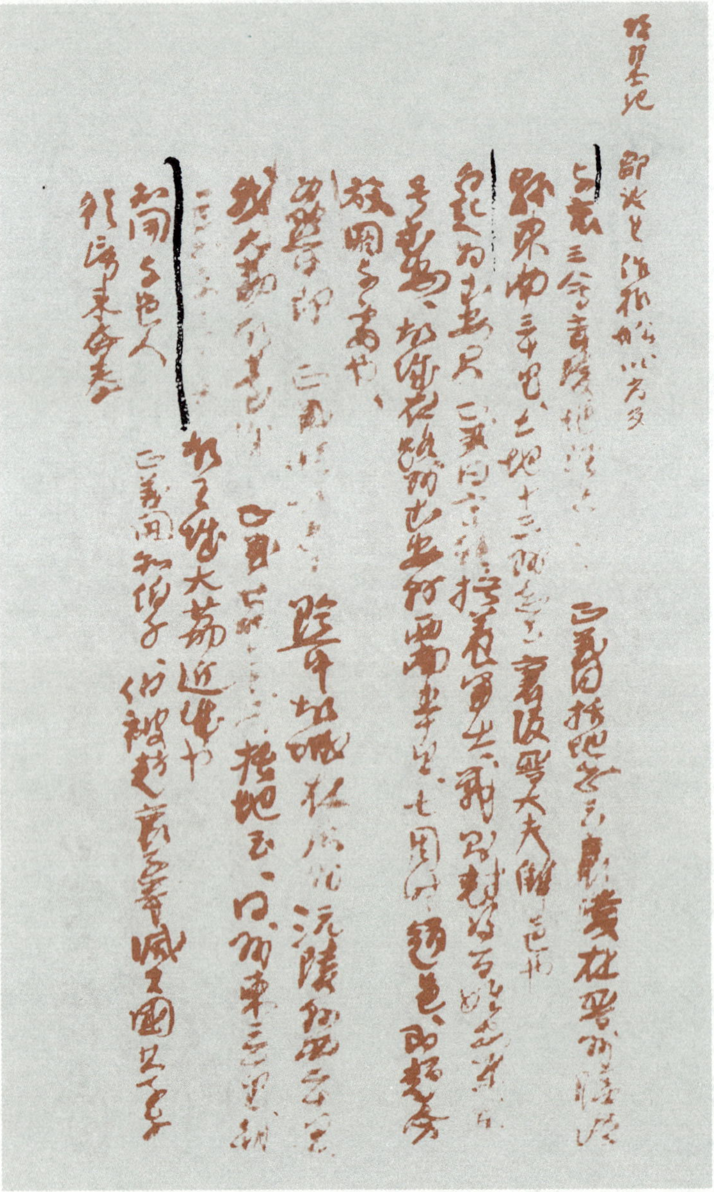

〔第七九葉裏〕

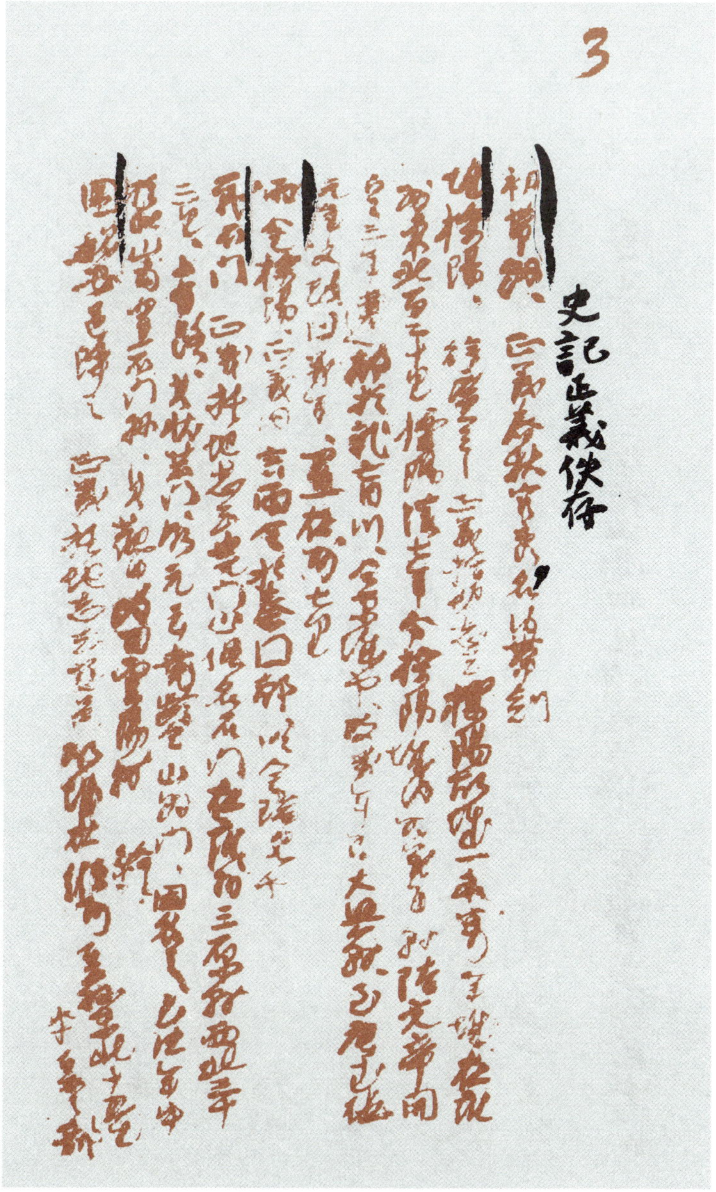

〔第八〇葉表〕

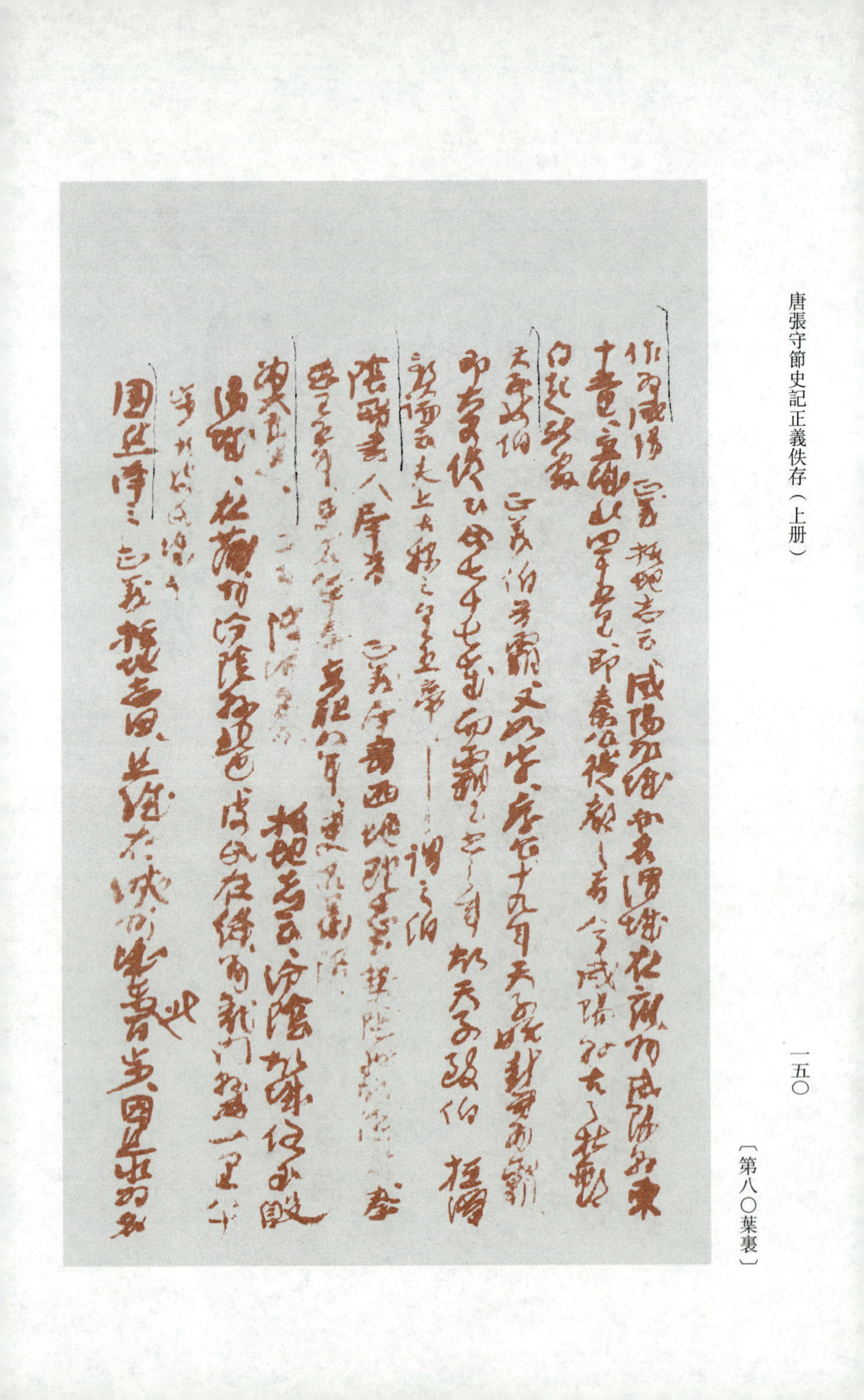

〔第八〇葉裏〕

〔第八一葉表〕

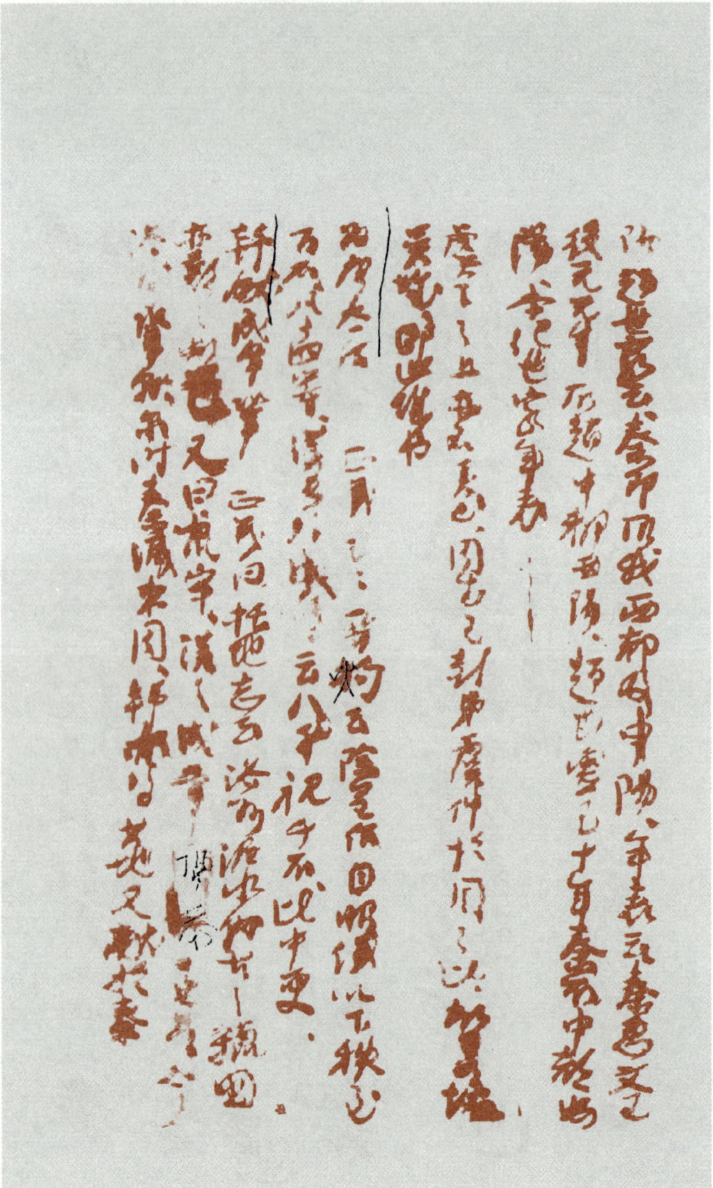

〔第八一葉裏〕

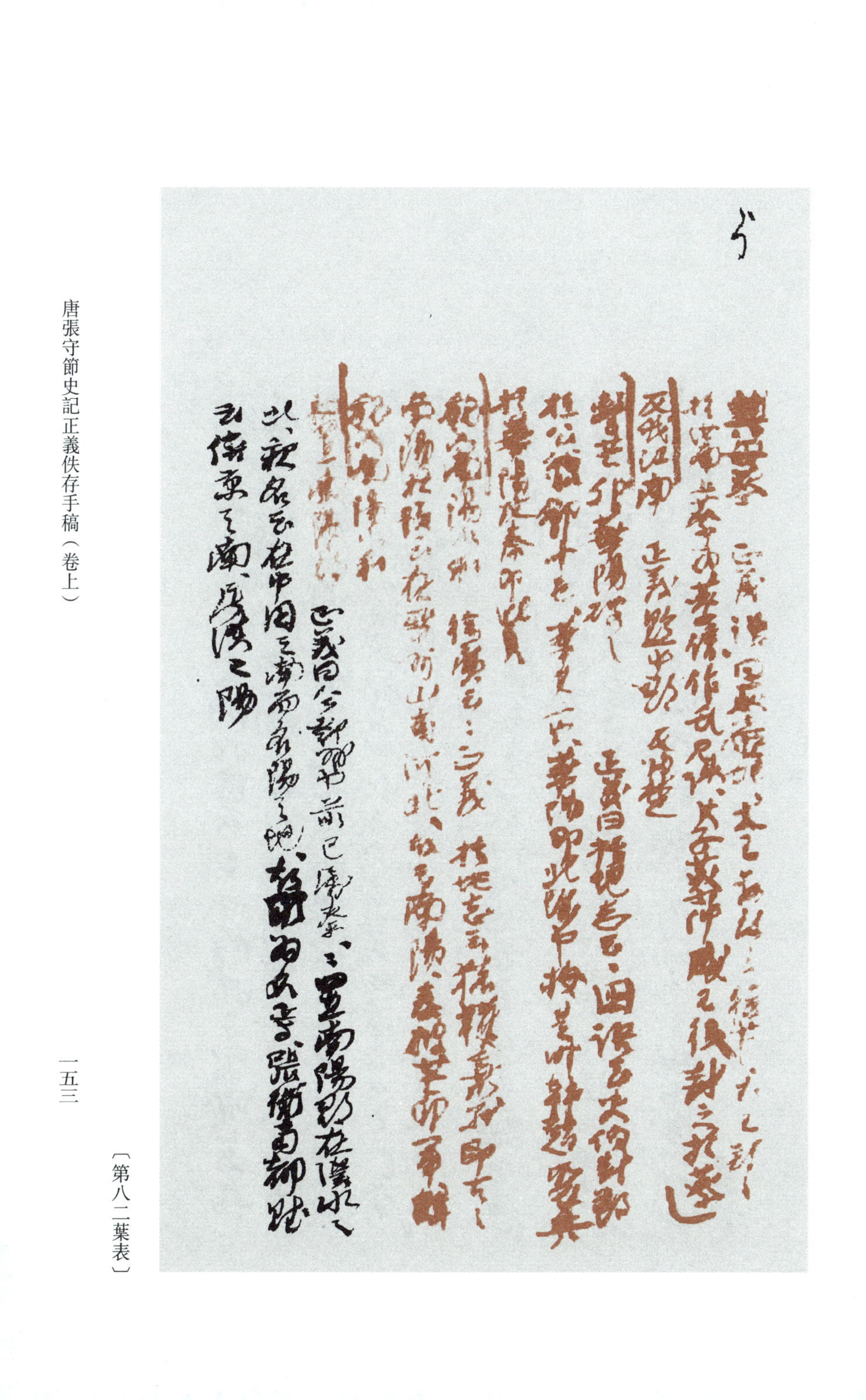

〔第八二葉表〕

攻藍田南　正義云兩於藍田，在今縣南，開上郡，一名烏

藍田在雍州藍田縣西南二十里，趙高破秦軍，戰又嶢

州和嶢關即在州南，亦云趙高發秦軍，嶢關于嶢

關於嶢二所，亦詳之。關南山在藍田縣東南，高

拒秦軍於嶢關，即此也。按嶢山在西南，又近山也

知嶢、蓋嶢關是也

至芷陽　徐廣曰　正義曰：括地志云　三秦記云

霸上　霸川之西坂，故曰霸上。徐廣云　正義曰：括地志云：霸城本霸邑

軹道旁

還軍霸上　正義　括地志云：即長樂宮　一所　軹道　故城

咸陽城東　之也

〔第八二葉裏〕

更名安陽　徐廣云〃　正義曰、今相州外城古安陽城也

取陽城負黍　正義曰今河南府縣也、負黍亭在陽城縣西南

三十五里本周邑春秋時屬鄭也

吳城　徐廣云〃　正義　括地志云、虞城故城在陝州河北縣東北

五十里

秦始皇本紀

質子於趙　正義　質音致、國强欲待弱之來相事、故遣子及貴臣

爲質、如上音　國相猜疑其侵伐、令子及貴臣往彼爲質、其質音逵、又

二國敵故爲交質、交質者交相爲質也、欲使互相親厚、二子執而質於彼、故

公子異人質於趙也

生於邯鄲　正義曰　邯鄲故城在洺州邯鄲縣東北十

五里、古趙都也

〔第八三葉表〕

燕虛長平 正義 燕音烏田反 括地志云南燕城古燕國也滑州
胙城縣是也姚墟在濮州雷澤縣東十三里孝經援神
契云舜生於姚墟即東郡也長平故城在陳州宛丘縣西六
十里
山陽城 地理志 正義 在懷州修武縣西北
七年彗星 正義 彗音似歲反又音祥銳反 彗者 彗星
彗出北斗兵大起彗在三台臣害君彗在太微君害臣
彗在天獄諸侯作亂指其所大國凶彗在日旁子殺父
攻龍孤慶都 正義曰括地志云定州恒陽縣南四十里有白龍水
又有扶龍山又定州唐縣東北五十四里有都山並都山也帝王世
紀云望堯母慶都所居張晏云堯山在北堯母慶都山

在衛相近上[illegible]。[illegible]。注水經云[illegible]鄉故城，東有山，不連陵，名之曰孤。孤都有道，離鄉、[illegible]鄉、[illegible]

泥鄉故城三處相近

彗星復見　正義復，扶富反。見，行見反。

夏太后　正義子楚母也。

長安君成蟜（將擊趙）　正義[illegible]成蟜[illegible]反。長安君名也，[illegible]長安君[illegible]

[illegible]　正義[illegible]，[illegible]，文子[illegible]反。

死屯留　正義括地志云屯留故城在潞州長子縣東北三十里，漢[illegible]

[illegible]遷其民於臨洮　正義[illegible]在京[illegible]千五百五十一里羌中[illegible]

[illegible]蒲[illegible]反　[illegible]

蒲鶮反，戮其尸　正義鶮，[illegible]反。鶮音[illegible]，注同。蒲鶮皆邑也。

河通大上　正義[illegible]河[illegible]西上入渭，三水中[illegible]
出括地志云：[illegible][illegible]之[illegible]也。十七年滅韓，二十六年，尽
并天下。自滅韓至并天下，凡十年矣。周本紀云：太史
之紀也。天下不[illegible]不過大紀，[illegible]張[illegible][illegible]
兄也
[illegible]垣　括地志：垣，蒲陽　正義：括地志云：故垣城，[illegible]
本[illegible]是垣也，在絳州垣縣西[illegible]二十里。蒲[illegible]故城[illegible]
[illegible]四五里，在蒲水之北，故曰蒲陽，即[illegible]
西居邑也
[illegible]周王[illegible]　徐廣云：一[illegible]云：新紀元年二十四[illegible]，始[illegible]二十四
長信侯[illegible]

〔第八四葉裏〕

吴師道戰國策　至順四年序

〔第一葉表〕

伯夷列傳第一

六藝　書籍附於孔子。

虞夏之文可知也　伯夷叔齊讓位大統無聞、天下為難
學者博觀典籍、詩書雖缺、尚書載堯讓舜、及許由云堯
讓許由、夏為讓卞隨務光、引此者蓋美伯夷叔齊讓、唯
學者能知

及夏時有卞隨務光者、　莊子云湯將伐桀、因卞隨而謀、
卞隨曰、非吾事也、湯遂與伊尹伐桀克之、以讓卞隨、卞
隨曰、君之伐桀也、謀乎我、必以我為賊、勝
桀而讓我、必以我為貪也、吾生乎亂世、而無道之人再
來漫我、以其辱行、吾不忍數聞、乃投水而死、又讓務光、

務光曰、廢上非義也、殺民非仁也、人犯其難、我享其利、
非廉也、吾聞之曰、非其義者不受其祿、無道之世、不踐
其土、況尊我乎、吾不忍久見也、乃負石而自沈於廬水。
二三一三 仙傳云、務光夏時人、長七尺、好琴、服蒲韭根、
經 即此耶　太史公覩夷齊作詩而譏之、是怨明矣、此怨
時務、怨兄弟相讓隱於深山、豈合於世務、此怨顯明
三才一 于世之作詩而譏之、譏之甚也
何謂善人者非耶　太史公言伯夷之行是善人也、善人
天道常與、豈有餓死之責、此善人、不有受譏、廉潔之
三才九 行、天下絕倫、或譏之甚也
是遵何德哉　太史公以歎盜跖而壽終也

一 報施善人其何如哉　太史公歎此天之報施顏回也

管晏列傳第二

老子韓非列傳第三

所用非所養　凡治國之道，寬緩無事之時，則用儒生名譽之人；急難之時，則以介胄之士攻伐也。言所以養所用皆先之矣

孤憤五蠹內外儲說林說難十餘萬言　此中內外儲注

同、故不書也。孤憤 臣主暗昧、賢良好孤直不得意、故曰
孤憤。五蠹 韓子曰、商賈作苦窳惡濫器、害五民、故曰五
蠹。說林 謂所以鄙妙之士浮華、如叢林、故曰說林。說難
謂說難者人主之心、故曰說難。已上皆韓子篇名也
四十九 韓非知說之難、為說難書甚具 九難謂之造難、故作
說難書、甚具言理微妙、意旨極高、太史公所以悉載
四六四 一篇、篇中與韓微異爾、
見下節而遇卑賤。 前人好五帝三皇名高之道、乃陳厚學
利說之、是以卑賤之、必見棄遠矣
四五 所說出於厚利者也 前人好崇利攻伐彊國、而陳五帝
五帝高遠、事情必不收用矣、若商鞅說孝公以帝道

〔第三葉裏〕

廿五 者、公雖强國、不收其說也

此說之難、不可不知也　此前諸說、咸是當說之難、不可不類、在所說之所敬、而滅其所醜、所說（所衛）之主也、言在談說之處、咸須知人主之所敬、而文飾之、閒醜惡之事而滅絕之、然後乃當人主之心

司馬穰苴列傳第四

二二 司馬兵法　司馬兵法閎廓深遠矣、雖夏殷周三代征伐、未能竟其理也、如是其文意也、以三代用兵安少義、揖、謂司馬穰苴兵法尚未竟、猶如也、若區區小國、何以申其司馬穰苴兵法揖讓乎、言不得申

彭一三二

孫子吳起列傳第五

西河　西河即龍門河也。

伍子胥列傳第六

仲尼弟子列傳第七

十才六

司馬牛　孔安國曰：牛，宋人，弟子司馬犁也。家語云：宋桓魋之弟也。魋為宋司馬，故牛以司馬為氏。

廿才八

叔仲會字子期　家語云：魯人，少孔子五十四歲，與璇相比。二孺子俱執筆迭侍於夫子，孟武伯見而語之，是也。

〔第四葉表〕

商君列傳第八

一四一 監　監甲暫五家人也楚旗

二オ六 不從其收　言至人收弊之政有者以還國不從者國之

目也

二ウ六 與斬敵同賞　告奸之人賜爵一級

二ノ六 与降敵同罰　謂隱匿奸人、身被刑、家口沒官

二ノ二 論不得為屬籍　屬籍謂宗[illegible]公[illegible]家[illegible]籍書也、宗[illegible]之事

功者皆得論定、不得入公族籍書也

三ノ四 初令　初令謂鞅之新法

宮庭　正義本庭作廷　為宮殿朝廷也

孚印　印五郎反

[illegible]者不相[illegible]　[illegible]送[illegible]以[illegible]、[illegible]也、曲[illegible]、不[illegible]相

[illegible]　正音[illegible]

[illegible]命　[illegible]公命行之、更加[illegible]命、[illegible]　全命[illegible]

[illegible]令　[illegible]民[illegible]之命[illegible]、[illegible]

[illegible]曰　[illegible]五經博士孔[illegible]序錄有九篇

〔第五葉表〕

卅才七
余嘗讀商君開塞耕戰書　商君四有五卷開謂峻法嚴刑政化開行也塞謂布恩則政化壯塞耕謂開阡陌封疆則賦斂爲耕也戰謂斬敵首賜爵則民勇於公戰（寬本　正義曰商君書曰五卷有農戰篇開塞篇五卷三十六篇

六才九
贊風也夫　集解云　新序三十卷劉向撰其中論商鞅君商鞅刑之　長於諸侯長丁丈反　飯羈　羈相斂反

蘇秦列傳第九　史文作記

一才五
習之於鬼谷先生　鬼谷子三卷樂壹注字正　魯郡人

〔第五葉裏〕

二才八 什二　言工商十分之中得二分利

三才二 得周書陰符　鬼谷子有陰符七術，其書注云陰符者，私藏於內，物應於外，若合符契，故云陰符。或云太公兵法。

三才二 期年以出揣摩　鬼谷子有揣摩二篇，言揣諸侯之情以其所欲，切摩而揣之術也。按鬼谷子即蘇秦之書明矣。

二才三 觸石膚寸

四才二 泜水　泜音祗。泜水出相州林慮縣西林慮山中也。

四才三 秦甲渡河踰漳　今六國時相會於泜水之上通盟。

四才三 韓絕其糧道　韓引兵至嶢關，閉其關外，絕其運糧之道。

四才三 趙涉河漳　涉河 正義作 趙涉漳河而西，相援。

〔第六葉表〕

四ノ六八 [illegible]塞午道　戰國策作守午道

四ノ六八 趙涉河漳閒　正義作河漳閒三字倒　漳貝州也，河南也，博陵今博

州平舒即博州

六國從親以賓秦　擯音鬢也，此作賓秦，要亦令諸侯以賓

賓謂作擯，義亦音同，故此作擯也。又國用從親相擯

川秦王賓秦，與不能出函谷關以害山東矣，如此者霸

業成

四ノ七一 谿子　谿子䓪也，出柘弩及竹弩，皆善材

少府時力　少府時力距來者，皆弩名也，其[illegible]以韓少府

所鑄也，韓有谿子弩，又少府所造時力距

來二弩，皆射六百步外。

〔第六葉裏〕

墨陽 地名也、淮南子云、服劍者貴於剡利、而反娟於墨陽莫邪

鄧師 鄧出錐鈇、有善鍛劍之師、因名

錟鏦 幕名、所鍛謂衣之爵、言能斬之

喙前 依書作、下音仁稅反、云云 說文云、猶鋤也、絡音代、劉伯莊云、謂鍛楯之喙、之楯處也、劉謂鍛楯之穎也、言細物備有

革抉 抉音決、謂射決、以革為之、蔽也韝也

微人 㳂已 㳂誘也

資臥 正義作簟 劉云以青物標訊人也

繩之不絕 貴之奏所 劉伯莊云、綿之、謂微纖之經表

大也，言小時不識，大時難除也，言今不絕緜緜之泰，則
後日蔓蔓可用斧柯也

七〇三　五家之兵　五家之兵，齊世家云之

七〇八　郊勞　郎到反

七〇七　輜重　輜，廁也，謂軍糧什物雜廁載之，非女軍車，故曰輜
重

七〇七　世皆疑於王者　本作卑有疑於王者，卑象恩反，云篡弑

七〇一〇　使送之甚多疑　王者之行。

蒲服　蒲服猶匍匐，以面掩地而進若蛇行，以面掩之而
謝，劉伯莊云，地謂曲也，據本有作委蛇者非也

七〇一三　負郭　負猶背也，近城外之田，流澤肥沃也

索案三上五封為高安君
引正義曰 [illegible]

百ウ四 少婿 少婿謂少女婿也

二三オ六 鈕鐔 鈕鐔乃至反、薄葉也

一三オ八 以宋地封涇陽君 劉伯莊曰、此時宋未滅、而云以[illegible]

秦取之

百ウ二 正告天下 正禮顯見

百ウ二 浮於汶 汶音泯、謂泯江從蜀而下

百ウ三 夏水 謂灊水

百ウ一三 出於巴 劉伯莊云巴國臨濱水上長、

一五オ一 宛 宛城今鄧州南陽縣城、東下隨今隨州

五オ百 封冀 封冀既包兩周、其地合當在河陽之東、未詳義所

一五ウ 決滎口 決滎澤之口、今河北灌大梁城、又按鴻溝[illegible]

〔第八葉表〕

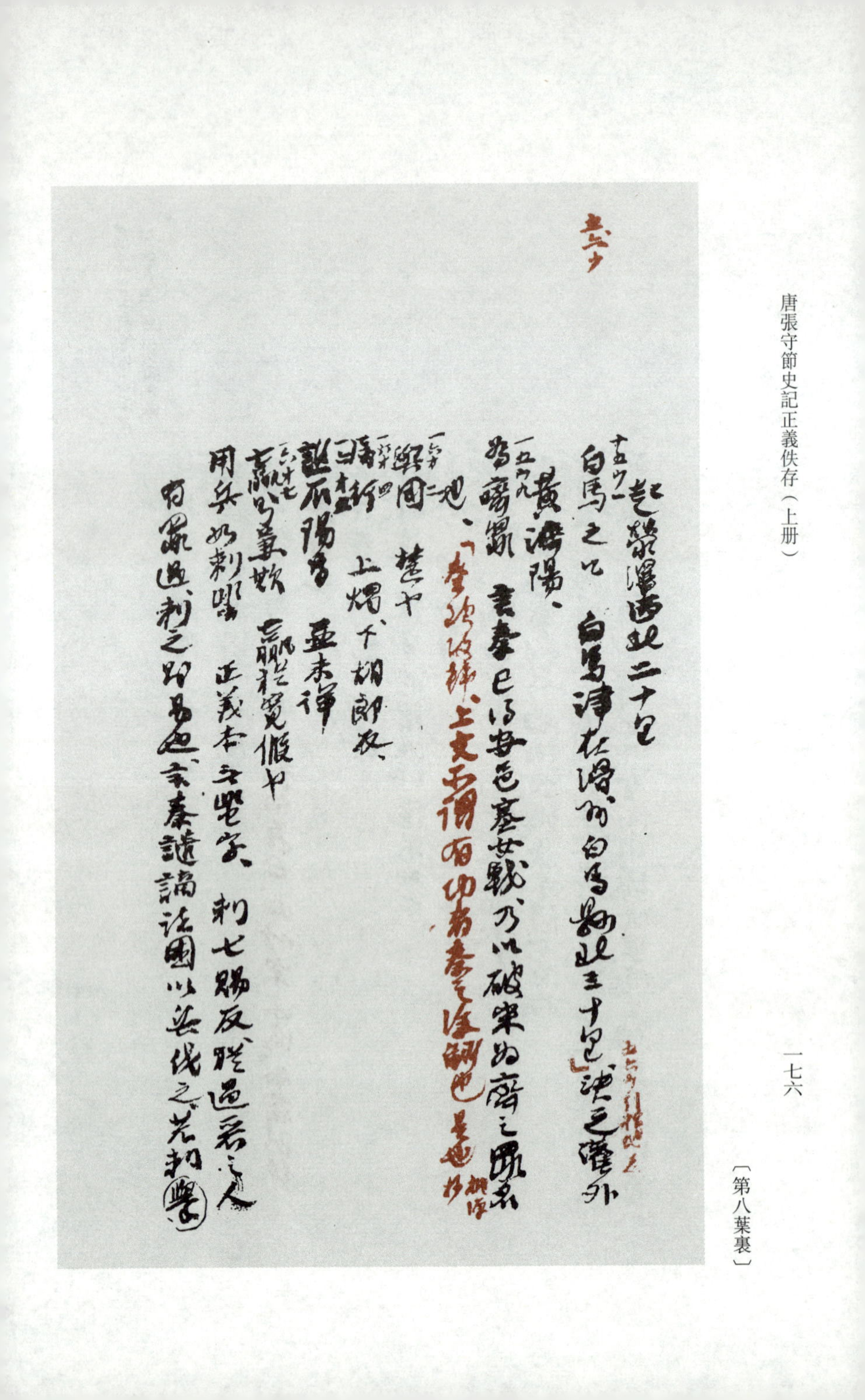

〔第八葉裏〕

有罪之人，言易也　一本　正義本云：犨字，用兵伐國，君刑有

罪之人，故曰用兵如刺，言易也。

十六オ十三　西河之外　晉西河之外，謂同華等州也。上雒之地，謂商州

也。二地先屬晉國也。三川洛河同地也。此三地全晉之

十六ウ一　時秦朝夕攻伐，是晉國之禍弱也。

三晉之半秦禍　三晉韓魏趙也。言三晉之多已被秦傷

十六ウ二　如此其大之甚

燕趙之秦者　言燕趙之士往秦，皆爭事秦，而却說燕趙之

十六ウ四　蘇代復重於燕　復謝富反。重音直據反。言燕更益厚蘇代。

十六ウ七　反閒　紀莧反

〔第九葉表〕

二ノオ二 馮喜　正義作馬喜　戰國策馮喜

十ノウ七 貸君　貸音夊

二ノウ一三 田需　需音須、魏相

十三オ六 燒掇　掇[illegible]丁括割丁、言攻伐侵略也、中國[illegible]不攻秦、

秦以侵掠、義渠之國在寧慶之間

十三オ九 其後五國攻秦　秦惠王後元七年、五國共攻秦、不勝而

十三オ十 還 此公孫衍所謂邪　今彼會遺如[illegible]

樗里子甘茂列傳第十一

一オ一二 嚴君　地理志云、蜀郡有嚴道

[illegible]

四オ九 彼有以失之也　言秦已不知春之當於楚者王之失也

四ウ一〇 過楚　劉伯莊云過楚鄙邑也

五オ一二 罷之兄也　兄之谷在陽城縣也

五ウ一二 內行章義之難　內行陰也 達令己滑相越陰內章內邑

六オ二 義之禍難亂於越也

六オ二 張卿　張唐為卿、故曰張卿

六ウ七 老張欵　作丈　張唐德臣義本丈　謂大其送姪、故云丈人

六ウ九 備陛臣王甲　備將位反

七オ三 觸臣五城　觸即攝反　觸五城廣河間所以甘羅還報秦也

樗里子甘茂列傳第十一

樗 郭州種切、丑甘黔反

〔第一一葉表〕

十一百 涇陽君　索隱曰名悝。正義曰：悝，苦回切。（索隱曰文故者三）

一百六二 益封陶　陶今濟州陶城

戰勝三梁　大梁地記曰：戰國時謂南梁為前之大梁

少梁也、古韋子邑

二六四 五見欺　秦認和魏，魏割地以求秦讚

二十六 攻宋　宋時已入齊滅

白起王翦列傳第十三

一十四 攻廉長　長，長展兩反

一十七 乾河　乾河源出儀州（一作儀州）綏縣東南獻山，南流注河，是（是乃）冬乾夏流，故曰乾河也

一〇九 故垣城 故垣城在絳州垣縣西北二十里，本魏東垣也。
一〇九 野王 野王，懷州河内縣。晉春秋「野王邑也」。太行山在縣
北二十里。
一〇九 鄭道 鄭州本韓之國都，秦攻韓而陽野王，以野王上黨
之路絕矣。
一〇九 平陽 趙世家曰，封趙豹爲平陽君。平陽故城在相州臨
漳縣西二十五里。
二〇九 不樂爲秦 樂音口下孝反，言情不樂爲秦民。
三〇一 割韓垣雍 垣雍城以和 集解徐廣曰卷縣有垣雍城 括地
志云：卷縣所理垣雍城，按今在鄭州原武縣西北七里
也。 二〇〇六、二、四月

〔第一二葉表〕

三八九 免武安君爲士伍 如淳曰、嘗有爵而以罪奪爵、皆稱士

伍、顔師古曰、謂奪其爵令士伍、言從士卒之伍

四一二 攻寢 今光州固始縣、本寢丘、南楚孫叔敖所封

五〇一二 秦已怛而不信 怛音寢 徐曰一作梨、並音思拔反 怛音丁

一〇三 遂殺、又作怛、千奴反

超距 超跳躍、距木械也、出地而雞距也、能此士跳躍走

六〇七 拔之、拔出向前以定勝負也

是場身 物沒也

孟子荀卿傳第十四

一五四 三騶子 三騶、鄒忌、衍、奭 三人姓騶、七鄒氏、鄒子騶衍撰

七略云、鄒子二種、合一百條，蕭亡、今惟此、又似後人所

記　　孟子有万章公明高等、再新撰、趙

退異万章之徒云云

岐注、又一本七卷、劉熙撰、又一本九卷綦毋邃撰也

六親之號　外祖父母一、妻父母二、姨姊之子三、兄弟之子

從子四、女之子五、王弼云父母兄弟妻子

屢空一會耳　鹽鐵論及論衡並以衍之言迂怪虛妄

云云

乃有大瀛海環其外　言一州各有裨海環繞之、凡天下

有九州、大瀛海環繞其外、乃至天地之際也

懼然顧化　懼俱遇反、王公大人見衍、無不懼然念拖欲

〔第一三葉表〕

能其術以化民，其後乘不能行。

要其歸必止乎仁義　騶子睹有國者益淫侈，不能尚德，

猶若大雅整之於身，施及黎庶矣，乃作術，其終要歸乎

仁義節儉，君臣上下六親之施，始也濫耳，未能周

備，故云濫耳，若江河濫觴。

擁彗　彗，帚也。擁彗，以執帚曲腰掃也，言服王而曲腰，其

擁彗先驅之類。

豈與仲尼菜色陳蔡　孔子孟子修先王之道，云云，而窮

騶衍云云　騶衍諸侯及見尊禮，猶爲時君之識也。

阿世俗苟合　先合人主之好，乃以見用，後以道之大道。

〔第一四葉表〕

〔第一四葉裏〕

四五 重而以假器　主乎以求秦　假晉謂解晉疑秦謂邪秦

卅才二 唫 渠金下其禁反

卅才四 脩頌 繡音烏用蒲草之繩纏

五十才六 長鋏 鋏古俠反、劍也

六十三才二 丈夫壽 非丈封邑為而非親多恐懼息

七十才 所非使物 言平原君好客起以相誇、

市朝 言市之行位以相列故曰相 也節

平原君虞卿列傳第十六

一云 鋒缺 缺 彩用反

穎脫而出 穎禾穗末也、穎脫而出、言特出露穗之表

〔第一五葉表〕

〔第一五葉裏〕

二〇二 相與目笑之　言十九人相與目視之，竊笑未發聲也

發笑或作譏笑乎也，毛遂不與十九人同得譏笑也

二〇二 比至楚　比卑列反

二〇三 歃血　通鑑引史記正義曰

二〇四 取雞狗馬之血來　周禮，禮盟之用牲，天子以牛及馬，諸

侯以犬及豭，大夫以下用雞。今總言之，用血未詳

三〇六 操右券以責　右券上契也。言虞卿操平原君契書以曾

取上契之功以責平原君報己之德

三〇一 書王遂乃絀公孫龍　集解云云　〔正義〕繳音鉤，繳繞

紛亂，爭言而相隨，近遠相通不能定云袁宏子

四オ一〇 與平陽君趙豹　趙世家已封趙豹為平陽君、平陽故城

在相州臨漳縣西二十五里

四オ一三 解負親之攻　郝言為趙王負秦親韓魏之攻

四オ四 此自盡之術也　言不媾、來年秦復攻趙，獨自取秦之攻

五オ九 有以王之事秦　有讀如又，字[illegible]作宥，改者讀

五オ一 [illegible]兄誠言少之私　誠言緩之私情何如

信陵君列傳十七

一オ四 為信陵君　信陵地名

一オ九 北境傳舉烽　烽[illegible]遙反，注櫓音魯

一オ一三 探得趙王陰事　探音貪，亦作深

一〇四 盧左　裴曰重出上左所出也

一〇七 其容米哀　列〻古傳秦昭公子名辰、名辰不行、使米哀奉一双璧、謝秦王、秦王大悅、米哀當虎圈中、虎瞪目視哀、皆裂血濺、虎終不敢動

一八二 備贊篤案　劉熙云、稱人美曰讚、讚纂其美而敍之

三〇五 平原君反覆之　集解云呂忱曰、忱其林反、忱字伯雍、任城人、楚姓、晉弦令、作字林七卷　呂忱云荒胡麗切

四四五 以鄗為乙子湯沐邑　鄗今高邑、鄗呼各切

四四七 毛公　毛公九篇、趙名家者流、見于藝文志

四五二 稷平望君　稷天隆反

四オ十二
徒高巢耳　劉伯莊云高者巢之、不論往徃

五オ十八
病酒而卒　鄒安釐王世家云云　四年、信陵君常秦婿

皇四年

春申君列傳第十八

一オ十二
兩虎相與鬬　兩虎相鬬方困、而駑犬受〻其制其弊、

下オ十三
累棊　累棊其高必危也

首女二壁

二ウ三
使盛橋守事於韓　劉伯莊曰秦使盛橋守事於韓、若如

楚使召滑於越　言行間於韓

注齊秦之要　二行從此要下アリ　要害之處、要謂欲邑之、又劉濮縣之北也

二十五
山東河内　華陰之東、河内即懷州河中、在河南之北也
河之東、東河之西

〔第一七葉表〕

而東西注齊秦之要也　劉伯莊曰、注音朱諭反、續截

一〇一三 仁義之地也　仁一作任、今任城州兖州濟州、地志云、任城國屬

東平國

三才 大武遠宅而不涉　劉曰諭遠以地而不從實不以近故

三ウ六 係脰東手　係連脰状縛手而去

三ウ一三 必攻隨水　必攻隨水〻　闕文

三オ七 校於秦　校敵也

三オ二 令韓魏歸帝　正義本令作今　逞猶帝也、今韓魏歸帝号、与于秦霸

秦失計

六オ三 李園不治國而君之仇也　李園不治國政、而怨春申君

依下切 曰佩也

素 秀旬反 紃 上胡牒反 下七賜反

旒負 上 莫報反

范雎蔡澤傳第十九

讓 下乙者 至雅 澤也 極也

不職數 至心 數 誅杼乎也 睢言秦政教不純例 合至心

收

身為漁父而釣於渭濱 括地志曰茲泉水源出岐州岐

山縣西南谷，北流十二里，注于渭。太公釣此，所謂磻溪

滯方 滯乃諧懷也，被懷畏不也

秦本紀 三、三 括地志 引呂氏春秋云：太公釣於茲泉，鄉道之所謂磻溪，中有茲泉水，源出岐州岐山西南凡谷，北流十二里，注於渭

〔第一八葉表〕

三ノ三 孟賁 孟賁並音奔

四才二 橐載 橐音託、杜預云昭關在淮北

四才三 陵水 在臨淮、三橐〻

四行三 蒲伏 下白北反

四行七 左關阪 劉〻關曰函谷關、阪曰商阪 音

四ノ八 彀而出文 本為穀字 下平付反 言當要節待其發、本為

驚蹴之人也 此之

十才三 曷鼻巨肩 曷鼻構若蝎蟲形也、 巨肩正義 作巨肩 肩或作

蹙齃 言肩高

魋顏 一本作蹙齃 攣音卷緣反、膝攣曲也 蔡澤實不醜、而

唐舉戲之、楊椒離湖 言蔡澤雖吟而唉、唐舉謔甚也

十ウ一行 純粹 王逸云：玉美曰純，齊同曰粹。

十一オ六 而純而不駁 駁，猶雜也。

三ウ七 吾於孔子 王喬，周靈太子晉也，孝於孔子，神農時曰師也。

樂毅列傳第二十

一オ五 中山復國 劉廣子云：遷以封中山，後并靈壽。

二ウ一三 假節於魏 某氏〔正義〕云：假節於魏，使於燕。

二オ四 收齊 齊國據以獨。國據，齊莒即墨也。

三オ六 元英燕宮也 某氏〔正義〕引括地志云：元英、曆室二宮名，在幽州薊城西四里，寧臺也。上有高誘云：燕宮名，蘇秦……殺管之，今反界於……（今後本至）

二オ一〇 望諸君 謂之也，言王起望君之日久矣，故曰望諸君也。

三ウ二〇 太公世家：吾迎子久矣，故號曰太公望。

三 吳王不悟先論之可以立功 吳王不悟令先論子胥功。

續可以封舞之，卒不遇，故沈而書而不悔者也。

入江而不化　化，變化也。言子胥不早見[illegible]王[illegible]，[illegible]

遠迹，子胥也。今方入江而不變，故責於[illegible]

早知於越，故[illegible]王[illegible]於[illegible]，身不免於伍子胥[illegible]

[illegible]不入　言臣者[illegible]然後入[illegible]，是[illegible]出，其孟子

蒲容是也

[illegible]臣公孫蠆公　蠆，姓也。史記不出，[illegible]墓並在[illegible]八也。（秦[illegible]古[illegible]

廉頗藺相如傳二

趨　崔杼令[illegible]。[illegible]又反，姓也

設九賓於廷　周禮九儀謂公卿伯子男公卿大夫士

嗟[illegible]，[illegible]聲

馬服君　正義曰：因馬服山為號也，山在邯鄲

〔第一九葉裏〕

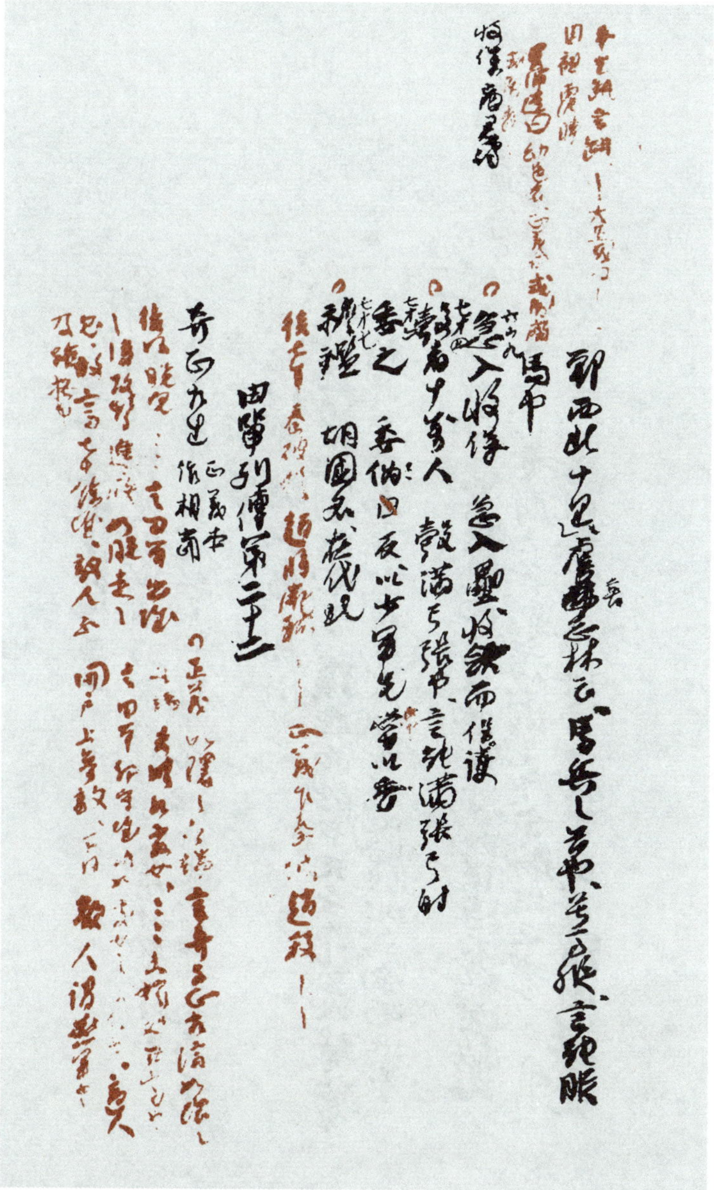
田單列傳第二十二

〔第二〇葉表〕

魯仲連鄒陽列傳第二十三

一オ一 新垣衍 新垣姓也，衍名。漢有新垣平。新垣衍魏之將軍也

二オ五 天子下席 天子[illegible]也，下席謂[illegible]也。又云下席言崩殞也。

三オ九 [illegible]柱抱轍 柱，臥席也。抱，抱也。

三オ九 倍殯棺設北面於南方 殯在西階也。天子弔，主人背殯棺於西階，南面立，北面而哭。天子於阼階北面，主人南面，西以爲[illegible]

四オ四 交退於廡 交，俱也。[illegible]俱退不攻，[illegible]救又[illegible]

四ウ二 不至以食 [illegible]之兵[illegible]天下。言聊城[illegible]

以資說士 [illegible]

說士 以[illegible]

〔第二〇葉裏〕

俗嬪也，謂佾，与之更辭俗

五才一一二 也嘉兵指壓壹也　七國良反　七 兵指壓壹也。七，先也。若不

淵激失意，莽其忠良之紀，東莅邊廢國也

五才一二 五霸　趙岐注孟子：齊桓、晉文、秦穆、宋襄、楚莊王也

五才二 戕燭戮國　若殺爲燭照也

五才 壇坫　坫，都念切

五才 忿悁　悁，忿憂患

五才 名与天壤相弊也。壤，地也。

五才 什於羊勝公孫詭之間　什，雜也。言与羊勝、公孫詭

紛紛相接，廁其間

五才 惡之罪弟也　師古曰：惡謂毀辱也。其下亦同

〔第二一葉表〕

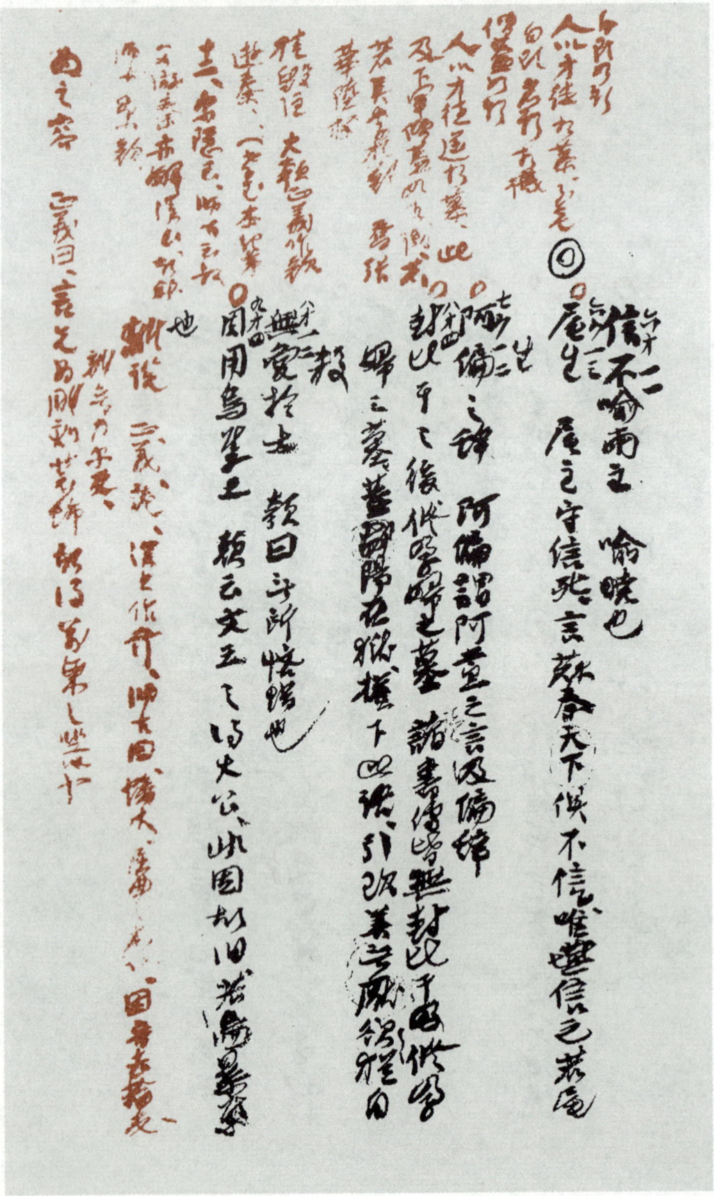

〔第二一葉裏〕

屈原賈生列傳第二十四

十才三 姻於讒佞 闒猶也，姻，讀曰咽

自疏濯淖汙泥之中 上音濁，下音女教切，下，汙泥上烏故反，下年計反

三十才六 瞯 晛上下 上音葉反，又予（?）莫反，跳閲之目也

二才十 至鄧 至鄧一本無，鄧在故鄧城，在荊州陵北，郢東北九里，故鄧城在襄州安養縣東北二十二里，接二城相

二十九 反 繚 遮也 作遮繚，鄧鄧

賈誼 賈誼 四十一篇 尚在，賈誼書凡十一卷也

二十八 嚶 其 醜 醖，力知反

二十二 汶 汶 汶，音問

二十四 甘 不知也 莫之分 分 胡閒反

〔第二二葉表〕

三十オ二 溫燠　溫燠猶燠煖也

三十オ三 鬱邑之長（正義：鬱悒）悒滯也

三十オ四 積怨未蓄　被讒諂（正義）欲使所行従容而不易

三十オ五 誠知其援正（正義：援正作據正）　隨珠瑕謂之纇

三十ウ九 陰氣過高被隱之矣　負黒色也、責持瑕瑕之罪者

山谷則隱鬱以內而不暢

三十ウ 正柂棟石谷　柂女由反

三十ウ 窺不知其所識　見義諸端也

四十オ 柱宮藏鑒　言才德鑒大，可照明如鑑，可以鑒明主以用之

故使隱入而不濟

四十オ五 重仁襲義　重直龍反，襲亦重也

四オ七 豈知其故也　豈有此死事切也、言人固有不可比垃湯爲久遠、不可慕也、乃超息不改其志、故進踏北次、自投汨羅而死也、

四オ八 邈遰路遠兮　邈止也、企恨也

四オ一二 修路幽拂兮　拂凡弗反、言拂鬱幽蔽也、楚辞作幽蔽也

四オ一二、一三 曾唫恒悲兮　自曾唫已下二十一字、楚辞本或有三四者

四ウ三 未詳

世圂不吾知　圂胡困反、乱也、

五オ三 故與李斯同邑　李斯上蔡人

五オ三 嗟適去　適張革反、達也、（遺迩）

五オ四 共承嘉惠兮　顏云恭敬謂奉惠詔命

〔第二三葉表〕

屈原曰

俟罪長沙　俟作竢、同、古俟字、待也

寶康瓠　李巡曰、康謂大瓠、瓠也、康空也、鄭玄曰、康瓠瓦盆底也、顧野王曰甈壺破罌也

蹇、　輕蹇貌

襲九淵之神龍　顧野王云　襲合也、師古云、九淵九旋、內言至深也、按曰楚辭云、言聚於神靈、則能化為深淵之義、可以自珍重也、言君子在亂世、可以隱也

沕深潛以自珍　沕沒也

鱣鱏　上知連反、下音尋、爾雅曰、小水不容大魚、而橫鱣鱏於汙瀆、尹為螻蟻所制、以比朝主闇、不察忠逆之云、爲讒賊小臣所害

〔第二三葉裏〕

ボウ六有鴞飛入　毛詩曰鴞大如斑鳩、綠色、惡鳥也、入人家凶、
廿オ一晉灼云已貫博物志云、有山鴞、水於鷄、体有文色云々
淹數之度　音朔、數也、淹留遲也、漢書作淹速、師古云淹
遲也
七大專槃物兮　專音均
六オ三块軋无垠　垠音銀
七ウ五又何足患　患，正義本作有、漢書作又
八オ三大人不曲　大人聖人也、德益不包、体達性命、故不曲橈
生死
八オ六眞人淡漠兮　上徒濫反、下音莫、淡、澹也、漠、静也
八オ一養空而游　鄭氏云、通家養空虛若浮舟也

〔八ウ二〕坐宣室　淮南子云武王殺殷紂於宣室漢蓋取旧名以名殿也

〔八ウ一〕孝文帝方受釐　釐音喜禧福也借釐字為之也言受神之福

呂不韋列傳二十五

〔一オ七〕其次子安國君為太子　相字下又名成三字

〔二オ七〕竊池　池陟氏反

〔二オ八〕舉立以為適嗣而子之　言華陽夫人舉才建子為安國君

再考

二ウ九 嫡嗣、而文蓋之為嗣也、

生子政 子政者始皇帝也

三オ六 尊呂不韋為相國 莊襄立丞相、至始皇又號為相國、秦有左右丞相、高帝置一丞相、十月更名相國、孝惠高后、置左右丞相 文帝置一丞相、有兩長史、哀帝更名大司徒也

四オ五 陵百年當有萬家邑 漢宣帝元康元年、以杜東原上為初陵、更名杜〻為杜陵、在万年縣東南十八里、從好直

四ウ一〇 七年更〻太后、至宣帝元康元年一百七十四年

進斬之好畤 畤音止、故好畤也

〔第二五葉表〕

本臣卜四レ

刺客列傳

一才七 匕首　通俗文曰匕首其頭類匕故曰匕首短而便用也

一才八 督亢　沃壤膏腴燕境　劉云督城名也燕南境膏腴郡

一才二 公子一三光　諸樊之子也

三才九 吞炭爲啞　呂氏春秋云豫讓欲報趙襄子滅鬚去眉云

三才 所以爲此者　吾將以媿天下後代爲人臣懷二心者愧之故漆身吞炭所以不事之二君子也

四才七 濮陽嚴仲子事韓哀侯　年表云韓烈侯三年盜殺韓相俠累又云哀侯六年韓嚴殺其君韓世家亦同戰國策云傀走而抱哀侯聶政刺之兼中哀侯按世家及年表

〔第二五葉裏〕

聖侯後次文侯，文侯後次哀侯，凡三世也。聖侯三年至哀侯六年二十年。其分隔未詳孰是，蓋太史公信傳信，疑傳疑，兩存之。

五才二 生得失則諸泄　多人不出擒錯相，其言即漏泄也。又一

因多人殺錯相，不能出，被出擒得之者其語也泄也。

五才三 因自皮面決眼　謂自剝其面皮，決其眼睛

五才六 乃於邑　乃於本邑中而言也

六才四 縱從　任意也

七才一 歌於市中　歌於人之中

七才七 丹逃而亡歸　燕丹子云：太子丹質於秦，秦王遇之無禮，不得意，欲求歸，秦王不聽，謬言曰：令烏頭白，馬生角，乃可。

誤說

只二三徐・積　索隱說　此以八但不引也　丹本書有丹曰

〔第二六葉表〕

津、

一〇ウ九
九葉

コノ文前注ニ出ヅ

丹仰天歎，烏即為之頭白，馬生角，王不得已遣之，為

機發橋以陷丹，丹過之，橋不發。風俗通云：燕太子丹天為

十ウ四 雨粟，烏頭白，馬生角也

揭安不懼矣　類，動也。言遣樊將軍揭安不動矣

才三 卻行為道　謂引導因見

九ウ六 秦之遇將軍可謂深矣　言戮家室及婦子也，是遇深也

血 [illegible]偏人　言不立死也　[illegible]

畢給之家時　言久結其約契，然遂不能也，觸有窮極時

天雨粟，馬生角也　太子丹質於秦，秦王遇之無禮，丹求歸，秦王曰

烏頭白，秦已不肯，聽曰：烏頭白，馬生角，乃可。丹仰天嘆

烏即為之頭白，馬生角，王不得已遣之，為機發橋欲

〔第二六葉裏〕

陷丹、過之[illegible][illegible]盡

李斯列傳第二十七

厠人者去其[illegible]也　倉賤之人[illegible]倉獸終日食之、觀視

閣能有人向陰行財也

[illegible]

[illegible]

[illegible]

由[illegible]遺上驗浮　言秦國實并六國、若[illegible]竈上[illegible]塵、言其易

也　實[illegible]

下陳　下陳謂下等陳列也。

佳冶　佳冶佳麗妖冶。佳，居膎切。

不知所税　所税留也。歡歸也曰税，舍車也也。

敢行　敢者執失辭

贏糧　贏負糧也

詘於口　詘猶訥也

孝子不勤苦而見危　言衣食窮甚則危其力

斯其猶人哉　猶人，猶是人也。東道守烟，嵩肴反逆者也

文謙也

請復情　復，扶富反。復音覆。言再三重請見而未曉也

此內絶句也

砭砭於杜　砭，礫也。

采掾不劉　言采取木作也，不斵劉。

不迥於此矣　迥，臨也。不臨迥於此也。

遌闘　仰白目貌也。遌，迕也。

嚴家無格虜　劉曰：格，彊悍也。虜，奴隸也。

彊悍似奴虜

布帛尋常　八尺曰尋，倍尋曰常。

鑠金百溢　鑠，銷鑠也。

相堂步我　言丞相卻步我，且以我身為

所忠者　所忠，謂吳太宰嚭。

〔第二八葉表〕

一二ウ八 蘂蔽游於朝　作蘂觀（蘂也）上音備　亦作璘

二五ウ一 錄上林　稍謹勸閑

蒙恬列傳第二十八

一才五 蒙驁　驁五高反

一才二 遊之所至也　穿尼律反　[illegible]

一才三 辯於諸侯　言諸侯皆羅其事

〔第二八葉裏〕

張耳列傳第二十九

一十四 其女時及魏公子毋忌爲客　顔云、毋忌六國信陵君也

言其嘗及見毋忌、爲之賓客也

一十六 請決　顔云請決、絶於前夫而嫁耳

一十三 刎頸交　刎音武粉反

張耳躡之　躡女涉反、手足躡之、今從漢書籍作攝、師古

曰謂引持也

一十三 瞋目張膽　張大也

二十三 野無交兵　挍交作校、報也、

二十七 長城之域　域本作役、當將二十万人築城、長城之役

五嶺之戍、益在始皇三十三年

〔第二九葉表〕

五オ七 張靨 靨乙斬反

六オ一 扞蔽 扞蔽猶言藩屏也

六オ二三 甘公 七錄云甘德楚人戰國[illegible]天文八卷（時一作）

六ウ一 五星聚東井 天文志云以曆推之從歲星也

六ウ一三 祖𨊉蔽 謂辟捭膝也言自祖以上食也

七オ一 箕倨 申兩脚而倨其膝若箕之形倨傲也

七オ二 趙相貫高趙午 貫高等以其危乃有不平之氣也

訂林本作文有泄私

七ウ 泄公 泄姓也秦時衛有泄姬

八ウ四 南宮 南宮冀州縣

魏豹彭越列傳第三十

項它田巴　它本尼字、一作巴、吳楚將、

王豹　魏豹自立為魏王、或云項羽立之

纔頻　纔々頻也說不限色姻

歸償於外黃　於外黃縣陰潛也

閒攝尺寸之柄　云々欲所會之故　言二人由得攝一尺

之權柄、即如雲蒸龍變、欲有會之機變、復徙故多

黥布列傳第三十一

一オ六 人相我當刑而王，幾是乎 孔文祥曰：言當封皋陶後於英、

一オ一〇 如文穎說也、漢故事云、布姓黥、欲以厭當之也

一オ一四 番君 番君吳芮也

一オ一七 青波 正義作清 清作青地名

二オ[illegible] 開陽之道

以臣之不以為使 以楚彊漢弱為此事、臣之不足使九江也

二ウ七 騷淮南之兵 騷音掃、言擾之也、掃之為[illegible]

三オ三 事已構 [illegible]構結也、言背楚之事已結成

三ウ二 腐儒 腐爛敗之物、言無所堪用、

師古ノ說ト同ジ

四オ六 誅梁王彭越醢之　反者被誅，皆以爲醢，即刑法志所云菹其骨肉者。

四オ七 警急　正義李奇云急作備急　上如字，或作驚，謂收捕，聚兵備其急

五オ二 分爲三　楚軍分爲三，欲互相救爲奇兵

五ウ八 以故長沙哀王　哀字誤，當作成字也

淮陰侯列傳第三十二

一オ四 商賈　行賣曰商，坐賣曰賈也

一オ五 寄食　寄飲食，謂託飲食於人，猶乞食也。

一オ一二 鄄厚之　鄄厚謂於鄄中厚之、

二ウ一 印刓弊忍不能予　印刓作印抏　抏音与刓同、五丸反、角之刓、与翫同、言手弄角刓、不忍授也、

二ウ八 三秦　三秦、章邯司馬欣、董翳、

二ウ一一 秋豪　秋豪喻纖細之物也

三オ一 可傳檄而定也　傳檄而定、不用兵革也、

三オ五 部署　部署謂部分而署置之也

五ウ五 情見勢屈　屈、求物反、竭也

五ウ九 撫其孤　撫、存恤也、孤、死士之子

五ウ一二 暴其所長於燕　暴、露也

六ウ二 齊之半可得　言此一戰而勝、則齊之地可得矣、

七ウ二 不可毋　所謂毋信也

九オ一五 所謂功無二於天下云々 ● 言世之大功，不能出於韓信

韓信盧綰列傳第三十三

一オ六 櫟陽君，以封櫟陽二城，故曰櫟陽城，下文別解

二オ一 及其鋒東嚮　其言鋒銳，欲東也

二ウ七 明年春　徐廣云 ■ 高帝五年之二月也，漢書韓信傳

云，六年春，史記高祖紀並云，六年徙信都晉陽，未審徐

何據而言之

一オ五　田儋列傳第三十四

一オ五　狄人也。集解今樂安臨淄狄也　[illegible]帝改千乘為樂安郡。

田儋詳為　羊儋二音

一ウ　市於齊　如市[illegible]賈易

二ウ　何故不殺　蝮蛇之喩言蝮蛇螫人，則去手足，一斬之也 二

三オ一二　其家中。今田氏等於楚趙，其家甚於手足，何不殺之乎

三オ一三　帝而稱孤　老子云貴以賤為本，侯王自稱曰孤寡不穀。

諸稱也

樊酈滕灌列傳第三十五

一才二 上聞嚳　何承天纂文云上聞嚳然……

一才九 沛公留車騎　車騎，沛公所乘之車，及從者之騎

廿二才七 為纓侯　纓，地名，未詳

廿六才四 郁前將肥誅　誅音殊

張丞相列傳第三十六

二才一 常燕時入奏事　燕者，安閒之名

二才二 無以易堯　易，改也。無以改易於堯也

三才八 定趙之功者之畫　畫音獲，謂計策

四才三 草土徙之曆 草創始也以秦水德漢土勝之

四才四 任人為中候 言蒼偃舉人任為中候[illegible]

四才六 子數 類古惟反

四才九 君勿言 齊和之 君私之愛帝之君勿言

五才三 堧垣 堧廟内院外餘地垣堧外院之墻堧如緣反又而

[illegible]緣反

[illegible] 席[illegible] 孔注論語以來僧為東帶修飾此亦[illegible]

孝武時丞相多甚云云 孝武時已下皆稱先生補

車千秋丞相長陵人也 漢書云車千秋姓田氏其先齊諸田

徙長陵千秋為寢郎會衛太子事上急變訟太子冤為

鴻臚數年代劉屈氂為丞相封富民侯年老上優之朝

見樂牛車入宮中，坐車丞相。

六才三 六才七 我等 有罪論不得御 弘坐宗廟事，繫獄，主決 拔 本有弘字 出字

魏丞相相者，濟陰人也。相字弱翁，濟陰定陶人，從平陵。

孔脫解，奏宗正尹，罪脫也。

蠶下蠶室 後漢光武紀曰：死罪繫囚，皆一切募下蠶室。

陸曰：受宮宮刑者畏風，須煖作窨室，蓄火如蠶室，因以

名焉。窨，一禁反。

魏丞相卒 視事九歲薨，謚曰憲侯。

丙丞相吉者，魯國人也，字少卿。

封為列侯 以獄官時侍養宣帝及擁護龍活宣帝之故。

後封為博陽侯，邑千三百戶。

〔第三四葉表〕

後世稱之。漢書云：吉道上見殺人，不問；見牛喘吐舌，使吏問之。或讓吉，吉曰：民鬭相傷殺，長安令、京兆尹職，歲竟丞相課其殿最賞罰，宰相不親小事，非所當於道路問也。方春少陽用事，未可以熱，恐牛近行，以暑故喘，此時氣失節，恐有所傷害也。三公典陰陽，職所當憂，是以問之。以吉知大神，故世稱之。

[illegible]丞相病卒　謚曰定侯

免為庶人　漢書曰：故丞相吉有舊恩，朕不忍絕，免顯官，奪邑四百戶，後復以為城門校尉。子昌嗣，爵關內侯。成帝鴻嘉元年，以吉舊恩，封吉孫中郎將關內侯昌為博陽侯，奉吉後。國絕三十三歲，昌傳子孫，王莽時絕。

黃丞相霸　霸字次公，淮陽陽夏人，以豪桀役使徙雲陵。
丙丞相　代丙吉為丞相，封建成侯，食邑六百戶。
子嗣　子賞嗣
黃丞相卒　謚曰定侯
韋丞相玄成者，即前韋丞相子也。　玄成字少翁，以父任為郎，歷位至御史大夫。永光中，代于定國為丞相，封國扶陽，為相七年，守正持重不及父賢，文采過之。卒，謚曰恭侯。初賢從平陵，玄成徙杜陵，父子相繼為相，故鄒魯閒云：遺子黃金滿籯，不如一經。
于丞相乞骸骨免　于定國字曼倩，東海郯人也，為縣獄吏，歷位為廷尉，乃迎師學春秋，北面備弟子禮，為廷尉。

民自以不寃、定國飲酒數石不亂、甘露中代黃霸為丞相、封西平侯、九年薨、謚安侯、子永嗣、始定國父為縣吏、郡決曹、決獄平、閭門壞、父老共治之、于公謂曰、少高大閭門、令容駟馬高蓋車、我治獄多陰德、未嘗有所寃、子孫必有興者、至定國為丞相、封侯傳世也、

七〇二 中丙科　衡射策甲科、不應令、太常掌故、儒林傳云、歲課甲科為郎中、乙科為太子舍人、景科補文學掌故也

七〇三 丞相匡衡　衡字稚圭、東海承人也、父世農夫、至衡好學

七〇七 匡衡代為丞相　位歷御史大夫、建昭中代韋玄成為丞相、封安樂侯、食邑六百戶、為相七年、以侵封國界、免為庶人、終于家、

〔第三五葉裏〕

七ウ六 鄭弘坐事免　鄭弘字穉卿，代第五倫為御史大夫，坐嚴

坐子〔子或作字〕与來虞論議免也

酈生陸賈列傳第二十七

一才五 落魄無以為衣食業　落謂零落，魄謂漂薄也，言食貧家貧

零落漂薄，無可以為衣食業者也

里為監門吏　正義 廣宣 [illegible] 寶慶本作王楊對 [illegible]

傳舍　言之　傳置之舍

瓦合　正義 料合 作瓦合　言如瓦合雖而蓋屋，無戰力之心也

〔第三六葉表〕

二ウ一 農夫釋耒　耒手耕曲木

二ウ三 杜大行之道　大行山名，在懷州河内縣

三ウ三 汝曲三鄒之費已　言与韓信通謀

四オ一 尉他　他音徒何反，趙佗真定人，為龍川令，南海尉，任囂

死，使佗代行南海尉事，故曰尉佗，後自立為南越王

四オ二 屈彊　屈彊謂不柔服也，

四オ三 天地剖判作剖泮正義本　剖泮猶開闢也

章木遇再三已，數見不鮮　鮮處為嘉客，一年之中，三兩

五ウ三 過到，數見不鮮潔，故人無厭我也

常燕居深念　國家不安，故靜居深思其計策

五カ六 食三万户　陳平世家食曲逆五千戶　封攻陳豨黥布代

[illegible]

六安言計益邑蓋三万戶也

五ウ一〇 縱儀与我戲 易其言 言綽肩与先生戲押輕易其言也

六オ一 名聲藉甚 孟康云言狼藉甚盛也 按藉言公卿微稱陸

生名声、甚敬重也

六ウ二 以女母故 按上文以辟陽侯行不正又不知平原君爾

陸賈說以母在報令二君之交歡

六ウ七 孝惠帝時閎籍孺 按籍字後人妄加也

七オ二 冠側注 漢五行志、反注冠、應劭曰、今法冠是也、李奇曰、

一曰高山冠、本齊冠也、謁者服之、師古曰、反古側字也

謂側注者、言形側立而下注也、蔡邕云、高九寸、鐵為卷

非法冠及高山也

〔第三七葉表〕

傅靳蒯成列傳第三十八

一才五 擊趙賁軍於開封　賁音奔

一才九 通德侯　通德侯未詳

一毛 斬騎將一人敖下　敖倉山之下也

亳南開封東北　正義秦軍於南亳一作毫之南開封縣之東北也

二才三 别之河内　揔言别之河内、疑漢史語也

三才五 修謚為共侯　正義曰謚為共侯、一作皋　正義曰謚為　如便紅

寧崇侯、夢本或作皋、漢書作皋侯

三才八 高爵　名爵而已数多為高爵也

三才四 緤入殿門不趨殺人不死　楚漢春秋云上令殺人不死

入廷不趨也

詳緤子代侯　按表，應爲鄲侯，一歲卒，侯居代，而文不説者，以年少，故鄲音多

劉敬叔孫通列傳第三十九

一オ三 劉敬　李姬云：高祖曰"婁者劉也"，賜姓劉氏。漢書作婁敬

一オ五 鮮衣　鮮，鮮潔美服

一オ一一 杖馬箠　杖音直兩反，箠音竹垂反。杖，持也。顔師古曰：箠，

一ウ五 馬策也。杖謂柱之也。杖馬箠者，以示無所挾持也

驕奢以虐民也　言帝王險阻之地，令後世驕奢之主役

〔第三八葉表〕

误

一ウ七 民以應茲也

懷德附親 有德以親故之民所附之

二ウ七 控弦三十萬 謂能引弓者三十萬也

三オ七 白羊樓煩王 白羊樓煩二胡國名，在朔方之西，靈夏勝

等三州之地，秦時之境，秦末漢為朔方郡，而勝州河

東岸嵐州為樓煩胡之地也

三オ八 取家人子 顏師古曰，於外庶人之家取女，而名之為公

主

误

三ウ五 人臣之將 將謂將帥群衆也

三ウ一二 衣一襲 衣裳複具為一襲也

四オ九 蒙矢石 蒙猶被也冒也

四ウ一二三 為綿蕞野外習之　於野外即縛茅竹、表為纂、立尊卑之位也、蕝子悅反、又子芮反、朝會束茅表位也、若今之纘也

五オ一〇 復置法酒　姚察云、諸侯羣臣於奏賀禮畢、皆復置法酒、、及侍坐殿上者皆伏而抑首也、謂之法酒者、異於私燕之酒、言進止有禮法也、古人飲不過三爵、君臣百拜終日宴而不亂也

五オ二 抑首　畏之法、不敢平面視也

五オ六 拜叔孫通為太常　百官公卿表云、叔孫通高祖七年為奉常、至景帝中六年、復為太常、按云太常以修史時言也

五ウ一三留侯所招客從太子　招客謂四皓也

六オ三東朝長樂宮　孟康云、朝太后於長樂宮、樗里子傳云、漢興長樂宮在其東、未央宮在其西、武庫正直其北、墓其

在故長安城中

六オ六高寢衣冠月出游　服虔云、時高廟中衣、月旦以游於廟、已而復之也、應劭云、月旦出高帝衣冠、備法駕、名曰游衣冠、如淳云、高祖之衣冠藏在宮中之寢、三月出游、其道正值今之所作複道下、故乘宗廟道上行也、晉灼云、黃圖、高廟在長安城門街東、寢在桂宮北、服言不藏於廟中、如言宮中、衣冠遊於高廟、每月一為之、漢制則然、後之學者不曉其意、謂以月出之時而夜游衣冠、失之矣

〔第三九葉裏〕

勢從可捨

遠矣

〔六才二〕立原　按地志云：高廟在長安縣西北十三里渭南長安故城中，長陵在渭北咸陽縣東三十里，按更於渭北爲原廟，以衣冠每月出游高廟，不須渡渭南，故叔孫說是也。

〔六才三〕古者有春嘗果　禮記云：仲夏之月，以含桃先薦寢廟。鄭玄云：含桃，今謂之櫻桃。

〔六才五〕委蛇　委於危反，蛇音移，逶迤言屈曲隨從。

季布欒布列傳第四十

〔一才六〕且至臣家　謂尋丈縱跡也

一オ七 褐衣　褐衣麁布也、劉熙注孟子云以毛為之、如今馬衣也

一オ七 置廣柳車中　作大柳、木車也、注后 案周礼考車也、晉灼曰、周礼翣柳、柳聚也、衆飾之所聚也、此為載以喪車、欲人不知、鄧展云皆棺飾也、韓師古曰、同也

一ウ二 季布為項羽用職耳、　布為羽將、而逼窘高祖、是布之職耳

二オ三 留邸　謂諸郡國朝宿之舍在京師也

二ウ九 長事袁絲　以兄礼事袁盎也

二ウ八 竊藉其名　藉如字言少年多假藉季心之聲從當之名以行也

二ウ四 曹丘　既俠見其交也 然、此曹邱丞訖客 二于季布也

〔第四〇葉裏〕

二ウ一〇兩賢豈相厄哉　兩賢高祖及項羽也

楚漢春秋曰薛人丁固与彭城人戰斷　斷而退上上被索長朵按臣川

要而斷丁公曰吾州不知公公何爲之甚於是固乃馬而去也

二オ二酒人保　言可保信而傭賃也僦諸言曰保傭賃稱也

二オ四臧荼舉以爲都尉　服虔曰爲賈者報仇也按臧荼陸大爲之

三ウ〇報仇於舉爲都尉

三ウ〇搴旗　搴拔也

感慨　慷慨也或作概謂節概

一オ四袁盎鼂錯列傳第四十一

爲中郎　百官表云中郎秩比六百石郎比三百石掌從

保其中郎是也

〔第四一葉表〕

一才七 主在與在、主亡與亡　主人在時與其從於時之事、主人危亡、且法度存、當奉從之、高帝撥亂劉氏不王、而勃等聽王諸呂、是從世主之欲、不與亡者也

一才九 北門　門開於天子、

一才九 頓首請罪　頓首謝罪、自責以不能諫也

一三 遂金子笑不能言　無畏處下也、退居家中人言寫人子自愛惜也

二三 騁六騑　騑音芳菲反、騑驂馬也

二三 陪乘　乘所證反、如淳曰、陪乘中小官

樸也 作材　言元黃細向前也

三才二三 最鄙野人　鄙野謂邊鄙、野外之人也、

三ウ二 謂丞史曰　按百官表御史大夫有兩丞、及御史十五人

兩丞之史、蓋是御史、如謂也

三ウ四 事未發治之、乃有所絶　按未發治之、乃有所絶

三ウ九 錯枝　謂錯斷諸緣也

醳醳　醳音宰、醳汁、今之酒

四ウ一 由校尉司馬　從史爲守益校尉之司屬

四ウ二 且緩急人所有　凡言人世之中、不能無緩急之憂、

四ウ三 不以親爲解　~~存謂諸有事也~~　言人有急叩門被呼、則

則不依父母爲辭免也

四ウ四 不以存亡爲諱　存謂諱有事於中、亡謂出不在家中

四ウ四 季心劇孟　言二子救人之急、如父母耳、文穎曰心、季布

〔第四二葉表〕

四ウ二 弟也

五オ一 眾遮刹殺　遮作蹠，音之石反，蹠謂尋其蹤也，又音庶

五オ二 太子善錯計策　太子，漢書作天子也

五ウ四 集議　本集作襍，注音雜，高誘云，雜集也

五ウ二 謁者僕射　百官表云，郎中令屬官，有謁者，秩比六百石，

謁者有僕射，秩比千石也

六オ 傅會　上音附，言曰爲附近而會將也，張晏曰，因宜附著

令會也

六オ二 說錯行哉　謂殺鼂錯，

張釋之馮唐列傳第四十二

一オ上 上林尉　上林尉府（一水衡）丞也

一ウ六 其敝徒文具耳　秦政弊壞之時，空以文書具備耳

三オ七 愚民取長陵一抔土　秋之言盜長陵一掬土，与盜環取等，用以比之，

詳審，說云陛下何以加其法乎，故張晏云不欲指言，故以取土譬也，一何殊謬，不解義理之

取長陵一抔土，謂言君猶陵墓也，張晏云之也，索隱引之，正義亦以之矣

甚，裴氏引之更爲錯也

四ウ八 士卒盡家人子　劉曰，家人子，不知軍法，妄上其功，多亡

稱不相應，說者通署於此，非也

四ウ九 尺籍伍符，集解令人切行不行　正義故符行，戶人行反（索隱…）

不行，當時無此也（劉曰：尺籍書其斬首之功於一尺

〔第四三葉表〕

之極也、伍百軍人伍々相保、一人不容奸姦也

萬石君張叔列傳第四十三

一ウ五 對案不食 案謂槃案、

二オ三 取親中裙廁牏 牏音投、中裙謂中衣、今之褪也

二ウ一二 倪寬 倪寬千乘人也、治尚書、受業孔安國、貧無資用、常
為弟子都養、時行賃作、帶經而鉏、射策補掌故、歷位左、
內史御史大夫而卒、

三ウ三 醇謹無他 性醇謹而已、言無他伎能

三ウ一二 常蒙其罪 蒙謂覆蔽之

田叔列傳四十四

占著名數　三才四　師說曰劉氏以家口名數占著於戶也占

著猶今附著也

部署老小　三才八　常壯劇易處

師說劉曰陷壯者常難處老小

若置易處

無傷　三才九　說文傷憂也

扁鵲倉公列傳第四十五

飲是以上池之水　一才十一　謂以器物承取天露之水飲之也

師說蓋謂雨水秋華

二ウ四 得無誕之乎 誕，欺也。

三オ六 牟而擧之 謂活太子。

四ウ八 爲耳目痺醫 劉曰：老人所患冷痺及耳眩也。

十ウ五 嗇而不屬 嗇，音色，不滑也。

十三オ十 邪氣辟矣 辟言辟除邪氣也。劉伯莊同。辟猶聚也。退訓

其踞也

一四オ一一 逮吏以除拘臣意也 逮，爲吏拘繫之，時詣長安自陳除

官吏

一五ウ一 五診 五診謂診五藏之脈

〔第四四葉裏〕

吳王濞列傳第四十六

三オ五 飾於邪臣　言被邪臣營飾

三オ八 安肆　肆放縱也

三オ九 脅肩累足　脅歛也、斂体也、累足、重足也

三ウ四 此萬世一時趁勢　孔文祥云、按唯趁勢則見有賢人也

三ウ五 彷徉天下　彷徉猶徘徊也、漢書作方洋、師古曰猶翱翔

三ウ一二 興〻言也 事定分城邑　師說陸曰劉氏謀議說於國有恩義

初令各天、天下平定之〻、政有文城也

慶本標記、劉氏兩程微

三ウ一四 第〻令

四オ二 吳王先起兵、膠西正月云〻　言膠西因吳王起兵

一八字下、遵行大

〔第四六葉表〕

四ウ一三 缺一有所出之久矣　謂泄出其怨忿

八ウ十 王何處須以誅　待其定計將之

魏其武安侯列傳第四十七

二オ一、二 詑詑自喜多易　易，以豉反。言自多而易之行也。前音託。

二オ七 以賓興賢　而張晏云：輕易之行，未知甚矣。

三オ七 繇孟諸書　晉灼曰：按藝文志，畫說是也。

四オ九 淮陽天下交　言淮陽天下交會衝，而兵又動。

四ウ一三 安敢以眦而欲請　解，紀買反，謂緩之也。

五ク三 番吾利　番利為無忌而求利

五六八 筆牘、集解蘇林曰　蘇說是也

四九〇 武安不肖　不肖不為亡也

六三〇 仲儒獨不為季時〔?〕也　按地猶材地也、云人有材能然

應林地猶云材地、二人俱累西更數　一本 〔?〕程紀不積事

師說、利為地非其位也

〔?〕自〔?〕材地也　〔一〕誤アルヘシ

六二五 今〔?〕、留滯者　謂常從行之人

六二七 繫〔?〕〔?〕　〔?〕〔?〕〔?〕〔?〕也、〔?〕〔?〕〔?〕、〔?〕〔?〕〔?〕曰〔?〕〔?〕

六二〇 守太府家〔?〕　什〔?〕如〔?〕

六四〇 大功　按大功謂〔?〕天〔?〕〔?〕

六四二 淩轢　淩轢謂〔?〕〔?〕〔?〕之

〔第四七葉表〕

卷四

傳 表八 傳書以文帝貴戚[illegible]

其讓 以不對薄也歟讓

病痱 痱作風病小腫也又音甫罪反痱也

橈明法 韓長孺列傳第四十八

橈 橈曲也

法

李將軍列傳第四十九

二才四 世世受射 正義本受作愛 愛好也、習也、

二才八 部伍 部伍、領也、五五相次也、在廣前言此事也

三才八 刁斗 集解孟康曰、■銅作鐎 （正義） 鐎三足有柄者

三才二 莫府 ■

晉灼云、將軍職在征行、無常處、所在為治、故言莫府、莫、大也、或曰衛青征匈奴絕大幕、大克獲、帝就拜大將軍於幕中府、故曰莫府、莫府之名始於此、顏師古曰、二說皆非也、莫府者以軍幕為義、古字通用、軍旅無常居止、以帳幕言之、廉頗傳李牧市租皆入幕府、此則非因衛青始有其号、又莫訓大、義乖矣

三ウ一三 大黄 服虔云、黄肩弩也、晋灼云、黄肩即黄間也、大黄其大者也

匈奴列傳第五十

一〇九 作周 初作周、一本周字作国

散 分散滿貌 滿貌、言分散遊貌

趣 趣、趨向也

百オ三 生力毋屈 言[illegible]勝負、爲標字極[illegible]疲

百オ五 嗇夫[illegible]之力屈盡也

喋喋而佔佔 喋喋、多言也、佔佔、[illegible]負、言淺人從多言[illegible]、亦[illegible]、固亦何所當也

驒騱 歷漢書作[illegible]也、地理志朔方[illegible]渾縣是 （一二字倒カ）漢書[illegible]

十オ 跂行 凡有足行曰跂行、凡有口而氣息曰喙息、周書云、蠉蠕之類爲跂行、[illegible]以足跪不著地、如人企、按又音己

一二オ一〇 行徼 徼塞也、以木若柵曰徼

一八ウ一〇 聞其家收巫蠱族滅云、 漢書音義曰、狐鹿姑單于七

年、嘗征和三年、李廣利與商丘成等伐胡、追北至范夫人

城、聞妻子坐巫蠱收、二師擬懸、深入而求功、至燕然山、

一九オ一 師大亂敗、乃降匈奴、單于以女妻之

孔氏著春秋 云云 至定哀之際則微、 仲尼仕於定哀故

春秋不切論當代之事、而多褒貶忌諱之辭、國諱也、言

太史公亦致當代之忌諱、故引也、

一九オ六 世俗之言匈奴者 世俗謂匈奴者中忠者 背謬文

一九オ九 欲中國廣大 欲謂飾張廣濶

〔第四九葉表〕

衛將軍驃騎列傳第五十一

二

裨校獲王 校者營壘之稱，故謂軍之一部爲一校。中

大將軍姊子霍去病 徐廣云姊即少兒也。按漢書云：女

父霍仲孺先與少兒通，生去病。及衛皇后尊，少兒更爲

詹事陳掌妻

剽姚校尉 票姚，勁疾之皃。■按漢紀作票鷂字。去病後

爲票騎將軍，尚取票姚之一字耳。今讀飄遥音，則不當其

義也

大父行 行，胡郎反，又胡浪反。謂祖父行流

全甲 全甲即鐵甲也。誅，誅斬也

置大司馬位，大將軍驃騎將軍 位字屬下句，以位字對

〔第四九葉裏〕

大將軍驃騎將、是二將軍皆爲大司馬、以其印等、有冠號云、元狩四年初置大司馬冠軍將軍之号顏師古云冠者加於其上、爲大一官也

卅二　平津侯主父偃列傳第五十二

撰弘封爲第一　其某在漢書弘傳其一節今在解節字

上也

卅四　條擬於君　擬音儗、僭也

〔第五〇葉表〕

南越列傳第五十三　一ノ裡

二オ五 左纛　纛音導、又音獨、薛淳云、以旄牛尾置馬頭上也

四ウ二 衡陽侯建德　衡陽侯漢所封

四ウ九 謬臣不討賊子　謂招盗之臣、事見春秋傳

東越列傳第五十四

朝鮮列傳第五十五

一オ二 王險　作王險、臣瓚曰、王險在樂浪郡也、

一ノ四 真番旁衆國 衆正義作辰 後漢書朝鮮有三韓、一曰馬韓、二曰辰韓、三曰弁韓、魏志云、韓有帶方閒東西以海限、南与口接、方可四千里、馬韓在西、辰韓在中、弁韓在東、按地志曰、新羅百濟在西、馬韓之地、新羅在東、辰韓弁韓之地也

二ノ四 公孫遂往征之 征漢書作正是

二ノ一〇 將軍王唊 [illegible] 已上已路人凡四人、此注、漢書音義曰凡四人

閏

〔第五一葉表〕

西南夷列傳第五十六

二オ一二 巴蜀筰關（筰関作符関）地理志云犍為郡有符縣

按符関在符縣、犍為郡、今戎州也

二オ五 鄨濕 正義作鄨溼 濕音溼、言士卒罹暑熱氣而死者衆多也

同姓相扶 正義相扶作相杖 杖直亮反、顏師古云、杖猶倚也、相

倚為援、不聽滇王、

司馬相如列傳第五十七

一オ一二 藺相如 藺相如六國時趙人、義而有重也、

一オ一二 以貲為郎 以貲財多得拜為郎

〔第五一葉裏〕

一〇六 食都亭　都下臨邛縣之亭名也

二〇六八 一〇七一五 繆鄭　繆鄭山東還廣

一〇八 一再行　行者鼓琴曲也

卓王孫家僮八百人　貨殖傳卓氏之先趙人秦時被遷

卓氏獨夫妻推輦而行曰吾聞汶山之下有蹲鴟乃

亂遷致之臨邛

二〇七 築俱如臨邛、[illegible]茅但也俱其色

令文君當鑪　顏云賣酒之處累土為鑪以居酒四邑徵

起（今本漢書徵作隆）其一面高形如鍛鑪耳而俗之學者皆

謂當鑪為對鑪溫酒大鑪失其義也

二〇二 既罷謁公　諸公謂臨邛之長老也

〔第五二葉表〕

三オ一三 訾不足者訾財也 言訾錢財

三ウ一 惓游 惓疲也

三ウ八 狗監 按、狗曰、主監天子田獵之犬

三ウ七 筆札 說文札牒也、按木簡之薄小者也、此時未用紙也

三オ二 雲夢 夢在江南華容、雲在江北安陸、而名雲夢、以解在

夏本紀

三オ四 揜兔 於是行去、兎小、但以罝罔擬之

三オ一一 唯唯 唯〻恭應也

三ウ二 盤紆岪鬱 岪音佛、郭璞曰、相糾紛結而崚崖毬毿

三ウ四 照爛龍鱗 衆色相明、閃爍若龍鱗

三ウ七 碝石武夫 武夫赤地白采蔥蘢、白黑不分、出長沙

四ノ四 椁粟 正義作椁粟，音斂。

四ノ九 專諸之倫 專諸刺吳王僚者也。

五ノ二 勺藥之和具 文穎曰，勺藥五味之和也。穎云，芍藥草名，其根主安和五藏，又辟毒氣，故合之於蘭桂五味以助調食，因呼五味和爲芍藥耳。今人食馬腸馬肝者，猶合芍藥而煮之，豈非古之遺法乎。伏儼云，芍藥以蘭桂調食。

六ノ三 先生之餘論 先生言子虛也。

六ノ八 睨於成山 觀睨指說訓也。

七ノ六 儵眒 儵儵猶倏忽也。眒，疾貌也。儵，讀与倜同。

七ノ九 浰爲 守御所禁衞也。郭云，天子有道，守在四夷，立境

〔第五三葉表〕

六才二ウ 罘者、猶以禁絶浸放、此禦捍、

七ウ一 越海而田　言度海田獵於青丘

七ウ二 泱莽之野　顔云、凡言此者、著水流之長遠、

八ウ六 磷磷爛爛云云　諸玉石等采映耀、光載於水中也

九ウ七 肸蠁布寫　肸蠁盛也、寫吐也、司馬彪云、若響之布吐也

一〇ウ二 隱夫樸棣　隱夫未詳

二〇ウ六 隱天動地　隱猶震也

二一オ六 陸離　分散也、言各有所進也

二一オ七 邃邃[illegible][illegible]　郭璞曰、各有所逐、

二一ウ四 睨部曲之進退　睨五計反、睨遠視也

十二ウ五 儵夐遠去　儵夐，多敢也

十二ウ一〇 揚節而上浮　上浮，凌遊

一三オ四 闇乎反鄉　日晚，勸而也

一三オ四 蹷石闕　闕，壁息也

一三オ六 濯鷁牛首　鷁首之船也

一三オ七 士大夫之勤略　言巡行士大夫之勤何智略也

十三オ七 無事棄日　言馳騖錯雕，不能棄日也

十三オ八 休息於此　鄭云：此苑囿之中

一四オ一 悉爲農郊　邑外曰郊，言於郊野之中營農了也

一四オ一 山澤之民得至焉　言悉得罷放樵采也

一四オ一三 襲朝服　朝衣，謂大裘亂之服也，法駕所馬也

〔第五四葉表〕

卌四之二騶虞　說文云、騶虞、白虎黑文、尾長於身、太平乃至、天子射以白華、山海經也、如虎五采、日行千里、周禮云、凡射、王以騶虞為節、諸侯以貍首為節、大夫以采蘋為節、卿云、樂章名也、禮射義云、騶虞者樂官備也、貍首者樂會時也、采蘋者樂循法也、采蘩者樂不失職也、是故天子以備官為節、諸侯以時會天子為節、卿大夫以循法為節、士以不失職為節、貍首逸詩、騶虞即此之樂章

七四之七于嗟　嗟、左哉反、禮射義作歎、音同、射義云孔子曰、射者藝而不失正鵠者、其賢者乎、鄭玄云、畫曰正、棲皮曰鵠

一四之四進伐檀　伐檀、魏國之詩、刺在位貪鄙也

一四之一羨於五帝　羨、饒也

〔第五四葉裏〕

原一二 杭元 士卒之精　杭，揵也，蔽也

二五ウ六 往賓　賓往賓服而過之

一二四オ二一 讀三老孝弟　百官表云十里一亭，亭有長，十亭一鄉，鄉

有三老、秩　有嗇夫、游徼，鄉三老掌教化，嗇夫職聽

一二六ウ二 訟收賦稅，游徼循禁盜賊

一二六ウ三 物故　物故，死也，以(故)[illegible]之故而零落也

一二六ウ一一 邛筰　邛、筰二國在蜀西，筰在西南夷傳也

一二六ウ五 冉駹　冉駹，一國，在蜀西北，並西南夷傳也

一二六ウ七 愈於南夷　愈，勝也

一二七オ一 斯榆之君　斯榆國在蜀南，傳在西南夷傳

一二七オ八 耆〻　蜀父老也　耆音[illegible]

〔第五五葉表〕

一七六オ二 咸五 紛紜湛恩汪濊、羣生澍濡 紛紜盛也、豐中、汪濊深廣也、顏師
古云、時雨所以澍萬物也
一七七オ六大 邛筰西僰之與中國並也　言邛筰西僰立國以來至中
國自月等不可記録
一七七ウ六 仁者不以德來　言自古帝已施仁德不能招來、施強力
不能兼并、以其道遠、殆不可也
一七六八 事無用　所恃即齊民、言帝已依恃、無用、謂夷狄也
一七六九 是蜀不變服　言巴蜀邊夷、本椎髻左衽、今從中國服俗
也、若西南夷更不可通、即巴蜀服俗、不能變改、
一八オ六 沫若于益　塗徼也
一八オ七 拘文牽俗　言武帝當拘攣脩法之文、牽引隨俗之化

〔第五五葉裏〕

一八オ二 六合之內八方之外　六合天地四方八方四方及四維

[illegible]也

一八ウ二 浸潯衍溢　累音力追反言為人將獲而係累而致離散

[illegible]江內向謂天子化不至也

一八ウ八 鑠靈山 正義本靈作靈　鑿靈山通以關也

一八ウ九 遠土貴鬻　言遠方殊安長好之也常德廣被若親蹤

一八ウ一二 百姓猶勞又急可以已哉　急者烏言須奉之諄從救

民沈濁繼周絕業及陵遲之衰代是天子之急事百姓

一九オ之 白勞苦何以正侍哉

一九オ七 寥廓　寥廓天上寬廣之處

銜橛之變　橛謂車鉤心也言馬銜或斷鉤心或出即致

〔第五六葉表〕

彼鼓以傷人也

二〇オ八 臨沙林之榛ゝ　榛ゝ盛貌也

二〇ウ三 列僊之儒　儒正義本作傳　儒柔也、代有道術皆為儒

二〇ウ七 垂絳幡之素蜺　張揖曰、[illegible]也、垂[illegible]為幡、綴以白氣也

[illegible]切 澤[illegible]以紅蜺為幡　正義本無幡字

二一オ [illegible]龍　文穎曰、有翼曰應龍、[illegible]也、瑞應[illegible]云、[illegible]

二一オ 神女[illegible]甲也、女媧時[illegible]服應龍、[illegible]青龍是也

蠖略逶麗　顏云、[illegible]

二一オ三 [illegible]以驕驁兮　[illegible]立項也、驕驁放逸也、[illegible]

[illegible]也、[illegible]何[illegible]也

〔第五六葉裏〕

三オ三 沛艾　沛艾駿貌也

三オ四 畔岸　自縱之貌

三オ九 跮踱　跮踱風飛相及也、並錯足相進也

三オ十 [illegible]靈圉　靈圉仙人也

三オ十一 陸離　陸離漢書作長離、如淳云長離朱鳥也

三オ十二 [illegible]陰極　括地志云崑崙山在肅州西九千八百六十里也

三ウ一 [illegible]　括地志云[illegible]其山東至于[illegible]國、西[illegible]蜀[illegible]云、

三ウ三 軋沕洸忽　恍惚不明貌

三ウ四 [illegible]三危　山名在此、南海內經云北海之內有山曰[illegible]

三ウ九 騖遺霧　言馳車從方路而下馳、遺棄霧而遠逝也

〔第五七葉表〕

二三ノ五 其遂禮之封禪、國之大祀、故曰禮書缺亡書札之而留（此記イカ）

〻、故曰遂禮、遐訓

二三ウ五 軼迹 言風俗清遠迹、平易、易遵也

二三ウ六 逢涌 濛、遍布也。涌、出也

二三ウ六 沕潏漫衍 沕潏漫衍、言漢恩廣大也

二四ノ二 闓澤 澤、芳懌、光顏云、凱懌也

二四ノ二 騶虞 騶虞、虎身、白首、黑文、不食生物、有至信之德

二四ノ四 宜命掌故 言欲群臣共定國禮也

二四ウ 挈三神之驩 挈、猶持也、言漢帝執持三神之驩、今乃不

封禪、缺王道之儀矣。孔文祥云、三神、天地人也。按三氏

說、常氏為長

二四ウ八 珍符 固不可辭、若然辭之云〻 符瑞臻而辭之、則太山
無碑記、梁父無祀（記）云也、
二五オ六 攄之無窮 攄飾也
二五ウ九 蕃龍興德而升 黃龍者四龍之長、四方正色、神靈之精
能巨細、則來文明章著和氣而游池沼.
二六オ二 舜在假典 在、寥也
二六オ十二 而以貢色外殊、其合德一也 從傳至小雅殊異、其合德
化民若一、用此相而虛詞浮濫、幾要歸於節儉、與詩之
風諫同德也

淮南衡山列傳第五十八

一ウ二 驕蹇　驕蹇謂不巽順也。

三オ七 稟食　官給食也。謂物從官供也。

六オ八 陛下遇我厚　漢書云：武帝以安屬為諸父，辯博善為文辭，甚尊重之。每為報及賜，常召司馬相如等視草迺遺。安入朝，每宴見談說得失，昏暮然後罷。

六オ一二 逌耳　上音獲。言盡計謀也。

八オ一三 長榆　今榆木塞也，在勝州北。

八ウ一二 男子之所死者一言耳　言男子出一言，至死不改，言必反也。

八ウ一三 且吳何知反　言吳不解反，故敗耳。

九才一〇 千人之聚　聚謂聚落也

九才一二 棘矜　矜音槿、柄也、言不如陳勝用讁戍棘矜等物

十才二 揖讓武　揖讓武謂讓以而武也、說其行也、

百才六 徇[illegible]蜀而西　集解以西謂如秦師也

十才一百 求盜　求盜掌逐捕盜賊者、解在高祖本紀

百ウ三 屈彊江汜閒　屈求勿反、彊其兩反

二才六 臣無將　將將、謂將帶群衆、

二ウ一 從容　從于勇反、容讀曰勇、從容謂勸將之也、

二ウ六 周丘　周丘下邳人、吳王反時、請得漢節下下邳者

循吏傳第五十九

一オ六 嫳輕　嫳謂嫳弟之屬

一ウ二二 豎子不戲狎 一三　狎，輕侮之言。音肅諧也

一ウ一三 市不豫賈　賈音嫁，謂其數不虛豫廣索也

二オ二 喪期不令而治　言士民自導遵五服之制也

進而不及，不肯伏罪　不肯死　法曰：言進而不及耳，唯敖繼之故

汲鄭列傳第六十

一オ八 㙜比延燒　比近也。師古曰：屋相近，故連延而燒七、

〔第五九葉裏〕

一ウ二 或數黯　數、責也、

一ウ一 且滿三月上常賜告者數　孔文祥云、病滿三月、則聽自免、上賢之、輙賜自休、不使滿三月也、、

二オ五 上踞廁見之、　仲孺曰、古者見大臣、則御、歷起、此則踞廁者鞠之也

二オ九 質責湯於上前　質、對也　集義柔宗忠云、質、問也

二オ十二 排其就行放析就功　唯黃虛則就行之、令放己令析其

更就功勤責

二ウ二 果上閒　閒、隙也

二ウ三 決讞　決讞、獄也、

二ウ五 巧詆　巧詆、巧為毀辱也

〔第六〇葉表〕

三ウ八 亢禮　應劭云、長揖不拜

二ウ一行 發蒙振落　如發蒙覆及振決落之物、言易也

二ウ二 反不重耶　言能降貴禮賢、是益己之尊重也

三ウ八 淮陽楚地之郊　郊、謂郊道衝要之處也

四オ六 抵息罪　抵當也

四ウ四 常置驛馬長安諸郊　如淳云、邑外謂之郊、言長安四面之郊也、此言當時任俠賓客游於邑路、每休下或請謝去、故置馬於郊、以往來速也、言驛馬常去來不停候

四ウ三 推轂士及官屬丞史　謂薦舉人、如車轂轉運之、言薦士及官屬丞史、有味者、其薦舉之辭甚美也

〔第六〇葉裏〕

卷二 治行（治行謂非嚴也）與集解如 準說錄

卷二十四 財用益遷 遷之也

卷三十四 大農僦人 僦人，傭載運之人，莊為大農任人及賓客也，筭為大農僦，僦賃載運，民多侵欺，故多逋負也。

儒林列傳第六十一

掀也 志云：在鄆州鉅野縣東十一里，東去魯 鄆

卷一 城可二百里

因史記作春秋 因魯史記記年月日，而作春秋，兼見諸國史所記之事。

一ウ一二 瓦合適戍　言如衆瓦合聚蓋屋、先無計謀也、

二オ九 具官侍間　言滿員而已

二オ一二 於是則韓太傅　名嬰、漢藝文志云、漢興魯申公為記事

為春秋、言為尚書、帝王靡不同、仲尼思前聖之業、以魯

周公之國、禮文備物、史官有法、（何休云孔子遣周史記

得百二十國書）故與左丘明觀其史記、據行事、仍人道、因

興以立功、就敗以成罰、假日月以定歷數、藉朝聘以正

禮樂、有所襃諱貶損、不可書見、口授弟子、弟子退而異

言、丘明恐弟子各安其意、失其真、故論本事而作傳、明

夫子不以空言說經也、（春秋）所貶損（大人當世君臣）有權威（勢力其事實皆）者形於傳、是以

隱其書而不宣、所以免時難也、（及）末代口說流行、故有公

〔第六一葉裏〕

羊穀梁鄒夾之傳。七錄曰：漢興有公羊穀梁，立國學。鄒氏無出于張蒼家，本無傳之者。建武中鄒夾氏皆滅絕。自漢末稍貴左氏，服虔杜預二注，與公羊穀梁俱立國學。按左丘明魯史也。夾音頰也。

三十四 出入不悖所聞 言好文學，敬順，出入不乖所聞者也。令

縣令、相、侯相、長、縣長、丞、縣丞也。

四十六 補文學掌故缺 掌故有缺而補之。

三十七 罷奏 罷奏為不勝而奏之

三十八 若下材 下者謂闕行

三十二 補郡下

下 治禮次治掌故

次云選其材高者以補卒史者

版、主於事、後選用無先以禮，不足用，取掌故補

〔第六二葉表〕

三オ二 遷留滯諸選擇　言流滯者改遷之

三オ三 大行　大行後改為大鴻臚、舊補又字史也

三ウ二 備員　備員者、承以升擢之、非稱其實用也

新傳 詩書雜事多本於申公、言詩者於今魯則申培公、於齊

則轅固生、於燕則韓太傅、申公為詩訓故、而齊轅固生、

燕韓生　皆為傳、或取雜說、咸非其本義、與不得已、

三家皆列於學官、又有毛公之學、自謂子夏之所傳、而

河間獻王好之、未得立、七錄云、毛公詩傳、後鄭玄箋諸

儒合為注解、其解詩凡七、魯詩　於西晉、韓詩毛有無焉

傳之者、毛氏鄭氏獨立國學也

四ウ二 食肉不食馬肝不為不知味　按言孔談論不說湯武放

孔安國為古書傳

殺、亦以為謬論、猶如食肉不食馬肝、未知為不知味

劉貢父云、食味者不必須遍嘗、言學者不必須遍讀此

欲今學者不必盡讀也、

安國司空城旦書耳　儒書云林云、道家之法、尚於安國

之教、儒家翁有五防、實太公古之於律令、故言同司空

城旦書也

使掌故朝錯往受之　藝文志云、孔子壁中古文尚書、上斷於堯、

下訖于秦、凡百篇、而為之序、言其作意、秦燔書禁學、濟

南伏生獨壁藏之、漢興、亡失、求得二十九篇、以教齊魯之間、

訖孝宣代、有歐陽大小夏侯氏、立於學官、七錄云、魯恭

王時壞孔子舊宅、得古文尚書、孔安國為之傳、以隸古

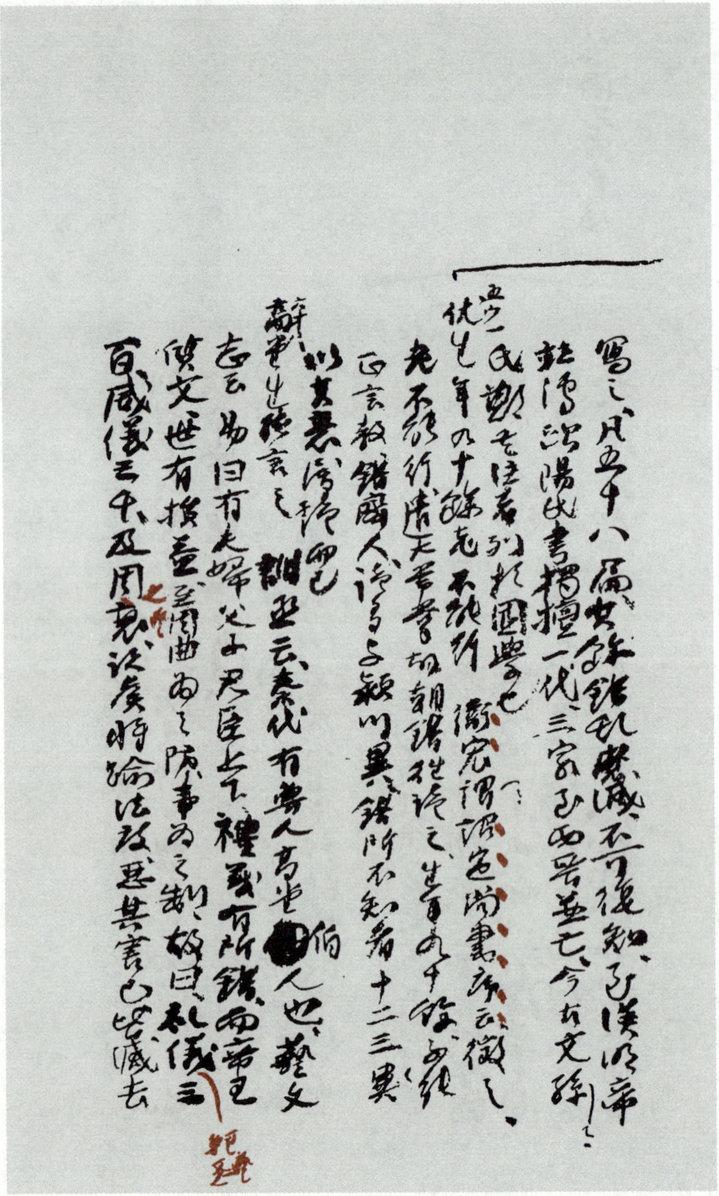

寫之、凡五十八篇、餘錯亂摩滅、不可復知、至漢明帝
時傳歐陽氏書擅一代、三家至西晉並亡、今古文孔傳
五之一 氏斷之注者列於國學也
伏生年九十餘、老不能行 衛宏詔定古文尚書序云、徵之、
老不能行、遣太常掌故朝錯往讀之、生有女子、教錯
正言、教錯齊人語多與潁川異、錯所不知者十二三、
以其意屬讀而已 翻按云、秦代有魯人高堂伯人也、藝文
志云 易曰有夫婦父子君臣上下、禮義有所錯、而帝王
質文世有損益、至周曲爲之防、事爲之制、故曰禮儀三
百、威儀三千、及周之衰、諸侯將踰法度、惡其害己、皆滅去

其禮，自孔子時而不具，至秦大壞，漢興，高堂生傳士禮十七篇，記百三十一篇，代作者最明戴德、戴聖、慶普，其弟子三家立於學官。七錄云，自後漢諸儒多小戴訓，即今禮記是也。後又以曲臺記，而慶氏傳之，並亡，大戴立於國學。又古經出魯淹中，書周宗伯所掌五禮威儀之事，有五十六篇，無敢傳者，後博士傳其書，得十七篇，鄭玄注，今之儀禮是也。餘篇皆亡。周官六篇，周代所理天下之書也，鄭玄注，今二經並於國學。要禮經周禮也，威儀，儀禮也。

徐生以容爲　言善爲容儀，

即墨成　即墨縣，城陽也

〔第六四葉表〕

七十八 著書始事　漢書云：仲舒上疏條教，凡百二十三篇，而說春秋事得失，有聞擧、玉杯、繁露、清明、竹林之屬數十篇。七錄云：春秋繁露十七卷，春秋斷獄五卷。

酷吏列傳第六十二

一十三 有恥且格　顔云：論語載孔子之言也。格，至也。言御以政刑，則人思苟免，不恥於惡；導以禮，則下知愧慚而至於治也。

一十五 盜賊多有　顔云　老子道德經之言也。上德體合自然，是以有德；下德務於修建，更以喪之也。法令繁滋，則巧詐益起。

（漢紀作於）

（漢紀十七）

（漢紀十七）

（正）案：師古注云：滋字衍。宋[illegible]本、注文無「下」字[illegible]有滋字（此正）[illegible]

〔第六四葉裏〕

故多盜賊

言道德者溺其職矣 正義顏云：溺謂沈滯不舉也。言敗亂之世，武健嚴酷，能絕姦細，薄汲而若以道德治，則從溺沈滯於此耳

必也使無訟乎 顏云：論語載孔子之言也。言使我聽獄訟，猶凡人耳，然而立政於德，則使其絕於諍訟也

相遁至於不振 顏云：遁，避也。言吏避於君，民避於吏，至乎責敗，不可振救。

若救火揚沸 言網密令峻，姦偽極甚，至于君臣相遁，若救猛火及揚盛沸之湯，言難止也

吞舟之魚 法令疏

吏治烝烝 烝烝謂純一

〔第六五葉表〕

一〇一 翕侯封之宗　翕許及反

一〇二 股栗　栗懼也

一〇四 刀筆　古者無紙筆，用刀削木為筆，及簡牘而書之

一〇五 范陽中鄉　以范陽之法中傷於鄉，令有罪也

一〇七 便道之官　言從家便往雁門上官，不令到朝廷謝

一〇八 惴恐　惴之瑞反，怖懼

一〇 賑貸民　言假借貸民，力贍而分其利也

一二 抱知為無害　為作文法，無枉害。仲馮云：是以廉平

數為無害也

三一 作見知　謂吏見有罪，知有罪，皆須與之

三四 操法律之文書　仲馮云：篆書、隸書、蟲書、繆篆、鳥書時

〔第六五葉裏〕

周陽侯始爲諸卿 按周陽前封趙兼國除今封田勝也

汾方中 服云裁壙中長皆有亞財中用地一頃餘又冢

墓云 琢成城北後錯在帶白沙及炭

交私 交私 謂將使財物也

下戶羸弱時口言 下戶羸弱湯欲佐助多具文奏之

又口奏言雖律令之文合致此罪 雖上裁察蓋爲此入

其意旨也於是上以湯此言往往釋其罪非未奏之前

口識言也

上財察 財讀曰裁古字少故也

籠天下鹽鐵 天下有鹽鐵之處皆籠合稅之令利入官

〔第六六葉表〕

五オ一 也

五オ一二 意景帝 是景帝也、不言伐匈奴也

五ウ六 懵 懵懂也

五ウ八 素數從中文書 作舊 悳漢書

黄文曰、舊數耶言酒閒、數易色王

反舊數字、其例罕計數中之事也 仲馮曰、太史公

作素數從中 文書、其時文是謂數從中所下文書如章疏、

如此其例有以偽謂者、文以亦緣無不能無之而說於

文似本 [illegible]

六オ九 三長史 百官表、丞相有兩長史、今此云三者、蓋權守置

[illegible]

之、趙云 之

八オ三 是日皆報 表奏請得報、而殺之、又一本報字作執

八オ九闕奉以惡用矣　闕奉以嚴急之故而見任用，言時政尚急刻也

八オ九鼎湖　今鑄物鑪也，郊祀志云黃帝采首山之銅鑄鼎荊山之下，有龍垂胡髯下接黃帝，后人名其處曰鼎湖

八オ九已而卒起　已，止，癒也，卒，忽也

八オ十二嗛之　嗛，含恨也

八オ十三郡吏撫循可使者　郡吏，內郡中吏也，使者楊可遣之

信也

八ウ四擇郡中豪敢往吏十餘人　言擇郡中豪強敢行威之人

八ウ九卿任用為吏，時有仇牙，仍把來發火罪以賠嫁

八ウ九具私馬五十匹為驛　驛，傳也，以私馬相傳於境，來往相

傳　令冬益展一月

八ウ一三 會春　立春之後、不復行刑、故云然、展伸也、

九オ六 尹齊者東郡茌平人　正義茌作茌、漢書亦作茌、索隱音

注語　仕疑反、又仕先反

九ウ四 投缿　缿受錢器也、古以瓦、今以竹、撲以瓦　缿受投書

九ウ二 義縱不中意　中謝龍者、脫偷之罪者擢取之、

九ウ三 脫牢　不中天子意也

一〇オ三 員騎錢　姚承云、罰騎有負數

一〇オ五 五族　顏云、溫舒與弟同三族、而兩妻家各一、故曰五也

一〇オ七 尸亡去　言妻將其尸亡逃而去、歸葬

一〇オ九 建戾 益輕犯法　言酷暴而多、故吏民不畏法

〔第六七葉裏〕

一〇ウ三 頗得其渠率 渠，大也。

一〇ウ四 發覺而捕弗滿品 品，程也（限）。言群盜起不發覺，及發覺不

捕，胥捕捉程限滿不獲者，皆是也。

一〇七 坐課累府 縣有盜賊，府亦坐，府使縣不言，故盜賊漸

多。孟康曰：縣有盜賊，府亦（并）坐，使縣不言之也。

一〇ウ三 其治米鹽 米鹽，謂細碎。

[illegible]川三 為徑 [illegible] 言不可為著法也。

二オ七 使其□已失亡 謂其即被殺，失亡人畜財物甲兵多，故使

撓之。

二オ一〇 二ウ 善候伺 審察人主之意。

周為廷尉 言周為廷尉，用法刻深，天子美之，即是太府

猥[二ウ三]以朱家郭解等　猥烏罪反、朱家郭解等豪暴之徒雖
處、而同類共咲之、故為游俠之別也
輓牛[二ウ八]　輓牛在當前椎也、晉灼曰、輓、椎也、牛、小牛也、
轢無辟[三オ六]　辟音避、避人也
薛況[三オ六]　薛況河南陽翟人也、轢據陝郟人也、不用徐音、
精悍[三オ九]　精、善好人、悍、勇健、
少時陰賊[三オ九]　正義作陰城賊
慨不快意[三オ〇]　慨、蒼代反、慨慨言不合意則殺之
藏命[三オ一〇]　命、名也、謂藏匿其名而作姦惡也、
與人飲使之嚼[三ウ二]　其人不能飲、強使釂之、
怪之問其故[三ウ二]　甚張為怪、戲更數過不與、乃問其故

〔第七〇葉裏〕

四オ二 諸公在此間　言處兩仇之間
四オ三 無用待我　解曰，且無用我言，待我去後，洛陽豪更言之
乃從也，是不欲奪人權勢（正義本無待我二字）
四オ八 家貧不中徙　言貲財少，不中徙陵也
四ウ一 又殺之闕下　解客於闕下殺上書人
四ウ四 告主人家　無所去處

佞幸列傳第六十五

一オ八 公卿皆因關說　關，猶歷也，百公卿有事，皆關兩人而說於上也

〔第七一葉表〕

一オ一三 濯船　濯音宅教反，濯船，持檝行船也。黄頭，黄氈帽也。以

上勝切也

二オ三 尚負責數巨萬　顏師古曰：積其前後所犯合沒官者數

多，除其現在財物以外，尚有負官數巨萬，故云，吏輒沒

入之。

二オ四 長公主　館陶公主，文帝之女

二オ四 令假衣食　公主唯令通假借衣食，而公主私給之

二ウ三 嗛　嗛，銜恨也

二ウ二 埒如韓嫣也　埒音劣，埒如微減。

滑稽列傳第六十六

滑稽　顏師古云：滑稽，轉利之稱也。滑，亂也；稽，礙也。言其變亂之不留也。一說稽，考也，其滑亂不可考校。

陸曰：郢□□人，今江東猶言□柳小狹名

贅壻

甌窶　郢之云，穢穢，數多也，禮也

穰穰

汙邪滿車　下田肥澤，故曰滿車

有情□　拜　拜，殊云在耳

羅襦襟解　襦，長學反。縱開貫反。襦或作襜，從衣，帶結也。

能飲一石　言飲可至八斗，二三斗猶未醉，日暮酒闌，故心最歡，能飲於一石

〔第七二葉表〕

三〇一 墟竈爲欐 土墟爲竈，居而外施欐。

三ウ一二 銅歷 ㄑ鬲 銅爲釜，鬲居竈中如鼎。

三オ一三 受賕枉法 說文云：賕，以財枉法相謝也。

三ウ一 軍雨立 景本標記云：軍本作章，陸作軍。云：言軍立在雨中而立也。

四オ六 糈半更 以 更代也

四オ一 三ウ一 奉飲糒 飧養親也 糒，乾飯；飧，濕飯。

四ウ一 假倩 倩，七姓反。倩，借也。

四ウ三 馳道 馳道，謂御道也。

五ウ二 建四海之外以爲席 言四海之外皆廣闊如席之相連環繞。

日者列傳第六十七

慶本標記 陸門卜筮之官由來久矣此傳以為起自漢代其旨何也按先生所說謬學既淺謬妄誤甚殊絕通其數則謂自漢文卜得大橫之兆而有此望

一才六 龜卜之興由漢興而有 漢文帝卜以大橫與奏陵之卜同乃策亡傳入長安者也

一ウ五 正襟危坐 危坐謂小坐

二才八 比周賓正

陸謂擯棄正人也 慶本標記賓當擯注以字主賓相從之言也

二ウ四 材賢不為是不忠也 言賢才能當賢故君賤

二ウ五 不獨不見鳥鳥之與鳳皇 言鴟鳥之與鳳凰翔于蘭芷

二ウ五 有人者進有材者退是偽也 言有大眾祿位者進用有財者敘是偽也

〔第七三葉表〕

言藏身在巖藪、若菁藂叢林、使君子退而不顯公等

六十七 述而不作君子義也　言述天地陰陽不敢作、是君子義

也　司馬季主自言也

三十五 利大而謝少　言卜者於天下、至利助多矣、天下宜以財

三十八 飾、謝則少也

無長幼之時　爲異也

三十二 奇糈　糈音諝、謂精米神米也

二十七 天冠地屨　不相[illegible]也

龜策列傳第六十八

一オ八 斷以蓍龜　蓍音詩

一ウ二 畏鬼　謂龜也

一ウ五 先乎時　頁

批陳拘云、時者事也、陰陽家事忌[illegible]、死日時

其察義、世無[illegible]、日時、事也、言功臣死後、子孫繫狀、

世々之人等

二ウ二 太史公之傳　傳卜筮之書　褚之謂贊

三ウ八 譺兆　譺猶疑也

六オ六 詑謾　集解詑一作詭　詑欺也

六ウ三 不得其贏　贏餘利也

九オ七 物有所拘　拘檢也

〔第七四葉表〕

九オ七 齊者所據 桃源抄據云佚哉也

一〇オ六 卜先蠶 造、蠶、用燒荊枝也 共、

一七ウ二 太史公論曰 以下凡十七字、可爭甚鄰抄

貨殖傳第六十九

一オ二 至治之極鄰國相望 言至治之極時、於鄰國相望、雞犬

使至老死不相往來也

同 鄰國相望 遠望而不相往來、故相望也

一オ一二 輓近世 輓與挽同、引也、塗塞也、言輓引至於近世、故利

乃塗塞民耳目，則無所施其伎遊。言不如古之治也。

寬永本標記，按，塗塞耳目，謂改易舊轍，令不見聞民之美見，民美，言見美善可慕望也。

一〇一 神農以前，吾不知已　太史公云，神農以前，詩書不及之，於貨殖，不須知也。

一〇二 使俗之漸民久矣。　言詩書述虞夏以來聲色芻豢佚樂，夸矜有威勢，必能為榮華於世，被漸染，使民為之久矣。

一〇三 戶說以眇論　言雖頻煩，每戶戶說以妙論，終不能陳貨殖夸矜之俗化也。

一〇四 善者因之云云　言其善敢而因改請淨，隨俗而誘之，其次以利道之，其次教化變改之，整齊不貪之，最下捐與

〔第七五葉表〕

二十一 環爭利及太公齡也
賤之徵貴貴之 徵召也、言物賤彼貴為徵召之、必至也、
案王門芒也、徵求也、此為賤求彼貴為賣之、此為貴求
他賤買賣之
二十三 豈非道之所符、而自然之驗邪 言物自然而已、若道養
萬物、不煩而四時符合也
二十五 貧富之道、莫之奪予 音予、言貧富之道、无人奪之及與
之、原大則饒、原小則鮮、巧者有餘、拙者不足
二十八 繦至而輻湊 繦腳兩反

二〇九

歲在金穰水毀　此不說土者、土四季不得為主也

二〇一〇 旱則資舟　資、取也、大夫種曰、賈人旱則資舟、水則資車

以待之也、

三才一 積著之理、務完物　著、張呂反、言停貯務在完牢之物也、

三才一 無息幣　本作幣、正義 無停息幣惡之物也、

三才一 腐敗而食之貨勿留　正義以為一句　腐音符甫反、言爛敗可食之

貨物、莫復留滯、

三才三 貴出如糞土　夫務貴出賣之、而收財貨、言如糞土、不惜也、

物賤而買取貯之、言如珠玉、必惜也

三才六 稱號五霸　言稱號比於五伯也、

三才七 計然之策也　漢書作十字、越絕書云、其術有九、用在越

〔第七六葉表〕

世家篇、

三オ一三 不責於人　言順時積居、不出責於人、

四オ一三 所費　所不用也、言其賣也

四ウ十 用谷量馬牛　（谷音欲）言畜牧多、以山谷多少言、

五オ五六 褒斜　斜音也、秦及梁州記云、万石城泝漢上七里有褒谷、南口曰褒、北口曰斜、長四百七十里、

五ウ五 全晉之時　（全晉盛之時）

五ウ六 懁恔　猥直而恨也

五ウ六 仰機利　仰機巧之利也

作巧姦冶　謂作巧偽之物、姦蕩媱冶也

五ウ一三 具五民、集解如淳曰云々　如説非也

〔第七六葉裏〕

六ウ八 其俗剽輕易　輕音去聲　已見仙論　恐斷

六ウ九 賽放　賽拔取也

十オ二 跟利徙　言縱其好、跟而行之、令人覺尚、故曰利徙也

十オ三 薄鼓鼙跋千者　御書大傳云：文皮千合、則數兩謂之合

三〇 三寸五、揩豎組跋之、然者他果反、則其揩之異名也

十オ四 素千衣者

十オ五 飯屯式之　謂三千衣也、言素冑三千衣、乃與上相等

一〇ウ 富傳卑戍　持識誠、

有腹鬭公子之揚與友　言與楚當陽鬭公子揚与爲相

宣鏃也

二ウ 塞化有概　有節概也

二二オ四 掘冢姦事也　而曲叔以起　上北目楚、言曲折田叔推地

三才四 而民作富

桓發用之富　桓工甕反

二才五 雍樂成　雍縣人、姓樂名成也

太史公自序第七十

一才九 玄孫卬　卬五郎反

二才六 楊何　何字才并叔元、菑川人、見儒林傳也

二才四 使人儉而善失真　莊曰、儉音撿、謂拘撿人

三才 六藝　謂五禮六樂五射御、六書七數也

三ウ四 名家苛察繳繞　顏凱云、名家苛苛察之事、遶自纏繞、不

能通也、

四ウ四 虎困鄱薛彭城　正義曰括地志云徐州滕縣、漢薛縣、昔湯陳

嘗子邀獨昔相、或吾活之、田嬰嘗說曰、孟嘗君來汝南子游

為昔相、陳騫子也、國人為諱而改焉

四ウ九 且卒　言欲將死、

五オ二 孔子卒　孔子卒後至於今五百歲　書孔子卒五百歲者、論叔孫

以進一聖事也、不言文王而言周公者孔子是述作

讓毅之聖故方授已

六オ一 吾失其本已　莊云已常作紀、言失人倫綱紀

七オ二 澤流罔極　罔無也、極止也

〔第七八葉表〕

八オ四 以人爲殉　傳云秦伯任好卒、以子車氏之三子奄息

仲行鍼虎皆殉國人哀之作黃鳥之詩也

八オ六 子羽　千羽百羽也、

九ウ六 比謂　比、況也

一〇オ八 玩好　玩謂情也、玩、隨意也、

一一オ八 爭權　權利　謂爭權、利也

一二オ三 栗姬偩貴　偩音負、負恃也、

一三オ九 諸侯內從　從足松反

一三オ一〇 出舂以象　以出罪爲舂築擅也

一四ウ一 如楚以救邯鄲之圍　如、往也、趙平原君往楚求救邯鄲

之圍

十四ウ一二
用徇世居　以方從物曰徇

一六オ六
蒯成　蒯古怪反、括地志曰蒯亭在洛州河南縣西十里
苑中也

一七オ二
蓬守封禺　封禺二山在湖州武康縣西也、張按年表東
越傳云、東越徙處廬江郡、而守禺未詳、

一九オ三
年差不明作十表　言本紀世家諸傳、年月差別不同、
故作十表以明之也

今述歷黃帝以來至太初　史記紀黃帝、訖于漢武天漢
紀年凡二千四百一十三年、贏一歲十二月裁閏餘也、
出海四十六代
月已義

〔第七九葉表〕

史記正義佚文一卷，瀧川君山所鈔，予獲諸坊賈矣。水澤君校訂史記多年，業有真乃觀，讓諸此書，以爲資料。長澤規識

水澤君云：君山從東北大所藏古活字本鈔出者

〔第七九葉裏〕

二十四史校訂研究叢刊

唐張守節史記正義佚存

下册

〔日〕瀧川資言 著
〔日〕小澤賢二 録文
袁傳璋 校點

中華書局

唐張守節史記正義佚存（卷上）

唐張守節史記正義佚存

五帝本紀第一

一裏一三

博：**名曰軒轅**　鄒曰：作軒冕之服，故曰軒轅。

二表三

博：**幼而徇齊**　幼謂七歲已下時也。（徇音俊。齊，自稽反。楓山，三條，南化）

邑征不享　享，許兩反。

三表一

博：**禽殺蚩尤** 集解 肩髀。髀，白米反。

三裏四

博：**命爲雲師**　命，名也。

三裏六

博：**與爲多焉**　與，猶「比」也。

四表四

草木　草作「卉」。

五表一二

博：**莫不砥屬**　砥，磨石也。取其平也。耳

五裏二

博：**帝嚳高辛**　炎帝作耒耜以利百姓，教民種五穀，故號神〔農〕。

〔第一葉表〕

〔第一葉裏〕

黄帝制輿服宫室等，故號軒轅氏。少昊象日月之始，能師大昊之道，故號少昊氏。此謂象其德也。

博：五裏二一 **其服也士** 服，士之祭服，緇衣練纁裳也。

博：六表二一 **其仁如天** 郭璞注《爾雅》云：仁覆憫下，謂之（昊）〔旻〕？天也。

六裏五 **合和萬** 《正義》「合」作「叶」。慶本標記

博：七裏四 **其民燠鳥獸毲毛** 冬時其民因鳥獸生毲毴細毛之時，博士異字無 常服當□，博綿絮褚衣温之〔一〕，服博以禦冬寒也。褚，音竹呂反。

博：九表六 **乃在璿璣玉衡以齊七政** 蔡邕《天文志》：言天体者有三家，一曰周髀，二曰宣夜，三曰渾天也。

《尚書大傳》云：七政布位錯，日月時之主，五星時之維紀，博，故以此爲七。日月有薄食，五星有掊聚。七者得失，在於人君

富而不驕 《正義》曰：凌上慢下，謂之爲驕。言堯有天下之富而不驕人也。博士史記異字

《尚書·正義》

〔一〕「常服」之「常」字右側旁注「當」字，下標「博」，意謂《博士家本史記異字》「常」作「當」。

之政。《易·繫辭》云：天垂象見吉（也）〔凶〕，聖人象之。日月五星，有吉凶之象，因其變動爲占，七者自異政，故曰七政也。按：五星者名：木曰歲星，火曰熒惑星，土曰鎮星，金曰大白星，水曰辰星也。

一一表一三

堯崩三年之喪畢 「堯崩」以下《孟子》文也。

一四裏五

播時百穀 鄒云：「時」，是也。音如字。或作「蒔」，音侍。

〔第二葉表〕

夏本紀第二

一一裏九

博：**稱以出** 言出教命，皆合衆心，是「稱以出」也。按：稱者，衣服也。禹服緇衣練纁裳，是士之祭服也。《孝經鈎命決》云：「禹吾

〔第二葉裏〕

無間然矣，菲飲食而致孝乎鬼神，惡衣食服而致美乎黻冕。」是也。其義亦通，不及「出」字義也。

二表三
博：泥行乘橇 集解 擿行泥上。擿，天歷反。今乘船，猶云擿舡船，博也。博無

二表六
博：通九（流）〔道〕 通達九州之道路也。

二表七
博：度九山 《釋名》曰：「山者，産也。」貢，博按：洪水已去，九州之山川博所生物産，視地所宜，商而度之，以致其賦也。

二裏一
博：至於衡漳 衡，音横。

二裏四
博：大陸既爲 言水去大陸以成澤。

九裏九
博：朔南暨 朔，北方芮？；南，南方也。言南北及於聲？教，皆從之。

一〇裏四
博：泥行乘橇 橇，音昌蕝反。

與《集解》異

博：**姓姒氏** 一二裏一二 《禮緯》云：禹母脩己吞薏苡而生禹，因姓姒氏。顧野王云：薏苡，干珠也。

殷本紀第三

博：**殷契** 一表三 契，音薛。

因孕生契 一表六、七 浴，音欲，本作「洛」，非也。《三代世表》及《詩傳》云：湯之先爲契，無父，而契母與姊妹浴於玄丘水，有燕銜卵墮之，契母得之，誤吞之，而生契也。

是爲成湯 一裏五 《帝王世紀》云：成湯豐下鋭上，指有胼(胝)胳，倨身揚(目)聲，長九尺，臂四肘，有聖德。張晏曰：禹、湯，皆字也。

〔第三葉表〕

博：二表一 **予大罰殛之**　殛，紀力反，誅也。

博：二表六 **九主之事** 集解 劉向《别録》曰：「九主者」云云。專君，若漢宣之自專自斷，不任賢臣也。法君，若秦孝公用商鞅之法，嚴急之君也。授君，若燕噲授子之之類，是人君不能自理，政歸臣下也。勞君，若禹之勤勞天下也。等君，等者類也。若漢元、成以下，不能好惡，故曰等君也。寄君，若春秋寄公，人困於下，主驕於上，邦分崩離析可立待，故孟軻謂之寄君也。破君，若桀、紂之類也。國君，言獨征一國之政，蔽欺敵人，若智伯之類也。博 三歲社君，在襁褓而主社稷，若周成、漢昭、平之比也。一本云，九主者，法君、勞君、等君、寄君、專君、授君、破君、國君，以三歲社君爲一君，並上八君成九主，恐非也。然伊尹説湯素王九主然伊尹説湯素王九主，當是三

「等君」與《索隱》異。

皇五帝及少昊，咸勤勞天下，廣求賢佐而致太平。而裴氏引此九主，恐非伊尹之意也。

二裏七 **舍我嗇事**　種曰稼，斂曰嗇。

博：三裏四 **朝會以晝**　殷家尚白，晝，日色白也。

伊陟爲相

博：四裏三 **作原命**　伊陟，伊尹子也。原，再也。《書》：大(太)戊贊於湯廟，言伊陟專高(尊，博)，不可使如臣佐。伊陟讓，乃再爲《書》命之，故云《原命》。博

〔第四葉表〕

博：五裏一三〔一〕 **廼使百工營求之野**　工，官也。營，謂刻畫所夢之形像，於野外求之。

博：**說爲胥靡**　爲，音于僞反。胥靡，腐刑也。

〔一〕據鳳文館本《史記》，此條位置標注爲「五表一三」，《佚存》「表」誤書爲「裏」。

周本紀第四

一表六

博：**居期而生子**　期，滿十月。

一裏一

博：**后稷**　稷，若今司徒也。

三表三

伯夷叔齊在孤竹〔集解〕應劭曰：在遼西令支。令支故城在盧龍縣南七十里。按：後漢令支縣屬遼西郡。

五表四

有火自上復于下　周元稱火，後代改之，故秦始皇以爲周火德，稱水德滅之，是也。

五表一二

博：**諸侯咸會曰孳孳無怠**　「曰」作「日」。言日日孳進，其心無有怠慢也。

六表一〇

使師尚父與百夫致師　《注》：環人，掌往來之賓。致師者，挑戰同一事也。

博：摩，猶歷也。御車歷御車壘而行疾，旌旗靡

杜注再校

然而還也。菆，音側留反，字或作「掫」，音菆，箭之美者也。杜預云：「菆，矢善者。」挧，力丈反。掉，田軍[單]反。挧，拂拭馬也。正鞅而還，以示閒暇無懼也。

博：六裏一二 **奉陳常車** 陳，列也。常車，行威儀車也。

七表三 **召公贊采** 《禮樂志》引《史記》，「贊采」作「貢兵」。鄒誕生作「贊策」。

博：八表五 **蜚鴻滿野** 《淮南子》云「夷羊在牧」。按：夷羊，怪獸也。此云「飛鴻滿野」。

《隨巢子》云「飛拾滿野」。《淮南子》「飛蛩滿野」。高誘注云：蛩蟬，蟣蠓之屬也。按：鴻飛拾蛩，則鳥蟲各異，亦須隨文解之，不得引高誘解此也。既云麋鹿在牧，蠓蟣又在野外，則比干、商容之屬忠賢何厝？《詩》見《鴻雁篇》。此文飛鴻用比箕子、微子、比干、商容，被其放棄，若飛野外，或殺或去，顧後君子庶免疑焉。

〔第五葉表〕

〔第五葉裏〕

博：八表一一
何暇寐博士異字。諸本無。言殷雖有不明之臣，猶不棄絶其國，以至于今。我雖滅殷，尚未定知天之保安我否，亦何暇寢而不憂乎？

博：八表一一
貶從殷王受博士異字　貶，退也。受，紂名也。言武王遍求諸罪惡，咸貶退之，莫從殷王受之教令，歸周之聖化也。

博：八表一三
日夜勞來　上郎到反，下郎代反。謂撫循慰勉也。

博：八裏五
顧詹有河《釋例地名》云：三途在河南陸渾縣南五十里。

博：八裏一〇
桃林之虚博士本　虚，音墟。墟，廢林也。

博：一〇表一一
先王耀德不觀〔兵〕博士本　言先王以德光耀四方，不用兵革征伐也。

博：**載戢干戈**　一〇裏一　博士本　顧野王云：「戢，藏兵也。」

博：**終王**　一一表二　博士本　終一王而繼立者乃來朝享。

博：**無勤民於遠**　一一表八　博士　言勤憂萬民，無嫌於遠也。

博：**其有以禦我矣**　一一表　博士本　犬戎能守終極純一堅固之德，必有禦王命也。

博：**正於五罰**　一一裏六　博　集解孔安國曰云云。應，乙陵反，下同。應，當也。

博：**官獄內獄**　一一裏七　博士本　官獄，謂公案正直也。內獄，謂心案無枉濫也。

博：**神人百物無不得極**　一二裏六　極，至也。夫王人者，將導引其利而徧布之，命上下共同也。故神人（而）〔百〕物皆得至其利，而猶日怵惕恐懼，怨之來責也。

〔第六葉表〕

一二裏六

博：**猶日怵惕**《正義》本作「日」。〔日，〕音人質反。

一三表七

博：**近臣盡規**　規，度時之得失也。

一四表六

博：**子幽王〔宫〕腥立**　涅作「湦」，音生。按：本又作「涅」。涅，音乃結反。

一六裏七

博：**天子之二守國高在**　守音狩。《禮記》云：大國三卿，二卿命於天子，一卿命於其君。按：國惠子、高昭子，齊正卿，天子所命。

一七裏一

博：**珪鬯弓矢**　鬯，勑亮反。珪，珪瓚也。孔安國云：以珪爲杓柄，謂之珪瓚。黑黍曰秬，釀以鬯草。

一五表六

哀而收之　夫婦賣檿弧者，宣王欲執殺之，遂逃，於路遇此妖子，哀而收之。

一九表一

太史儋　儋，□甘反。又丁談反。

二一裏七

秦破華陽約　《桃源抄》云：司馬貞云約者，契約之約。宜讀

〔第七葉表〕

「華陽之約」。陸善經云：約，地名。華陽、約，兩地之名。〔第七葉裏〕

秦本紀第五

一表一三

實鳥俗氏 「實」猶「是」。

一七裏一三、一八表一

札：**攻楚取鄢鄧** 鄢、鄧二城竝在襄州。《札記》作「登州」。

一八表一

札：**取郢爲南郡** 《括地志》云：郢城在荆州江陵縣東北六里，楚平王築都之地也。

一八表二

札：**會襄（陽）〔陵〕** 《括地志》云：襄陵，在晉州臨汾縣東北三十五里〔一〕。闞駰《十三州志》云：襄陽，晉大夫郤犨邑也〔二〕。

一八表二

札：**白起爲武安君** 言能撫軍士戰則尅〔三〕，得百姓安集，故號

〔一〕考證本「東北」作「東南」。

〔二〕考證本「襄陽」作「襄陵」，是。

〔三〕考證本「尅」作「剋」。

路歟？洺歟？潞歟？《趙奢傳》

《括地志》武安，故城在潞(路洺)州武安縣西南五十里，七國時趙邑，即趙奢救閼與處也。

《玉海》《通鑑地理今釋》（疑當作「黔中」）〔一〕

札：一八表三 **黔中郡** 《括地志》云：黔中故城，在辰州沅陵縣西二十里。（江南，今黔府亦其地也。）

秦始皇本紀第六

一裏一 **委國事大臣** 慶長本標記：大曰政，小曰事。紀綱法度曰政，動作云爲曰事。

博：率，所類反。二十六年之条歟？

一一裏七 **臨古絶尤** 陸曰：將今之法以臨於古，尤絶也。

一六裏四 **行爲辟方** 行，平聲。〔一〕

〔第八葉表〕

〔一〕《通鑑地理今釋》，應爲《通鑑地理通釋》，《通釋》卷十「黔中」條下無「郡」字。

〔第八葉裏〕

二二裏四

詳以義立我　詳，音羊。

二九裏九

距之稱始皇

項羽本紀第七〔一〕

〔一〕手稿第九葉表、裏，第一〇葉表、裏，第一一葉表、裏，第一二葉表、裏，無記載。

高祖本紀

○**廷中吏** 廷中吏，泗水及沛縣之廷也。狎，輕狎也。侮，慢也。府縣之吏，高祖皆輕慢也。廷，音亭。

○**王媼** 王媼者，王家母。武負者，魏大夫如耳之母也。

○**數倍** 言聖帝所至，皆有福祐，故酒信（售）數倍，及衆驚怪。
六裏一一

○**襄城無遺類** 言項羽曾攻襄城，襄城之人，無問小大〔一〕，盡殺之，無復遺餘種類，皆坑之。《漢書》「噍類」，即依古義。
九表

○**與父老約** 約，省也。省約秦之煩法。「唯三章」，謂殺人、傷人及盜。
一二表

○**漢王從臨晉渡** 臨晉即蒲津關。《通鑑》注
一三表一

○**絕河津** 絕，斷也。河津，即蒲州蒲津關也。蒲津橋即其（此）處也。
一三表二

〔第一三葉表〕

約法三章 《正義》曰：「約，省也，減也。省減秦之煩法。唯三章，謂殺人傷人及盜。」

〔一〕考證本「小大」作「大小」。

豹從同州由橋河東，即斷之而叛漢也。

一三裏四

因殺魏豹 《史記·項羽》及《高祖紀》，《漢書》及《史記·月表》，皆言三年杀魏豹。而《月表》又言周苛、魏豹死在四年夏四月，《月表》誤。

一三裏八

輯河北趙地 「輯」與同「集」，謂和合也。

一五表一二

虜中吾指 恐士卒壞散，故言「中吾指」。

一五裏一二

乃使使者召大司馬周殷 《漢書》云，漢亦遣人誘楚大司馬周殷，殷叛楚以居六，舉九江兵迎黥布。

十七裏五

太公擁篲 崔浩曰：擁，抱也。篲，長箒，卒寺之所把（執）也。按：擁篲，曲腰，曲腰持箒。太公曲腰若擁箒（無）。

十九裏七

楚王梁王皆來送葬 《括地志》曰：「漢太上皇陵，在雍州

◎

正義《漢書》云，韓王信之將曼丘臣、王黃立故趙後利爲王〔一〕。按：故趙，六國時趙也。

〔一〕考證本「王黃立」作「王黃共」。

櫟陽縣北二十五里。《漢書》云：高帝十年太上皇崩，葬萬年縣陵也。」

二一表二

緒反有端矣　《方言》云：端，緒也。

二二表八

吹樂　上尺瑞反，下音岳。以前但有歌兒，今加吹樂。

裏一

小人以僿　先代反，又音四。僿猶細碎也。言周末世文，細碎，鄙陋薄惡，小人之甚。

漢興承敝以忠〔一〕　夏之政忠，忠之敝，其末世敗壞，多威儀，若事鬼神。周人承殷爲文，其末細碎薄陋，文法無有悃誠。故秦人承周不改其敝，反成酷法嚴刑。故漢人承秦苛法，約法三章，反其忠（?敝）政，使民不倦，得天統矣。故太史公引《禮》文爲此贊者，美高祖能變易秦政，使百姓安寧。

〔第一四葉表〕

《禮·表記》子曰第十八

〔一〕手稿「承敝」二字覆在「莫若」字迹上。

呂后本紀

二表二

持酖飲之 酖亦名運日，又食野葛，晝酒中飲，立死。

二裏五

尊公主爲王太后 公主此時爲宣平侯夫人。正以公主先是趙王敖后，其子偃當爲王，今齊王未敢言偃爲王，故先請其母，既未知偃之封號，但言「爲王太后」。下云「賜謚魯太后」，後以偃封魯故也。

六裏八《正義》本作「与」

猶豫 與音預，又作「豫」。《爾雅》云，猶如麐，善登木。《説文》云，猶多疑。師古云：「猶，獸名也。性多疑慮，居山中，忽聞有聲，則恐有人且來害之，每豫上樹，久之無人，然後敢下。須臾又上。如此非一。故不果決稱猶豫。一曰，隴西俗謂犬子爲猶。犬子隨人行，每豫在前待人，不得，還來迎候，故曰猶

太子立爲帝 《正義》曰：即淮（南）（陽）王彊也。此述前事也。

豫。」又曰，猶、豫二獸，竝與狐疑，或有疑事，故曰猶豫。顧野〔王〕曰：猿類矣。

七表一二

平陽侯窋　竹律反，曹參子也。

七裏八

右禯　禯，音但，與「袒」同。

八裏二

即長用事　長，丁丈反。言少帝年少，即長用事，誅害吾輩，群屬無種類。

八裏一三

揺兵罷去　又白北反，又李附反。徐廣曰：音朴。（今本今此注作「仆」）

九表八

民得離戰國之害　離，力智反。

〔第一五葉表〕

孝文本紀

一表九

啑血京師　上音歃。《漢書》作「喋」。《廣雅》云：「蹀，履也。」顔師古云：「字當作『蹀』。蹀，謂履涉之耳。」

二表九

願請閒言　上記閑反。閒，隙也。隙之閒私語也。

二表十

上天子璽符　時掌反。

二裏二

頃王后　頡，紀八反。頃，音傾。

四表四

未有慊志　恨也，未有恩惠之志於民。又慊□反，言未有愜洽之志於民。

八表一

逮從繫長安　上音代，謂追捕從禁長安詔獄。

八裏四

朝那塞　塞，先代反。《括地志》云：「朝那故城，在原州百泉縣西七十里，漢朝那縣城是也。塞即蕭關，今名隴山關。漢文

《括》

帝十四年，匈奴入朝那塞者也。」按：百泉亭即朝那縣之地。鉼，白刑反。

《地理志》云，鉼屬琅琊郡。

八裏九
成侯赤　赤，音呼格反。切

九表四
陳終始傳五德事　《漢書·郊祀志》云：「漢五帝廟同宇，帝一殿陽面，五帝各如其帝色。」《括地志》云：「在渭城。」

九表四
土德應黄龍見　見，音胡練反。韋昭云：「聽聰知正，則黄龍見。文帝尊孝弟力田，又除祕祝肉刑，故黄龍爲之見。」成紀在秦州縣，本漢縣，至今在州北二里。

九表九
歲以有年　言豐年也。

九裏三
天下大酺　古者祭酺，聚錢飲酒。故後世聽民聚飲，皆謂之酺。《漢書》「每有嘉慶，令民大酺」，是其事也。顔《注》云：「因祭

〔第一六葉表〕

酺而與其民長幼相酬，鄭《注》所謂祭酺合醵也。酺，音蒲。」

十表六　侯　徑，《趙世家》

句注　上古優反，下之具反。《括地志》曰：「句注山，一名西陘山，在代州雁

四，《趙世家·正義》

門縣西北三十里。」句，《漢書》「音章句之句」。

十表九

軍棘門《注》：如淳曰：「棘門在横門外也。」横，音光。秦（輿）〔興〕樂宫北門對横？

橋，今渭橋。

十表十二

以振貧民《注》：胡名名廣。　胡公名廣，漢太尉。《百官箴》者，廣所著書名，應劭

著《官儀》之比。

十裏二

直百金　漢法一斤爲一金，一金直萬錢也。百金直千貫。

十裏三

常衣綈衣　綈，厚繒也。

十一表十三

服大紅　顔師古云：云云。按：文帝權制百官而已。輕重之服，不當併言

三十六日。

《括》

十一裏三 無

霸陵 《括地志》云：「霸陵，漢文帝陵，在雍州萬年縣東二十里。霸陵，故（芒）〔芷〕陽也。」《漢（書）〔晉〕春秋》云：「愍帝建興三年，秦人發霸、杜二陵，珠玉綵帛，以千萬計。帝問桑綝曰〔一〕：漢陵中物，何乃多耶？對曰：天子即位一年而爲陵，天下貢賦，三分之，一供宗廟，一供客，一充山陵。武帝享年既久，比崩，茂陵不復容物，赤眉賊不能減半，今猶有朽帛委積，珠玉□盡。此二陵是儉者也。」

郎中令武 張武也。

〔第一七葉表〕

〔一〕手稿「《漢書春秋》」當作「《漢晉春秋》」。「桑綝」之「桑」乃「索」字之形訛。

〔第一七葉裏〕

孝景本紀第十一

一表八
封故相國蕭何孫係爲武陵侯　《蕭何傳》曰：「以武陵縣二千户封何孫嘉爲列侯〔一〕。」《漢書》及《史記·功臣表》皆云：孝景三年，封係爲列侯。恐有二名也。

一表一三
内史　《漢書·百官表》云：「内史，周官，秦因之，掌治京師。景帝二年，分置左内史、右内史。武帝太初元年，右内史更名京兆〔尹〕，左内史更名左馮翊，主爵中尉更名右扶風。」是爲三輔。《地理志》云：役祤故城在雍州同官縣界。漢役祤故城。

二裏二
蘭池　《括地志》：「蘭池陵陂，即秦之蘭池也。在雍州咸陽縣界。《三秦記》云：『始皇都長安，引渭水爲長池，築爲蓬萊山，刻石爲鯨，長二百丈。（以上，《始皇本紀》之《正義》〔一二表〕）劉伯莊云：『此時蘭池毁溢，故堰填。』」

二、表五

〔一〕據《漢書·蕭何傳》，手稿「武陵縣」誤，當作「武陽縣」。

二裏七

繩侯　繩侯未詳。

三裏一

四侯　四侯未詳。

四表四

馬春　春，或龍切。式歟？馬碾磑之類也。先時用馬，今止之。

四表五

不造歲　造，至也。禁天下費米穀，恐食不造歲。至

四裏一

周陽　絳州聞喜縣東二十九里，有周陽故城。《通鑑》注

孝武本紀

二裏四

武夷君　神名。慶長本注

六表一

申功　《漢書·郊祀》云云，及《封禪書》，皆作「申公」。疑「功」錯誤。

三代世表

立明堂　《正義》曰：《括地志》云：「漢明堂在雍州長安縣西北七里，長安故城南門外也。」《關中記》云：「明堂在長安城南門外門之西。」《漢書》：「黃帝曰合宫，虞曰總章，殷曰陽館，周曰明堂。」《漢書》：明堂武帝造。王莽復令大。

十二諸侯年表

六國年表

〔第一九葉表〕

秦楚之際月表

漢興以來諸侯王年表

〔第一九葉裏〕

高祖功臣侯者年表

惠景間侯者年表

建元以來侯者年表

〔第二〇葉表〕

〔第二〇葉裏〕

漢興以來將相名臣年表

禮書

樂書

律書

曆書

小餘三百四十八

〔第二一葉表〕

天官書

封禪書

十二裏九

《括》

明堂　《括地志》云無：「漢明堂在雍州長安縣西北七里，長安故城南門外也。」《關中記》云：「明堂長安城南門外門之西。」《漢書》：黄帝曰合宫，虞曰總車，殷曰陽館，周曰明堂。《漢書》：明堂武帝造，王莽修令大。

調《漢書》

十三表十一

《周禮》

祠竈　《周禮》曰：顓頊氏有子曰黎，爲祝融，以爲竈神。

《功臣表》

十三表一三深澤侯舍人注

《注》徐廣曰深澤侯云云。《功臣表》曰：頭字。？景帝九年有罪絶。頭子夷胡復封，至元朔五年國除。

十四表三

諸藥齊 劑，在西切。劑，皆也。言同諸藥化丹砂皆爲黄金。

十四表七

怪迂之方士 迂，猶遠也。言怪異遠處燕齊之方士，多於相效，更言神事。謂謬忌、少翁、欒大之屬。

《郊祀志》

十五裏四

病鼎湖 《郊祀志》云：采首之銅，（鑄）？鑄鼎荊山之下，有龍垂〔胡〕下迎黄帝。後人名其處曰鼎湖也。

十六表八

太史公 按：二家之説皆非也。如淳云：「《漢儀注》：太史公，武帝置，位在丞相上。天下計書，先上太史公，副上丞相。」《茂陵中書》：「司馬談以太史丞爲太史公。」《自叙傳》云：「生談，爲太史公，仕於建元、元封之間。」又云：「太史公既掌天官，不〔治〕

〔第二二葉表〕

〔第二二葉裏〕

民，有子曰遷。」又云：「太史公遭李陵之禍。」又云：「余述黄初帝以來，至太初訖，凡百（七）〔三〕十篇。」援此而料，明司馬遷父子爲太史公。「太史公」乃司馬遷自題。

一六裏七

不中得 中，謂中政得性也。言與后不共居。

一七表二

食馬肝死耳 《論衡》言盛夏熱而毒，故食馬肝而死。

一七裏二

以衛長公主妻之 劉伯莊云：「衛后女三人，以最長嫁欒大也。」非天子姊妹也。《漢書·外戚傳》云：「衛子夫生三女，元朔三年生男。」據此則是太子之姊。

一七裏七

白茅之上 喻有潔白之德。

一七裏一一

莫不搤捥 搤捥，猶執手也。言海上燕齊之間，方術之士見少君欒大，貴振天下，無不相執手、皆自有禁方，服之，

不引《正義》

能使人神仙矣。冀武帝召之。

一七裏二三

掊視　掊，音白侯反。師古曰：「掊，手抱土也。」

款識　劉伯莊云：「自古諸鼎皆有銘，記識其事。此鼎獨無款識也。」不引《正義》

一九表三

謝曰寶鼎事已決矣尚何以爲　所以謝公孫卿，言寶鼎已決知矣，不須此書。

一九表一二

首山　首山一名雷首山，亦名申修山，名歷山，亦名蒲山，亦名襄山，亦名甘棗山，亦名獨頭山。泰室，嵩高。泰山，岱宗。

一九表一三

斷斬非鬼神者　以邪淫祀神，乃斷斬之。

一九表五〔一〕

龜在鹿中水而洎之　又以水合汁肉內之鹿中也。晉灼曰：「此說合牲

〔第二三葉表〕

〔一〕據鳳文館本《史記》，此條位置標注應爲「二十表五」。

燎也。」

二〇裏四 ？

明應 下於證反。師古云：「明著神光及黄雲之應也。」

二〇裏五

牡荆 晉灼云：「牡荆，節間不相當者。月暈刻之爲券，以畏病者。《萬畢術》云：「以南山牡荆指，病自瘉也。」顔師古曰：「言以畏病。牡荆爲幡竿，而畫幡爲日月龍及星也。」

二一表七

空侯 《釋名》云：「師延所作靡靡樂。後出於桑間濮上之地，蓋空國侯之所好也。」

旅

釋兵 《正義》本作「澤兵」。上音亦。謂飲畢上酒也。

主堂

二一裏七 ？

九皇 按：說同耳。張言「人皇九首，如今人呼牛九頭，以上古質，故言九首也」。

二二表一

命曰嵩高邑　韋昭云：「嵩高有大室。嵩高，總名也。《嵩高山記》云：「山高二千八百丈，周迴七十五里。」」

二二表八

巨公　不引《正義》張晏云：「天子爲天下父，故曰巨公。」

二二表九

大以爲僊人也　大，謂崇大其事。

二二表九

宿留　音秀。

二二裏一

子侯　霍嬗子侯，去疾子也。

二二裏三

一茅三脊　《括地志》云：「辰州盧溪縣西南三百五十里，有苞茅山。《武〔陽〕陵記》云『山際出苞〔包〕茅，有刺而三脊，因名茅山』〔二字無〕是也。」

二二裏一二

毋有復作　毋，音無。復，音伏。毋有，謂弛刑徒也。

二三表五

至九原　秦九原郡城，在勝州榆林縣西界。漢武帝元

八卷一〇裏引《夏本紀·正義》

〔第二四葉表〕

朔二年，更名五原郡。

二三表六

反至甘泉　姚察云：「三月幸緱氏，五月乃至甘泉，則八旬中周萬八千里，其不然乎？」按：《武紀》正月是。

二三表一一

還拜祝祠太一拜祝之「祝」，《正義》作「況」。《漢書·郊祀》「況」字作「祝」。下云「贊饗」，則祝拜也。「況」字誤，當音祝。

二三表一二

壽星　壽星，南極老人星，爲人主之壽命延長之應。當以秋候之南郊，見則國家安樂，所以長年，故謂壽星。

二三表一二

信星　鎮星中主上爲信，爲君之年，爲天子福禄之精。順時而見，所見之分，其下穀自登，有不耕而食、不蠶而衣。故知和平遠近安樂之應。

二三裏八

東甌王　東海王繇，號爲東甌王也。

多訛誤
不可讀

二、表六

二、一四表

二三裏十

以鷄卜 [集解]《漢書音義》曰：「持鷄骨卜，如鼠卜。」鼠卜者，左邊安吉門，用竹篾長四寸，墨並塗通（累）〔黑〕，並安齊等，布粳米七粒置門。右邊安凶門，用粉塗通（日）〔白〕，安置如前，亦米。咒曰：「靈姑今十玄，事若吉，食門外米，仍屎尿凶門下。」

二四表二

通天莖臺 《漢書》無「莖」字，疑衍字。《括地志》云：「通天臺在雍州雲陽西北八十里。武帝以五月避暑，八月乃還。」

一 即黄帝以來祭天圜丘之處。《封禪》、《武紀》《正義》

二四表二 四

回中道 《括地志》云：「回中宮在岐州雍縣西三十里。」按：武帝郊雍五畤，遂通西曰「回中道」，往處曰「中道」也。

二五表二

太元神策 筴，數也。言得十一月甲子朔旦冬至日，禮上帝明堂，是天授古昔上皇創曆泰元神筴之數爲首，故周而復始。

〔第二五葉表〕

〔第二五葉裏〕

二五裏四
玉堂璧門 《漢武故事》云：「玉堂内殿十二門，階陛咸以玉爲之。門門三層，臺高十餘丈。椽首欂以璧造之，因名璧門。」《正義》本「壁」作「璧」。

二五裏七
輦道相屬 輦道，門道也。屬，音燭，續也。

二六表九
石閭〔者〕無 石閭山在兖州博城縣西二十五里。應劭曰：「石閭山在太山正南。」

二六表一一
常山恒山歟？ 即恒州山也。《括地志》云：「在定·州恒陽西北百四十里。《爾雅》云『恒山爲北岳』。《道書搢地記》曰：『恒山高三千二百丈，上方二十里，有太玄之泉、神華草十九種可度俗。』」

二六裏二
凡六祠 謂后土兼上五（反）〔凡〕六祠也。后土在汾（陽）〔陰〕，非寛舒領祠，故别言「凡六祠」。

四、八、裏

河渠書

平準書

〔第二六葉表〕

吴太伯世家

二表一

開晉伐虢也　晉滅虢，在周惠王之二十二年寬永本無？。從武王元年至滅，合？百七十八年。

三裏四

歌邶鄘衛【集解】杜預曰：「武王伐紂分其地爲三監。」《漢書·地理志》云：河内，殷之舊都。周既滅殷，分其畿内爲三國：邶，以封紂子武庚；鄘，管叔尹之；衛，蔡叔尹之：以監殷人，謂之三監。以上慶長本又一本、《周本紀》《音義》云：「自殷都以南爲鄘，蔡叔監之，殷都以北爲邶，霍叔監之。是爲三監。」二説不同，未詳。以上寬永本

四表七

自鄶以下無譏焉　《括地志》云：「故鄶城在鄭州新鄭縣東北四十二三、二里。」不引《正義》《毛詩譜》云：「昔高辛氏火正祝融之墟，歷唐至周，重黎之後妘姓處其地，是爲鄶國之土，爲鄭武公所滅也。」《括地志》

四裏五

象箾南籥　按：北方、南方舞曲也。執羽籥舞，南、北夷之曲也。

六、一四、裏

《詩譜》

六、一三、表

《左傳》

七表九
一匡天下　一説謂陽穀之會，會諸侯云「無障谷，無貯粟，無以妾爲妻」，天下皆從之，故？謂云「一匡天下」。

八裏二
而會諸侯踐土朝周　《括地志》云：「故王宮在鄭州滎澤縣西北四十一五里王宮城中，城内東隅？有踐土臺也。」

九表十
長翟來　夏時號房風，今號長翟。

九表十一
城父　父名甫。

埋之北門　不引《正義》《左傳》云：「埋其首於周首北門。」杜預云：「周首，齊邑也。北穀城縣東北？周守庭。」

十表二
克舍之　舍，音捨。《左傳》云：「郤子曰：『人不艱以死免其君，我殺之，不祥。赦之以勸事君也。』」

十表三
寶器　《左傳》云：「賂以紀甗、玉磬也。」按：甗，玉鐺也。齊伐紀

〔第二九葉表〕

得之，故云紀。甗，無底甑也。

十裏一二

上太行入孟門 《左傳》云：「伐晉爲二隊，入孟門，登太行山。」

十一表九

陪臣爭趣有淫者 言行夜得淫人，受崔杼命討之，不知他命也。此言「爭趣」者，太史公變文。今依字讀，言陪臣但爭向有淫者捉之，更不知他命也。

一一裏一一

崔宗邑不可 言崔杼乃崔家長，其宗邑宗廟所在，不可與成也。杜預云：「濟南東朝縣西北有崔氏城。成欲居崔邑以終老也。」

十二裏一

柏寢 《括地志》云：「柏寢臺在青州千乘縣東北二十一里。《韓子》云：『景公與晏子游於少海，登柏寢之臺，而望其國。公曰：「美哉堂[堂]乎！後代孰將有此？」晏子曰：「其田氏乎？」曰：「寡人有國，而田氏

《左傳》杜注

五、一二、裏

《韓非子》

杜預注

家，誤

有之，奈何？」對曰：「君（欲）奪之，則近賢遠不肖，治其煩亂，緩其刑（輕）罰，賑（服，誤）窮乏，郵孤寡，行恩惠，崇節儉，雖十田氏，其如君（堂）何？」』即此也。」

按：與此文不同也。

一四裏六

成子兄弟四乘如公　杜預云：「成子兄弟：昭子莊、簡子齒、宣子夷、穆子安、廉丘子意、茲子盈、惠子得，凡八子，二人共一乘也。」《齊世家》云：「田常兄弟四人如公宮。」服虔、杜預云八人四乘者，未詳。

十五表一

需者事之賊也　需，音須，待也。言疑惑待事，恐賊害起也。

十五表六

雍門　臨淄北門名雍門也。

〔第三〇葉表〕

二、一六表

魯周公世家

一表三
周公旦者周武王母弟也　《括地志》云：「周公城在岐山縣北九里。此地周之畿内，周公食采之地也。周公、邵公，周室元宰，輔佐文、武、成、康已下。蓋嫡子封于燕、魯，次子食采于畿甸，奕葉爲卿士，故謂之『周公』、『邵公』也。

一表五
盟津　盟作「孟」，地名，津渡黄河處。

一表六
牧野　衛州即牧野東北，去朝歌七十三里。今本「野」下有「之地」二字。

一裏三
負子之責慶長本校　陸曰：「負謂欠責也，德之欠負也。裴氏讀『負』爲『丕』。」不引《正義》

二表二
能念予一人　予，周公也。一人，武王也。

二表八

弗辟而攝行政者　通行本《正義》曰：「辟，音避。」又屏亦反。辟，君也。言我所以不君魯、攝行政，名爲成王少，恐天下叛周也。言不辟者，以成王少，不避管、蔡之流言。（慶校注，不言《正義》）

二裏七

命之曰鴟鴞　《詩》云「寧毁我巢」，難得，以喻帝位，而誅於管、蔡是也。鸋，音寧。鴂，音夬。

二裏五

受命禾得天子命　徐廣云「嘉」一作「魯」字（誤）〔讀〕，竝音「旅命」。《尚書》云？篇及此下文竝作「嘉」字（誤）〔讀〕，不須改「嘉」爲「旅」也。

二裏六

貽王　貽，音怡，與也。

二裏一三

倍依以朝諸侯　倍，音負。依，音於致反。此段重叙周公初攝時也。鄭玄曰：「負之言倍也。」

〔第三一葉表〕

〔第三一葉裏〕

本紀《尚書序》

三頁裏五行

「保施小民不侮鰥寡」下注

按：《殷本紀》云太甲既立三年，不明，暴虐，不遵湯法，亂德。於是伊尹放之桐宮。三年，伊尹攝行政，故當國以朝諸侯。太甲悔過自責，反？善。伊尹乃作《伊訓》三篇，褒帝太甲，稱太宗。明是太甲也。太史公采史云「帝（辛）甲淫亂，殷道復衰」，何能「保施小民，不侮鰥寡」？又按：《帝王年代曆》云：帝甲十六年（傀？），太甲三十三年。明王、孔說是也。

三裏九

其民皆可誅　言紂信爲淫荒逸樂，不顧念於天道，不顧念民之從其化，故其民皆可誅也。

必葬我成周　成王不居成周。按：上文云周公往營成周，以卜居焉，遂國之。以成王必居成周，故云「必葬我成周」，

言
明吾不敢離成王。

四表四

以開金縢書　按《尚書》，武王崩後，周公被流言而東征。王亦未敢誚公，乃有風雨之異。此文乃是周公卒後。疑太史公不見《古文尚書》，有斯乖誤矣。此條否《正義》歟？《古（文）〔史〕考》云：「金縢之事，失其本末。今據《金縢》篇中，克商二年，王有疾不愈。且武王即位崩，何將十年事終而續二年之後，得爲《金縢》之篇後？」孔安國云：「此以上在《大誥》後，因武王喪并見之。」則譙周之言，不虛誕矣。太史公有所見乃作《世家》。

？　持　已

四表一三

凡大木所偃盡起而築之　孔安國云：「木有偃，起而立之，築其根葉，其禾無虧，百穀豐熟，周公之德也。」

四裏七

夫政不簡不易民不有近　爲政之法，必須略而易行，民

太史公不見《古文尚書》

葉《傳》作「桑」

〔第三二葉表〕

則親近。若不簡不易，民則不親近也。

同上

民必歸之 言政平等簡易，親近於民，遠方之衆，必襁負而皈之。周公見伯禽難其禮，故設此言是也。

作肹誓 周公伐三監，魯公伐淮夷，故於費地而盟衆，即東伐淮夷徐、奄之屬。

五表二

敬復之 [敬《注》云一作「振」。]敬，《書》作「祗」。祗，敬也。祗、振古通行。斯例多有，無益其義，竝不録之。

五表二

厲公擢立 擢，音濁。

六表三

太山之邑祊 ?《括地志》云：「祊田在沂州費縣南[東]。《括地志》引《周本紀·正義》許田在許州許昌縣，有魯城，周公廟在焉。杜預云：『成王營成周，有遷都之故，故賜周公許田。』」

六、四、

六裏九

以璧易天子之許田［集解］麋信曰云云。　麋信，字南山，東海人，魏樂平太守。

六裏一三

申繻　繻，音須。

八表八

哀姜恐奔邾　邾，國。兖州鄒縣，古邾國也。

八裏一二

鄋瞞伐宋　仲尼云：「汪罔（《國語》作「芒」）氏之君，守封禺（《國語》「隅」）之山，爲釐姓（《國語》「釐」作「漆」）。在虞、夏、商爲汪罔，周爲長翟，今謂之大人。」其國在湖州武（庚）〔康〕縣，本防氏。杜預云：「鄋瞞，狄國名也，防民之後，漆姓也。」

〔第三三葉表〕

八裏一三

晉之滅路　本傳云「魯宣十五年」。杜預云：「潞，赤狄之別種也。」按：今潞州也。

獲其弟榮如　杜預云：「榮如之弟棼如後死，而先說者，其兄弟伯季相次也。」

襄仲公子遂　服虔曰：「襄仲，公子遂也。」《世本》云「莊公」，無襄仲〔一〕。按：居東門，因號曰東門襄中也。

十表一一

寶器［集解］大屈弨。弨，尺招反，弛貌也，角弓不張也。《禮》云「張弓尚筋，弛弓尚角」是也。

一三表九

甚矣魯道之衰也洙泗之閒齗齗如也　言魯被周公之化，揖讓之禮則從矣，而君臣相弒，何戾之甚！

一二裏五

如越　蘇州西南四十五里橫山南有魯郡村，村內有城。俗云魯哀公如越，越居哀公焉。

〔一〕《世本》云「莊公之子東門襄仲」，此「無」疑誤。

五、六表

二表三、四

南有碣石 《策》注：「碣石山在平州，燕東南。」

燕召公世家第四

一表五

封召公於北燕 集解 宋忠曰：「有南燕，故云北燕。」 無《括地志》云：「滑州城，古之南燕國也。應劭曰：『南燕，姞姓之國、黃帝之後也。』」

一表一〇

巫咸治王家 按：巫咸，吴人。今蘇州常熟縣南海隅山上有巫咸冢及（咸）〔巫〕賢冢。

二表一

十六年與宋衛共伐周惠王云 慶校 劉云：「太史公採北燕之史，而爲世家，無？容錯記。南燕之事，蓋爲北燕。」《正義》杜預云：「燕仲父，南燕伯也。」《周本紀》云：「鄭、虢君怒，鄭與虢君伐殺王子頹，入惠王。」故鄭怒南燕，所以執其仲父。

二表五

山戎來侵我 《左傳》莊三十年「齊人伐山戎」，杜預云：「山戎、

〔第三四葉表〕

〔第三四葉裏〕

北戎，無終國名也。」《括地志》云：「幽州漁陽縣，本北戎無終國。」其後戎滅山戎也。

四、十表

二表一〇

桓公十六年卒　燕四十三代，三桓公，二僖公，二宣公，二惠公，二文公。蓋國微，其謚故重。

三表八

反間　陸云：敵來用己，反用之，故曰反間。軍之所擊，欲擊其軍也。以二文准此，令吾間必索求上數事也。舍之，安置之也。」

顧野王

四表七

效之子之　顧野王云：「效，學也，象也，法也。」

四表八

以徇　徇，行示也。

四表八

孟軻謂齊王　軻，字子輿，鄒人，著《孟子》十四卷，趙岐注。

四表九

北地　北地，謂齊之北境，滄、德等五衆也。

三、六裏

三、十一、裏

劉向《別録》

四裏一〇　　四、五、裏《高祖本紀・正義》　無

聊莒即墨　《括地志》云：「故聊城在博州聊城縣西二十四里。莒即密州莒縣密，《孝景本紀》五、一一《正義》引《括地志》是。即墨故城在萊州膠水縣〔東〕南六十里。」

五表四

中陽　《括地志》：「中陽故城在汾州隰城縣東南十里。」《秦本紀・正義》同

三

敗趙於長平　長平故城在澤州高平縣西二十一里，秦、趙戰時築也。《趙世家》校注《正義》佚文有文字異同。

五裏六

趙聽將渠解燕圍　言將渠初諫燕王，不令伐趙。趙人聞之，必將渠受和者，以識與己之徵故也。

五裏七

榆次　榆次，并州。

六表五

督亢地圖　「地」下有「圖」字者，俗本也。《括地志》無云：「督亢坡在幽州范陽縣東南十里。」劉向《別録》云：「督亢，膏腴之地。」《風

◎

〔第三五葉裏〕

《風俗通》

俗通》云：「亢，漭也，言平望漭漭，無涯際也。亢，澤之無水斥鹵之謂。」

六表一一

措齊晉　措，置也，安也。言燕之地都邑，交在齊、晉之境内也。

管蔡世家第五

一表一一

文王舍伯邑考　舍，音舍。？

二裏二

夏爲晉滅沈　舊沈子國爲楚所滅，後號亭也。？

四表七

爲輔拂　拂，音弼。本作「弼」。

略同《索隱》

四表九

曹叔世家　曹在曹南，因名曹。按：今曹州也。

四裏四

子惠伯兕立〔集解〕孫檢曰　孫檢，或云齊人，不知何代。《史記注》内有此人，其注無别音異，略存名字而已。王（檢）〔儉〕《七志》、阮孝緒《七録》竝無。疑非裴駰所録，恐此人自加之。

五裏二

不用僖負羈　《列女傳》云：「曹僖武氏？妻者，曹大夫僖負羈之妻也。晉公子重耳過曹，曹恭公不禮，聞其駢脅，伺其將浴，設微薄而視之。負羈妻言負羈曰：『吾覩晉公子，其從者三人，皆國相也，皆善戮力以輔一人，必得晉國。若得歸國，必霸諸侯，而討無禮，曹爲首。若曹有難，子必不免。子胡不早自貳焉？且吾聞之：不知其子者視其友，不知其君者視其所使。今其從者皆國相之僕也，則其君必

〔第三六葉表〕

〔第三六葉裏〕

霸王之主也。若加禮焉，必能報施矣；若有罪焉，必能討過。子不早圖，禍至不久矣。』負羈乃遺壺飧，加璧其上。公子受飧反璧。及公子反國，伐曹，乃表負羈之閭，令兵士無入。士民扶老攜弱而赴其閭者，閭外成市。君子謂僖氏之妻能達識矣。」

五裏二一

知唯德之不建　夫治國立政，知唯立？在德。而不建立也，不用僖負羈言，乃美女三百人乘軒車，是不建立德也。

陳杞世家第六

一表四

嬀汭 正義 傳戀反。《括地志》云：「嬀汭水源出蒲州河東縣南首山。」《地記》云：「河東郡首山北，中有二泉，下南流者汭水。蒲坂城中有舜廟，城外有舜宅及二妃壇。」按：河東縣本漢蒲坂縣。

舜子商均爲封國 譙周云：「以虞封舜子。」按：宋州虞城縣。商均封爲虞公。其子虞思事少康爲相，號幕?下。至遂公淮?，事成湯爲司徒。湯滅夏，封爲遂公，號曰虞遂。遂後子孫名希，去殷入周，事王季爲宮尹。希之子遏父，事文王爲陶正。遏父之子滿，武王滅殷，封爲陳侯，賜嬀氏，謚胡公。

〔第三七葉表〕

三、五表　異文

《繹史》

《左傳·正義》參照

一表七

封之於陳 《詩譜》云：「帝舜後有遏父者，爲周武王陶正，武王賴其器用，封其子嬀滿於陳丘、宛丘之側。」按：今陳州城有古陳，城内西北隅也。

一裏一〇

觀國之光利用賓于王 君在親近，而得其位，明習國之禮義，故利於賓於王，言爲王賓。《否卦·〔正〕義》云：「否閉之世，非是人道交通之時，不利君子爲正也。上下不交，而天下困否也。」言利賓於王，逢否困之世，故利君子爲政，必（君）？〔窘〕困也。

二裏九

大夫孔寧 「寧」作「甯」，音寧。

二裏一〇

衷其衣 集解 衷其衵服。《正義》「衵」作「初」？。初，乙尼反，□□承衣。

二裏一三

亦似公 《正義》「公」作「君」。慶校

三裏四

司徒招 「招」作「苕」，同韶。

三裏七

殺陳使者 使者，干徵師也。《左傳》云：昭八年，陳靈公縊，而干徵師使於楚。楚執陳行人干徵師殺之。

四表五

《索隱》同

空籍五歲矣 哀公被楚滅，使棄疾爲陳公五年。及棄疾立爲楚王，而立惠公。探續哀公卒爲元年，故空籍至此五歲也。

四表一三

軍於城父 父，音甫。亳州縣。

四裏四

◎

楚之白公勝 《括地志》無云：「白亭在許州扶溝縣《楚世家》參考北四十五里，即勝所封。」

〔第三八葉表〕

按：白亭在豫州褒信縣者是也。以解在《楚世家》。

四裏六

滅陳 楚惠王十年滅陳，當周敬王四十一年、魯哀公十六年。

五表一〇

公子歘立　歘，音速。《注》同音。

五表一一

楚惠王之四十四年　《年表》云：楚惠王十年滅陳，四十四年滅杞。是杞後陳亡三十四年。然滑公一年，哀公十年，出公十二年，簡公一年，合成二十四年。欠十年，未知何公十年。是太史公疎矣。

五裏二

或封英六　《括地志》曰：「光州固始縣，古蓼國，南蓼地城也。春秋時蓼國也，偃姓，皋陶之後。又有北蓼城，在固始縣北六十里。蓼國有南北二城。◎

壽，《夏紀·正義》

故六城在嘉州安豐縣南百三十二里。《帝王世紀》云：「皋陶生於曲阜之偃北，故帝因之賜姓曰偃也。」英見《春秋》僖十七年《經》。檢無英國，蓋

七、一〇表異

七、一〇裏

英爲蓼耳。

五裏一〇

滕薛騶夏殷周之閒封也　鄒，音邾。《括地志》云：「公丘故城在徐州滕縣西南十五里。秦滕縣城即古滕國，蓋黃帝之子滕姓所封。《世本》又云：滕錯叔繡，周文王子，居滕。封於，《漢地理志》《水經注》今沛國公丘是滕國也。（《世本》卷五、四十四）宋忠云陳國公丘縣也。故薛城在滕縣，故薛侯國，黃帝之子任姓所封。又《左傳》定元年，薛宰云薛之祖奚仲居薛，爲夏車正。奚仲遷於邳。隱十一年《傳》云『滕侯、薛侯來朝』是也。故邾城黃州□□黃岡縣東南一百二十一里。邾子曹姓，終氏之子，會人之後。邾俠居邾，至隱公徙蘄。蘄，今徐州縣也。後又番□□、今滕縣是。又徙鄒，魯穆改邾作鄒。《地理志》云鄒縣，故邾國，曹姓，二十九世爲楚所滅。」然三

〔第三九葉表〕

五、五裏

國微小，春秋時□□□□。

五、八裏

六表一

江黃胡沈　《括地志》云：「安陽故城在豫州新息縣西南八十里。應劭曰：古江國也。《地理志》云：安陽縣，古江國。黃國故城光州定城西十□里，春秋國黃國都也。《續漢書》云：江、黃，嬴姓國也。」胡、沈，解在前。（《五帝紀·正義》）（《楚家·正義》）

六表四

苗裔茲茲　茲，一作「班」。

◎

衛康叔世家第七

一表二

衛康叔　《括地志》曰：「朝歌城在衛州衛縣西二十里。本□□邑，殷都也。不□□□康叔爲君，居河淇間故商墟，（朝歌？）

六、七表

即朝歌是也。《括地志》云：「故康城在許州陽翟縣西北三十五里。《洛陽記》云是少康之故邑。」〔第四〇葉表〕

一表八

成周　《括地志》云：「洛陽故城，在洛州洛陽縣東北二十六里，即成周城也。」

一表一〇

河淇間　黃河自衛州南東北流。淇河在衛州自東南流，至黎陽入河。故言「河、淇間」。不引《正義》

◎

四表三

南河　《括地志》云：「衛州汲縣南河水至此有棘澤之名，亦謂之右濟津，故南津也。《左傳》云僖公二十八年，晉伐曹。曹在衛東，假道于衛，衛人不許。遂自南河濟，即此也。

四裏一

師曹　師曹，樂官；曹，名也。

四裏五

如宿　宿，音戚。

〔第四〇葉裏〕

五裏一三
毋所與　與，音預。

六表一二
公孫敢闔門曰毋入爲也　公孫敢既閉門，因有使者出，子路乃得入。

六表一一
食焉不辟其難　言食君之禄，豈得避其危難也。服虔云：「言食悝之禄，欲救悝難。此明不死國也。」按：服此説恐非也。《仲尼弟子傳》云：「子路曰：『君焉得用孔悝？請得而殺之。』」

六裏一
雖殺之必或繼之　子路云：「太子若不舍孔悝，雖殺之，必有繼續而攻太子。」殺孔悝。

◎六裏八
戎州　《括地志》云：「宋州楚丘縣，古戎州己氏之城也。」《左傳》隱七年：「戎伐凡伯于楚丘以歸。」《括地志》云：「楚丘故城在楚丘縣北三十里，衛楚丘之邑也。」按：諸侯爲衛城楚丘

《左傳》取調

居文公者，即滑州南縣是也。《左傳》哀公十七年：「初，衛莊公登城以望戎州?以問之。以告，公曰：『我姬姓也，何戎之有焉？』」杜預云：「己氏，戎人姓也。呂姜，莊公夫人也。」

秦拔魏東地　東地，謂濮陽、黎陽等地也。

七裏二

更徙衛野王縣　元君徙濮陽，又徙野王。濮陽，濮州縣也。野王，（惰）?〔懷〕州城，古野王邑也。

〔第四一葉表〕

宋微子世家第八

一裏三

吾家保于喪　言紂有淫亂，吾宗室?保喪亡。吾，微子也。

一裏七

今誠得治國　微子言太師、少師無別意，故告我理殷國

〔第四一葉裏〕

也。

一裏一〇
象箸　箸字亦作「楮」？，同音。劉伯莊云「音直慮反」，恐非。按：《説文》云「彼爲象箸，必爲玉杯」。然□□□近？諸，用上音，是也。

二表一三

三表
於乎　烏呼兩音。

《尚書》作「時人德」。按：是其有德之人，合於中正之道，當壽福爵之。

三裏六
王道平平　平，音頻然反。

三裏一〇
曰天子作民父母以爲天下王　是曰者箕子美中正之道，誠可爲天子也。君能守中正，而民順行之，是天子爲父母，而爲天下歸往。

活字本《孔傳》無此句

三裏一二

沈漸剛克　漸，音潛，謂温和也。言温和之人主政，須能剛斷。

四表一

高明柔克　高明謂俊朗。言俊朗之人主政，須能柔和。

四表三

害于而家凶于而國　孔安國曰：「家謂臣，國謂君也。爲上無制，爲下逼上，凶害之道。」

四表四

用側頗辟　辟，音僻。

四表七

衍貣　貣，音督，土得反。

女則有大疑謀及女心　孔安國曰云：「將舉事，而汝則有大疑，先盡汝心以謀慮補《書傳》之，次以及卿士衆民，然後卜筮以決之。」

四裏一一

王眚維歲　眚，山井反。王者省歲之休咎，知民豐儉。此下

〔第四二葉表〕

教王者及民，識歲月之善惡也。

四裏一二

師尹維日　師尹謂長正，若今刺史、縣令。師尹視旬日之變。

五表三

畯民用微　微作□。

五表二

家用不寧　孔安國云：「君失其柄，權臣擅命，治闇賢隱，國家亂也。」《孔傳》無「也」。

五表五

五曰福一曰壽云云　壽，百二十。富，財豐備也。

五表八

疾　孔安國云：「常抱疾苦。」

憂　常憂苦。

貧　困於財。《孔傳》

五表九

朝鮮　朝鮮，潮仙二音。《括地志》云：「高驪鄽都，平壤城。本漢書，衍樂浪

刺史、縣令

八、一二表

六、一三表

郡王儉城，即古朝鮮也。《始皇本紀》、《朝鮮列傳》《正義》

六裏五　十五，《周本紀》

蔡仲　上側界反。《括地志》云：「故祭城在鄭州管城縣東北五十里，鄭大夫祭

敖

仲邑也。杜預云《左傳釋例》云：『祭城在河南，上有穀倉，周公所封也。』」

《周紀·正義》

六裏九

戰於乘丘［集解］徐廣曰：「乘，一作『滕』。」　劉伯莊《音》，滕，食證反。

七裏一一

不困人於阸　阸，音厄，謂阻隘也。

八表一二、一三

敗長翟緣斯於長丘　裴駰云：「《魯世家》云武公之世，得緣斯於長丘。今此云『昭公』，未詳。」按：《春秋》文公十一年，魯敗狄於鹹，獲長翟緣斯於長丘。與《年表》同。《齊世家》云魯惠公二十年，長翟來，王氏成父殺之。《年表》亦同。據《春秋》及《年表》《世家》，年歲符合。《魯世家》云宋武公，是誤。當爲昭公，

〔第四三葉表〕

〔第四三葉裏〕

即符合矣〔一〕。

八裏一一

文馬四百匹 集解 文馬，畫馬也。 畫，胡卦反。

九裏七

司星 《淮南子》高誘《注》云：「司星者，今之太史官。」

三、八表

晉世家第九

一表三

《晉世家·正義》

唐叔虞 餘徐才宋宗《國都城記》云：「唐國因帝堯之裔子所封，爲唐。太叔因故唐侯之地封於唐，在河、汾之東，方百里，故曰唐叔虞。」叔者，仲叔次第；虞，名也。

三、九、裏

一裏七

《括地志》之文

出奔于彘 晉州霍邑縣，本漢彘縣也。鄭玄注《周禮》云：「霍山在彘縣，本春秋霍伯國。」

〔一〕魯無「惠公」，佚文《正義》稱「《齊世家》云魯惠公」，誤。《史記·齊世家》作「惠公二年，長翟來」。此云「二十年」，亦誤。

◎一裏一二**十年伐千畝有功**【集解】杜預曰：「西河界休縣南。」界休縣屬汾州，本漢縣也。

二表六**翼晉君都邑也**　《括地志》云：「故翼城，一名故絳，在絳州翼城東南十五里。《諸侯譜》云：『晉穆公遷都於絳，曾孫孝公改絳爲翼。至献公，又命曰絳。』」

三表八**五年伐驪戎**　殷周之驪戎國城也。（今陝西西安府臨潼縣東有驪戎城。）

四表六**使太子申生伐東山**　《左傳》云：「使太子申生伐東山皐落氏。」《上黨記》：「皐落氏在潞州壺?岡縣城東南山中百五十里，今名平皐赤壤。其地險阻，百姓不居，今空之也。」

四表八**君行則守**　守，音狩。下同。守者，守也。君若巡狩，而令境内

〔第四四葉表〕

監守也。

四裏一
不共是懼　共，音供。

四裏三
衣之偏衣〔集解〕服虔曰：「偏裻之衣。」　顧野王云：「裻，背縫。」

四裏四
佩之金玦　顧野王云：「玦如環而缺不连。」

五裏四
狐裘蒙茸　蒙茸，言狼藉也。

五裏八
重耳遂奔翟《括地志》云：「文城故城在慈州文城縣北四十里。故老云：此城晉文公爲公子時，避驪姬之難，從蒲奔翟，因築此城，人遂呼爲文城。」《風俗通》云：「《春秋傳》曰：狄本山戎之别種也。其後分居，號曰赤翟、白翟。」◎

六表三
虢公醜奔周《左傳》云：「童謡曰：『丙之辰，龍尾伏辰。均服振振，取虢之旂。鶉之賁賁，天策焞焞。火中成軍，虢公其奔。』

其九月十月之交乎？丙子旦，日在尾，月在策，鶉火中，必其時也。冬十二月丙子朔，晉滅虢，虢公醜奔京師。」韋昭曰：「鶉火，鳥星也。賁賁，鶉火星貌也。天策，尾上一星，名傅說。焞焞，近日月之貌。火，焞火也。中，晨中也。成軍，軍有成功也。」

六表一二

河西 河西，謂同、（舟）〔丹〕（木）〔等〕州之地也。河内，謂懷州。

六裏八

荀息曰吾不可負先君言 《國語》云：荀息曰：「昔君問臣臣事君於我，我對『忠貞』。君曰：『何謂也？』『可以利公室，力有所能，無不爲，忠也。葬死者，養生者，死人復生不悔，生人不愧，貞也。』吾言既往矣，豈能欲行吾言，而又愛吾身乎！」

六裏一三

獻公將伐驪戎卜曰齒牙爲禍 《國語》曰：獻公卜伐驪戎，

〔第四五葉表〕

〔第四五葉裏〕

史蘇占之，曰：「勝而不吉。」公飲大夫酒，令司正實爵與史蘇，曰：「飲而無肴。驪戎之役，汝曰勝而不吉，故賞汝以爵，罰汝以無肴。克國得妃，其吉孰大焉？」史蘇卒爵，再拜稽首曰：「兆有之，臣不敢蔽。蔽兆之紀，失臣之官，有二罪焉，何以事君？大罰將及，不唯無肴。」史蘇告大夫曰：「夫有男戎，必有女戎。若晉以男戎勝戎，而戎亦以女戎勝晉。」里克曰：「何如？」史蘇曰：「夏桀伐有施，有施以妹喜女，與伊尹比而亡夏。殷辛伐有蘇，有蘇以妲己女焉，與膠鬲比而亡殷。周幽王伐有褒，有褒以褒姒女焉，與虢石甫比而亡周。」

七裏二三

後十（五）〔四〕年晉亦不昌　劉言改葬後十四年晉君不昌也。寬永本校注

八裏五
御戎　韋昭曰：「晉大夫。御，御公戎車也。」杜預曰：「步陽，郤犨之父也。」
八裏六
惠公馬鷙不行　《左傳》云：「晉戎馬濘而止也。」《國語》云：「晉師潰，戎馬濘而止。」韋昭曰：「濘，泥也。」顔師古曰：「鄭玄云：『鷙，狠也。』」
九表二
愛君而知罪　君，惠公也。知罪，謂惠公倍秦河西地也。言君子之人愛惠公，知惠公倍秦河西地之罪，欲歸惠公以待秦之命耳。
七牢　韋昭云：「饔餼七牢，侯伯之禮也。」
九裏九
賈佗　佗，音陁，即賈季，解在後。《左傳》曰五士，無賈也，乃顛頡之屬也。

〔第四六葉表〕

〔第四六葉裏〕

九裏一三

宦者履鞮　履鞮，即勃鞮也，曰寺人。杜預曰：「寺人，閹人。」《集解》之文

十表八

非以爲可興　興，起也。本作「與」字者非也。

十表一三

衛文公不禮　《國語》云：「衛文公有邢、翟之虞，不禮焉。寧莊子言於公曰：「夫禮，國之紀也；親，民之結也；善，德之建也。國無紀不可以終，民無法不可以固，德無建不可以立。三者君之所慎也。晉公子，善人也，而衛親也。君不禮焉，棄三德矣。」

九裏二一

曹共公不禮　《國語》云：重耳「自衛過宋，曹共公不禮焉。僖負羈謂曰：『愛親明賢，（禮）〔政〕之幹也。禮賓矜窮，禮之宗也。禮以紀政，國之常也。失常不立，君所知也。國君無親，國以爲親。先君叔振，出自文王。晉祖唐叔，出自武王。二王之

嗣，世不廢親。今君棄之，不愛親也。晉公〔子〕年十七年而亡，卿材三人從之，可謂賢矣。而君蔑之，是不明賢也。玉帛酒食，猶糞土也。愛糞土以輕三常，君其圖之。』公不聽。」韋昭曰：「三常：政幹、禮宗、國常也。」

九裏六

告其主 主，齊女也。

辟王三舍 《國語》云公子曰：「治兵，會于中原，避君三舍。若不獲命，其左執鞭弭，右屬櫜鞬，以與君周旋。」韋昭云：「弓無緣者謂之弭。櫜，矢房。鞬，弓衣也。言以禮避君，君不旋，乃敢左執弓、右屬矢，與君周旋馳逐也。」

十一表一

去過宋 《國語》曰：「重耳過宋，與司馬公孫固相善。固言於襄公曰：『晉公子亡長幼矣，而好善不厭，父事狐偃，師事

〔第四七葉表〕

〔第四七葉裏〕

趙衰，長賈它。君其圖之。』襄公從之，贈馬二十乘也。」《世本》云：「公孫固，宋莊公孫也。」

十一表七

以適諸侯禮待之　適，音敵。《國語》云：重耳「如楚，楚成王周禮享之，九獻，庭實旅百。」韋昭云：「九獻，上公之享。庭實，庭中之陳也。百，舉成數也。《周禮》：上公出入，五積饔餼，九牢，采百有二十，筥醯百有二十，饔禾十車，芻薪倍禾也。」

與重耳飲　《國語》云秦伯饗重耳，賦《采叔》。《采叔》，《小雅》篇名，詩云：「君子來朝，何以錫予之？雖無予之，路車乘馬。」

一一裏八

歌黍苗詩［集解］韋昭曰：「《詩》云：『芃芃黍苗。』」芃，音馮。

十二表

□□□　何以爲盟。

十二表六
秦兵圍令狐 《括地志》令狐故城在蒲州猗氏縣西四十五里。界，《秦本紀·正義》

十三表七
龍欲上天五蛇爲輔 龍，文公也。五蛇，趙衰、狐偃、賈佗、先軫、魏武子也。其餘不名者數十人。然子推非五士數，從者傷子推隱而死，故作歌以感文公，見世重五士耳，即云「五蛇爲輔」，不究子推不在五名之中。後代賢者妄列五蛇之名，以子推爲數，徒虛語耳。請後君子無疑焉。◎

一三裏一三
河南 《括地志》曰：「南津亦名濟津曰寺，又名棘津，在衛州汝縣南。文公度河伐曹即是也。」◎

一四裏九
作王宮于踐土 《括地志》云：「故王宮在鄭州滎澤縣北（四）十五里王宮城中。今城内東北隅有踐土臺。衡雍、踐土相去二十餘里。」《周本紀》正

〔第四八葉表〕

三、六表

按：五蛇漫舉，不的斥其人，而子推自在其中。不然「一蛇獨怨」二句不可解。

六、一四表　異文

〔第四八葉裏〕

一五表一

秬鬯　孔安國曰：「鬯，香草。」顧野王云：「瓚以革頭者器，可以把鬯也。」

十五表三

王若曰父義和　王，平王也。孔安國云：「文侯同姓，稱曰『父』。義和，字也。稱『父』者非一人，故以字别之。」按：「王若曰父義和」至「永其在位」，是《尚書》命晉文侯仇之文。而太史公採《左傳》作此《世家》。然平王至襄王六代，文侯仇至文公重耳十一代，縣隔一百三十餘年，極疎謬矣。及裴氏於孔、馬注不考，年代亦依前，失矣。《左傳》、《尚書》各有文。蓋周襄王自命文公作侯伯及賜弓矢，《左傳》文分明。而太史公引《尚書》平王命文侯之文，太史公誤。

一五裏六

朝王於踐土　賈逵云：「河陽，晉之温也。踐土，鄭也。」按：王宮

「六代」作「七代」

是。

先蔑將左行 集解 杜預曰：「三行無佐，疑大夫帥也。」 三行 行，胡郎反。《注》：「三行無佐，疑大夫（行）〔帥〕也。」不置佐者，當避天子也。或初置三行，官未備耳。云「大夫帥」者，恐非也。

一六表二
令使謂秦繆公 《左傳》云：「若使燭之武至秦軍，師必退。」杜預云：「燭之武，鄭大夫。」

一六表六
秦兵過我郊 過，□卧反。

一六表一一
墨衰絰 衰，七回反。

一六裏二
取晉汪 《左傳》文公二年冬，先且居等伐秦，取彭衙而還。《括地志》云：「彭衙故城，同州白水縣東北六十里。」《秦紀》正 今按：汪與彭衙相近，在同州北二百五十里。當是秦使孟明視

〔第四九葉表〕

一、一三表

〔第四九葉裏〕

等報殽之役，取晉汪，至冬，晉使先且居伐秦，取汪及彭衙也。

十六裏四

◎**取王官**　《正義》云云。《括地志》云：「又王官故城，在蒲州猗氏縣南二里。」若渡河取，蓋此城也。慶長本

一六裏一〇　？

賈季　賈季，韋昭云：「賈季，晉大夫狐偃之子射姑也，食采於賈，字季，名他。」《世本》云小狐射姑。

一六裏七

咎季　咎季，字子犯。杜預曰：「臼季，胥臣也。」杜預曰：「臼季，胥臣也。」〔一〕《世本》云「狐偃也」。

不如其弟樂　即辰嬴子也。辰嬴，秦宗女，子圉妻。秦以妻重耳。

一七表一

使士會如秦　士會，字季，晉卿士蔿之孫，成伯缺之子季

〔一〕手稿下「杜預曰臼季胥臣也」八字鈔重，應删。

武子也。食采於隨、范，故曰隨會。又曰士會，又曰范子。

一七裏四

車八百乘　八百乘，六萬人也。

一八表五

觴三行　行酒三遍。《左傳》云：「提彌明曰：『臣侍君宴，過三爵，非禮也。』遂扶以下。」

一九表六

智罃　智罃，武伯荀罃。

十九表八

伯宗　《世本》：「伯宗，伯州犁祖。」

《世本》無

一九表九

紿　紿，詐也。

一九裏一一

晉以巫臣爲邢大夫　昔殷時邢侯國也。周公旦子復封邢侯，都□。按：申公巫臣亦爲此大夫也。

〔第五〇葉表〕

一、一三表

一九裏八

蕭桐姪子　解在《齊世家》也。

二〇表一

梁山崩　《括地志》云：「梁山原在同州韓城縣東南十九里，《夏本紀》

〔第五〇葉裏〕

其山東西臨河，東南崩跡存焉。」《公羊傳》云「梁山崩，雍河，三日不流」。《穀梁傳》云成公五年，「梁山崩」。晉公召伯宗，用輦者之言：「?令君率群臣哭，斯流矣。」如其言，河乃流也。

二〇表二

問伯宗伯宗以爲不足怪也 集解 伯宗隱其人。　用輦者之言，不書其名，曰「隱」。

二〇表九

使呂相讓秦　賈逵云：「呂相，（秦）〔晉〕大夫。」杜預曰：「魏錡子也。」

二〇表一〇

譏伯宗殺之　《左傳》云：「初，伯宗每朝，其妻必戒之曰：『盜憎主人，民惡其上，子好直言，必及於難也。』」

二〇裏三

暨陽穀進酒　穀陽豎。杜預云：「穀陽，子反内豎也。」

二〇裏七

子周　子周，晉悼公也。《世本》云襄公生桓伯捷，捷生悼公周也。

《世本》無

二〇裏九

使人之周　按：周，洛陽。時周王都洛。《年表》云立襄公子糾爲悼也。《年表》再考

二一表九

朝武宮　杜預云：「武公，曲沃始命君也。」

二一裏二

逐不臣者七人　杜預云：「夷羊五之屬。」

二一裏六、七

或諫公　《左傳》云：「羊舌赤對曰：『絳無二志，事君不避難，有罪不逃刑，其將來辭。』魏絳至，曰：『臣聞「師衆以順爲武，軍事有死無犯爲敬」。君合諸侯，臣（不敢）〔敢不〕敬？君師不武，執事不敬，罪莫大焉。臣懼其死，以及楊干，無所逃罪。』」

◎

二一裏九

秦取我櫟　櫟，音歷。《括地志》曰：「河内陽翟縣〔一〕，古櫟邑也。」《左傳》云：襄十一年，秦庶長鮑帥師伐晉，以救鄭於輔氏。秦、晉戰于櫟，晉師敗績。杜預云：「從輔氏度河也。」《年表》云使

〔第五一葉表〕

〔一〕手稿「河内」之「内」字抄誤，當爲「南」字之形訛。

〔第五一葉裏〕

庶長伐晉收鄭〔一〕，敗之櫟。按此二文是陽翟也。

二一裏一〇

六卿 韓、魏、趙、范、中行、知氏也。

二一裏一〇

師曠 晉樂大師野。

二一裏一〇

棫林 音或。杜預云：「棫林，秦地也。」

二二裏三

相惡於君 《左傳》云：「祁勝與鄔臧通室。祁盈遂執之。晉侯用荀櫟言執祁盈。夏六月，晉殺祁盈及楊食我。」杜預云：「祁勝、鄔臧，祁盈家臣也。通室，易妻也。」

二二裏六

不信欲殺午 趙鞅定十一年伐衛。衛懼，貢五百家，鞅置之邯鄲。今欲徙之晉陽，歸告其父兄，父兄不許。倍言，是不信。

二二裏八

韓不信 《世本》云：「不信，韓宣子孫簡子也。」《史記索隱》：《春秋分記》：《世本》卷五、三六「簡子名不信」。

〔一〕手稿「收」當爲「救」字之形訛。

史記索隱《世本》云：「獻子生簡子取，取生簡子多。」《世本注》澍按：「多，即《左傳》魏曼多也。《史記》魏襄子生魏侈。司馬貞云：侈，一本作『哆』，字誤。世數亦錯，則侈是襄子，中間少簡子一代。」

二二裏八

魏侈　即魏襄子，《左傳》作魏曼多。《世本》云：「魏襄子多也。」

二二裏一一

黄池　黄池在汴州封丘縣南七里，去汴州四十三里。

二三表四

是爲哀公　諸說立不同。疑《年表》爲長也。

二三表一〇

晉畏　宋忠引此《世家》注《世本》？云：「晉哀。」

？**靜公俱酒立**　《世本》云：「生靖且也。」

楚世家〔第十〕

卷章生重黎　《帝繫》云：「顓頊取（娶）于騰墳（隍）氏女，生老童，是爲楚先也。」《世本》云：「老童取根水氏之子，謂之繑禍〔一〕，產重黎

〔第五二葉表〕

〔一〕手稿旁注：張澍《稡集補注世本》卷四引《左》昭十七年《疏》、《山海經・注》：「老童娶於根水氏，謂之驕福，產重及黎。」《注》云：「根水，史作『即水』，又作『竭水』；『驕福』，《大戴記》、《山海經》引《世本》作『驕[illegible]』，《人表》作『驕極』。」按，據本書前引《世本》所標卷、葉，知本條所參校《世本》爲二酉堂丛書本。

及吴回也。」

一表六

重黎爲帝嚳高辛居火正　此重黎，火正也。少昊之後重，木正也。則知此重黎則非彼重也。

一表八

共工氏作亂　杜預云：「共工氏在太昊後、神農前，以水名官也。」

一表九　是生，《索隱》三年，《索》

吴回生陸終　《世本》云：「陸終娶鬼方氏之妹，謂之女嬇，産六子，孕而不毓

《索》：剖其左脅獲三人焉，剖其右脅獲三人焉。

三年，啓其右脇，六人出焉。」

一裏一

昆吾　虞翻云：「昆吾名樊。」未詳熟也。

一裏二

參胡　參，采含反。

四表二

夔不祀祝融鬻熊　《左傳》云楚以其不祀鬻熊，使鬭宜申帥師滅夔，以夔子歸是也。

四裏一二

六蓼　應劭云：「六，江國也。」《續漢書》云：「高、肸〔一〕，姓也。」

七表一〇

山林　《正義》：「山林」作「山川」。

七裏七

常壽過　姓常，名壽過。

八表一一

芋尹　種芋園之尹也。

八表一二

釐澤　上力其反。《左傳》云：「乃求王，遇諸棘闈以歸。」杜預曰：「棘，里名。闈，門也。」

八裏四

江上　江上，即江邊也。

八裏八

兩王　謂靈王及子比也。

八裏一〇

獲五率　率，所類反。五帥，謂伐徐時蕩侯等五大夫也。督，《正義》本作「裻」，音督。

九裏二

先神命　謂埋璧之時也。

〔第五三葉表〕

〔一〕「高肸」，《續漢書·郡國志》作「𣎆」。

九裏九

子餘子犯　子餘，趙衰。子犯，狐偃也。

◎**尚至胥不至**　《左傳》云伍尚爲棠君。《括地志》云：「揚州六合縣，本春秋時棠邑，伍尚爲大夫也。」

一〇裏三

◎**雲夢**　《括地志》云「雲夢澤在安州安陸縣東南五十里」，是。

一〇裏四

鄖公　鄖公。《左傳》云：「楚子殺成然，使鬭辛居鄖。」韋昭云：「鄖公，令尹子文玄孫曼成然之子鬭辛。」

大梁榆關　《年表》云悼王三年，歸榆關于鄭。按：榆關當鄭之南、大梁之西也。榆關在大梁之境，此時屬楚，故云「敗我大梁、榆關」也。

張丑僞　《正義》作「張丑爲」。爲，音僞。言張丑爲田嬰故，僞設此辭。

□□　音金？

一四表十

此國冠之上　冠，音官，後同。楚國之官，令尹最高。昭陽已爲令尹矣，若人冠冕在首？，冠之上不可更加。

一五表一

商於之地方六百里　《荆州圖副》云：「鄧州内鄉縣七里，張儀所謂『商於之地』。」

一七表三

王甚善之　昭雎言韓以得武遂於秦，西界至河？山，必親楚，是昭王之甚善楚。

一七表四

弗敢棄疾也　言齊、韓尊重秦？相。相樗里疾。疾得齊、韓尊重秦王，而齊、韓又與楚親，疾必不敢棄也。今又益楚之重樗里疾，疾必言秦王歸楚侵地。

一八表六

下東國　楚之下國最在東，故曰「下東國」，即楚淮北。

〔第五四葉表〕

十八表一三

趙主父在代　父音甫，武靈王也。

一九表二

六雙　謂與秦、魏、燕、趙、齊、魯、韓、衛、鄒、費、郯、邳者，合十二國也。

一九表一〇慶本

綪繳　綪，卷也。膺，前也。

一九表一

西河　謂龍門河也。

一九表二二

碆新繳　徐廣云：「以石傅弋繳曰碆。」按：爲，爲繳繩也。

三國布䎽　䎽亦作「翄」，音式豉反。三國共布翄，言和同也。楚、趙、燕和同，而收關東，從不待而成。

二〇表三

膺擊　《正義》作「鷹」。如鷹鳥之擊也。

二〇表二二

南器以尊楚　言欲取周寶，更南輸楚也。

二〇表二一

弒共主臣世君　天下共尊，今欲殺之，故言殺「共主」。周世

〔第五五葉表〕

君天下，故言「世君」也。

同上

鋭士死甲士傷而晉不拔　言韓之欲圖周倍於楚。

二〇裏一三

虎肉臊其兵利身　虎有爪牙，以衛其身，若人身加兵，故其兵利身。臊亦作「膆」。

二一表九

《爾雅》

三翮六翼　翮，當作「鬲」，音歷。《爾雅》云：「附耳外謂之釴，款足謂之鬲」，曲足鼎也。翼，近鼎耳也。三鬲六翼，即九鼎。

二一表一三

左徒　左徒，官名。爾時黃歇爲左徒，侍太子於秦也。

二一裏五

秦兵去　《年表》云六年春申君救趙，七年救趙新中，八年取魯封莒，十年徙於鉅陽，十五年春申君徙封吴。

王翦破我軍於蘄　蘄，音機，又音圻。《地理志》云沛郡蘄縣也。〔一〕

〔一〕手稿第五五葉裏，第五六葉表、裏，無記載。

越王句踐世家第十一

一表三
越王句踐　句踐，越王名也。今越州也。周元王命爲伯也。

一裏七
持滿者與天　言執持滿足之德，維天能之。《越絶》云：「天道盈而不溢，盛而不驕。」定傾危之計，唯人能之。《越絶》云：「地貴定傾，人貴節事。」與此文反也。

三表二一
置吴東門　越後（悔）滅吴也，從闔閭城東南開示浦，以子胥夢示之，是從東門滅吴也。

棲吴王於姑蘇之山　夫差棲於姑蘇山，轉戰于西北，敗干遂。《札記》引《吴郡志》

四裏六
教寡人伐吴七術　（《正義》曰云云「承其弊」）故曰：「九者勿患，戒口勿傳，以取天下不難，況於吴乎！」

〔第五七葉表〕

五表四

爲不得晉　晉，即韓、魏也。爾時三晉滅其君，已三十餘年矣。

五表八

所重於得晉　重，猶珍器之也。

五裏五

得志於楚也　齊國泗上界楚，秦出武關侵楚，韓西葉、陽翟鄰楚，魏南陳、上蔡接楚。言四國欲伐楚，是得其志於楚也。

五裏六

不耕而穫　言齊、秦攻楚，韓雖舉兵，猶未戰而以得地，是「不耕而穫之」。

五裏六

頓刃於河山之閒　言韓、魏頓刃於黃河、華山之閒，猶權？爲秦使役？也。

奈何其以此王也　其？以此失計猶爲王也。

五裏九
是目論也　論，郎頓反。齊使云越王知晉之失計，不自知己分，越王之過，猶人眼見毫毛而不見其睫，故云「目論」。

六裏二
范蠡事越王句踐　集解《太史公素王妙論》曰　《七略》云《素王妙論》二卷，司馬□撰也。

六裏一三
鴟夷子皮　吴王誅子胥，盛以鴟夷子皮，棄之江中。蠡既去越，比之子胥，故自稱鴟夷子皮。鴟夷以馬革爲之，形若榼也。韋昭曰：「鴟夷，革囊也。」《韓子》云：「鴟夷子皮事田成子，去齊之燕，子皮從之。」

七表七
耕畜廢居　畜，許六反，養五牸也。耕，耕田也。廢，停也。居，貯也。停賤物，貴而賣之也。

七裏九
不宿誠　宿，猶預也。言此朱公之金，有如病患，須固看守，

〔第五八葉表〕

而言不預誡，後復皈朱公，慎莫動也。一云有如病，此金欲用之也。〔第五八葉裏〕

鄭世家第十二

一表三 **鄭桓公** 《毛詩譜》云鄭國者，宗周畿内之故國。宣王封其弟友於棫林之地，是爲鄭桓公。

一表五、六 **幽王以爲司徒** 《詩序》曰「鄭桓公爲司徒，善於其職，國人宜之，故賦《緇衣》之詩」是也。《左傳》云桓公友入爲司徒，及子武公亦爲之。

一表六 **河雒之間** 河、雒之間，黄河之南，洛水之北。

《詩序》

《毛詩疏》

◎

一裏一〇

虢鄶果獻十邑 《括地志》云：「故莘城，在鄭州管城縣南三十里。」鄢，今許州鄢陵是。杜預曰：「鄢，潁川鄢陵縣。」即汜水縣也。餘邑皆相近，未詳的處。《毛詩·疏》云：「世説虢、鄶果獻十邑。如《世家》言，則桓公自取十邑。而云『死後武公取』者，司馬遷見《國語》『史伯爲公謀取十邑』之文，不知桓公身未得，故傅會爲此説耳。《外傳》云：『皆子男之國，虢、鄶爲大。』則八邑各爲其國，非虢、鄶之地，無由得獻之桓公也。明司馬遷之説謬耳。」

一裏二

竟國之 應劭曰：「鄭武公與平王東遷，更稱新鄭是也。」

五裏七

敗秦兵於汪 汪，烏黄反，在同州北二百里，彭衙相近也。

六裏一一

有死無隕 有死亦不隕墜晉君命也。

〔第五九葉表〕

〔第五九葉裏〕

七表四
睔　睔，大目。

八表五
主辰　杜預云：「主辰，主祀辰。辰，火正也。」《左傳》襄九年云：「陶唐氏之火正閼伯居商丘，祀大火。」大火，心星也。

趙世家第十三

一表九
盜驪　盜，竊，竊，淺也；驪，黑。

驊騮　驊，黄也。騮，□也。《穆天子傳》云：「赤驥、盜驪、白義、渠黄、驊騮、騄耳、踰輪、山子，此八駿也。」

一表一三
穆王日馳千里馬攻徐　按：穆王元年，去楚文王元年三

八、三裏

百一十餘年也。

一表一〇

見西王母樂之忘歸　《穆天子傳》曰：「穆王觴西王母于瑶池之上。西征至于崑崙之丘，見西王母。其年王母來見，賓于昭宮。」《括地志》云：「崑崙山在肅州酒泉縣南八十里。《十六國春秋》云：『酒泉南山，崑崙之丘也。周穆王見西王母，（忘）〔樂〕而忘歸，即謂此山。有石室王母臺堂，瑶璣鏤飾，煥若神宮也。』」

二表一一

臑不熟　臑，煮熟也。熊掌難熟，如煮凡肉，熊掌猶不熟也。

二裏一

君子譏盾　君子，謂孔子也。

四裏一〇

告公孫支與子輿曰　謂受下教命也。

〔第六〇葉表〕

五表三

鈞天 《淮南子》：「中央曰鈞天。」

五表一三

吾有所見子晰也 晰，星歷官，其字從「白」。晰，白也。言於帝側見子晰白之明記識也。

五裏一〇

簡子問其姓而延之以官 簡子問何姓，又延之何官也。以歟

六裏五

荀躒 《正義》作「櫟」。

六裏七

韓不佞 （《正義》作「韓不信」。《注》曰。）韓簡子也。信，本作「佞」也。

七表四

鄂鄂 直也。

七裏一一

宰人各以枓擊殺代王 各，音洛。

八表一三

脩下而馮左衽界乘 馮，音憑，依也。左衽，胡服也。界，即「介」也，乘馬被甲。

十裏五

葛孽 二城名。孽，魚桀反。

《世本》無

十一裏一

武靈王 《世本》云：「肅侯語生武靈王雍。」《索隱》：「《世本》：『肅侯名語。』」《國策補注》云：「《世本》『名言』。疑字脱其半。肅侯子武靈王名雍。」

十二表五

其女娃嬴 娃，於佳反。孟，長也。姚，舜姓也。

十二表九

臏臏，頻忍反，脛骨也。

十二裏一三

吾將胡服騎射 《趙策》吴師道《注》引《正義》云：「胡服，今時服。廢除裘裳也。」

一三表六

驅世以笑我 驅，音區；驅，盡也。謂盡一世以笑我也。

一三表七

緤音洩。

一四裏一〇

虙戲 伏羲同音。

與《秦本紀》異

一四裏一一

器械 内盛曰器，盂椀之屬。外盛曰械，刀鋸之屬也。

一五表一

是鄒魯無奇行也 言鄒、魯儒服長纓，非志好奇淫蕩也，而生孔子、顏回、曾參、閔損，皆奇行也。

一五表二

俗僻者民易 言吴、越僻處海隅，其民疎誕簡易也，而生巫咸、巫賢、太公呂尚、吴季札、言偃，皆秀士也。

〔第六一葉表〕

一五表五

以書御者　以儒學之人爲御。

一七表二

儽然　儽，亦追反，低垂貌。儽，失意也。《孔子世家》「儽然若喪家之狗」。

一七表二

爵鷇　按：鳥子受哺者謂之鷇，鳥啄食者謂之鶵也。

一八裏五

非王有已　音以爾反。云已此也。

一九表二

宜爲上佼　佼，音効，功勞也。

二〇表八

自恕　恕，音庶。劉伯莊云：「猶自忖度也。」

二一表三

不能持無功之尊　持，猶執。

卒四十餘萬皆阬之　《白起傳》云：「斬首虜四十五萬人。」《括地志》云：「頭
◎　顱山，一名白起臺，在澤州高平縣西五里。《上黨記》云：『秦阬趙兵，收頭
顱築臺於壘中，因山爲臺，崔

嵬桀?起，今號白起臺也。』」

二二表八

王還不聽秦　還，猶仍也。

二二表九

蘇射　射，音赤。

二三表三

延陵鈞　鈞，名也。

二三表四

龍兑　兑，音奪。

二三裏一

春平君　春平未詳。

二三裏六

城韓皋　韓皋未詳。

二四表七

饑民譌言　譌，音訛。

魏世家第十四

一表一〇

今命之大 命，名也。

一表一一

屯固比入 屯難，故須堅固。比，親近，故云「入」。

二表三

魏侈 侈，音他。

《世本》云：「獻子桒生（荼，《索隱》、《禮記・正義》）懿子游及（《禮記・正義》無「懿子游及」四字）簡子取，取生襄子多，多生桓子駒，駒生文侯斯其（《禮記・正義》無「其」字）。」與此不同，古書誤也。

二表九

繁龐 繁龐蓋在同州。

四裏三

適子 適，音嫡。是故舊所言，故曰「故曰」也。

四裏二

敗韓于馬陵 此馬陵在魏州原城縣東面一里〔一〕。

四裏三

齊取我觀 《正義》：「《國語》云下啓有五觀上。」慶長本有「觀國，夏啓子太康第五弟之所封也。夏衰，滅之矣」二十餘字。

《正義》曰：「過，光臥反。文（公）〔侯〕軾干木閭也。皇甫謐《高士傳》云：『木，晉人……』《淮南子》云：『段干木，晉之大駔，而爲文侯師。』」

〔一〕「東面」，疑應爲「東南」。

七表九　？

魏相田需死　需，作「需」，音須。

九表二一

丈人芒然　芒，莫唐反。

九裏二

足以爲與也　與，黨與也。

九裏六

范痤　痤，在和反。

十一裏六？

不可得也　不可得合從也。

一一裏六

秦橈之　橈，曲也。

識亡　講，猶和。誘諸侯伐韓，無不從者也。

韓世家第十五

武子後三世有韓厥　《世本》云：「桓叔生子萬，萬生勝伯，勝（賕，《索隱》、《左傳・疏》）

〔第六三葉表〕

〔第六三葉裏〕

伯生定伯簡，簡生與，與生獻子厥：並居韓。」按：桓叔，晉文侯弟獻成師也，晉昭公封之曲沃，號曰桓叔。《考證》引《左傳・正義》所引《世本》原文參照。

一裏八

宣子卒子貞子 《世本》云：「宣子起，生平子須。」《索隱》、《左傳・疏》「頃」。《世本》注：《索隱》引《世本》云：「平子名頃，宣子子也。」頃，《春秋分紀》引《世本》作「須」。平子，《史記》作「貞子」。

二表二一

陵觀 音館。未詳。

二表二、二三

申不害相韓 不害，河南人，作《申子》三卷，在法家也。

三表三

以一易二之計也 一，謂賂秦一名都。二，使秦不伐韓，而又與之伐楚。

三裏二

以楚徇韓 徇，行示也。言爲前鋒。

四裏一一

收璽 其言語云昭魚遇於商於，擬相秦而收其相璽，而實類其終契謀伐韓也。

公何爲韓求質子於楚 爲，于僞反。下同。

興，《索》：《左傳・疏》成二

《成二年・疏》：「賕伯生子輿，子輿生獻子厥。」《宣二年・疏》引此文並脱定伯一代。「子輿」，韋昭《注》作「子鎮」。

五裏七

夏山 夏山未詳。

五裏一二

是可以爲公之主使乎 爲，如字。言使甚多，獨筮爲之主也。

田敬仲完世家第十六

一表三

陳厲公佗之子 佗，同何反。譙周云：「《春秋傳》謂，他即五父。《世家》與《傳》違。」案：《左傳》云，厲公名躍，而佗未踰年，無謚。又桓六年《經》云「蔡人殺他」，又莊二十二年《傳》云「陳厲公，蔡出也，故蔡人殺五父而立之」，則他與五父俱爲蔡所殺。其名雖異，其實則同，他與五父是一人明矣。而《史記》以

〔第六四葉表〕

〔第六四葉裏〕

他爲厲公，以躍爲利公，恐太史公誤，又恐當有所別見。班固又以厲公爲桓公弟，重誤矣。

一表五 **賓于王** 杜預曰：「此《周易·觀卦》六四爻辭也。四爲諸侯，變而之乾者，有國朝王之象。《易》之爲書，六爻皆有變象，又有互體，聖人隨其義而論之。」《易·正義》云：「居觀（之時）居在近，而得其位，明習國之禮儀，故曰宜利賓于王庭也，爲王賓也。」《否卦·正義》曰：「否，閉之也，非是人道交通之時，不利君子爲正也。上下不（矣）〔交〕，而天下無國也。」言利干王庭，位于無國之世，故利君子爲不正，必代君有國。

《易·正義》

？

至此據《正義》

一表六 **不在此而在異國乎** 六四爻變，內卦爲本國，外卦爲異國，六四在外，故爲異國也。

無杜注文，下文有之

〔第六五葉表〕

一表七 **必姜姓** 六四爻是辛未爻，《觀》上體《巽》，未爲羊，巽爲女，以女乘羊，故爲「姜」。姜，齊姓，必知在齊也。

一表六 **在子孫** 內（外）〔卦〕爲身，（內）〔外〕卦爲子孫。六四爻變，故知在子孫也。

一裏四 **鳳凰于蜚** 杜預曰：「雄曰鳳，雌曰皇。雄雌俱飛，相和而鳴鏘鏘然也，猶敬仲夫妻相隨適齊，有聲譽也。」

一裏六 **莫之與京** 賈逵云：「京，大也。」杜預曰：「敬仲八代孫陳常也。」《田完世家》云，八代孫田常之子盤也。而杜以常爲八代者，以桓子無宇生武子開，與釐子乞皆相繼事齊，故以常爲八代。

二裏一三 **嫗乎采芑** 嫗，於丰反。芑，音起。芑，白粱粟也。言齊之婦嫗

〔第六五葉裏〕

捃拾遺粟之穗爲生産，亦分歸田成子。此歌齊國之政將歸田氏。

御鞅諫簡公　御鞅，爲僕御官也。鞅，名也，亦田氏族也。賈逵云：「齊大夫也。」

三表二

子我者監止之宗人也　案《左傳》并《齊世家》，監止則子我也。「子我者，監止之宗人也」，并下「殺子我及監止」，蓋誤也。止，或作「正」。子我事太史誤耳。

《齊世家》云：「闞止有寵焉。」賈逵云：「闞止，子我也。」尋三世文意，子我，闞止字也。今云「宗人」，蓋太史公誤也。

五表一二

請獻觀　觀，音館。魏州觀城縣，古觀國，夏啓子太康第五弟之所封。夏相滅之。漢爲縣。

八裏六、七
秦逐張儀 魏氏棄韓從秦之後，陳軫隨張儀交臂而事齊、楚。此陳軫之從反之也。

九表五
齊楚者有資矣 資，藉也。又材質也。

十表二
所以形服 形服見齊之形勢，燕、楚所以服。

十表六
韓聶 聶，七涉反。齊將也。

〔第六六葉表〕

孔子世家第十七

一裏七
疑其父墓處母諱之也 梁紇葬時，徵在既少，後不能教□，忘其的處。

三裏五
自大賢之息 大賢，文王、周公等也。

三裏八

景公止孔子　《爾雅》云：「止，待也。」

四表六

得骨　按：橫骨屋兩廟。

十一表九

耰而不輟　按：耰，塊椎也。畊即椎碎之覆種子也。

十二表　？

求爲容　言求有爵士得居止。

一四裏一一

彬彬　彬，音斌。斌，文也。孔子言假我數年間，我於《易》則文質備矣。

一六表一

鉏商獲獸　鉏，音鋤。服虔云：「車子，微者也。子，姓；鋤，名。」按：姓鋤，名商。車子，御車之人也。

一六表一三

乃因史記作春秋　夫子修《春秋》，據魯十二公年月，而視周及諸侯行事也。

舉而開之　《正義》并《索隱》本爲「開」，本注獨作「闓」。

一七裏七
子思作中庸　《中庸》一卷，在《禮記》中。又作《子思子》八卷，爲魯穆公師。

陳涉世家第十八

勝立數月而死，無後，爲《世家》者，以唱始起兵滅〔秦〕，雖不終享，亦世家之道也。

一表一三
爲屯長　屯，猶營也。

一裏一
今亡亦死舉事亦死　爲反亂取國，不得而死，猶勝戍卒而死。

〔第六七葉表〕

〔第六七葉裏〕

一裏九
卜鬼乎　故稱公子扶蘇、楚將項燕爲天下倡，宜多應者。卜之，是卜鬼也。
一裏一一
念鬼　念鬼，言常思扶蘇、項燕。日者以此教我，以感衆也。
二表四
將尉醉　尉爲將領，領戍人也。
二表五
尉劍挺《梁丘賀傳》云「前旄頭劍挺」是也。再考
二表七
籍第令斬　言假令且失期不動。
五裏九
至令之不是者繫而罪之云云　言諸將不如令，及己所不善者，不下吏，朱房、胡武輒自決之，以苛察爲忠正，陳王乃任之。
七表三
鋒鍉　鍉，音的。《注》：「鏑」同音。
七裏三
鉏耰　鉏，音鋤。耰，音憂。矜，音勤。鉏，鉏柄也。耰，塊椎也。矜，矛

柄也。棘，木戟也。

外戚世家第十九

一表四

繼體守文 繼體，謂嫡子繼先祖者也。守文，謂守先祖法令也。

一表五

内德茂也蓋亦外戚 内德，謂皇后也。外戚，謂皇后親戚也。《生民詩・正義》、《太平御覽》、《藝文類聚》

一表八

殷之興也以有娀 《世本》云：「帝嚳，《詩・疏》佶次妃，有娀氏之女，曰簡狄，而生契。

一裏四

父不能得之於子況卑下乎 言臣子有親愛之情，君父

〔第六八葉表〕

雖尊，猶不能除奪，況卑下而能止制乎。

一裏五

成子姓　言無子孫。

一表一〇

愛弛　下式支反，謂閼？展也。言姬婧嬪多也。

四表三

丐沐沐我　《禮記·注王制》「湯沐之邑」《注》：「給齋戒自潔清之，用湯沐、用瀋。」應再校

四裏一

竇太后好黃帝老子言　《黃帝道書》十卷、《老子》二卷。

四裏三

東宮　東宮，太后宮。

四裏七

蚡勝　蚡，扶問反。勝，音昇。

四裏八

奇兩女　奇，作「倚」，竝於綺反。倚，依也。問卜筮，兩女當貴，乃依恃之，故奪金氏之女。

五表六

以故（恨）〔望〕之　望，銜恨也。

六表一

袚霸上　袚，音廢，今音拂。

八裏一二

低頭俛而泣　俛，音俯。

九表八

年五歲耳　《漢書》曰：「後元年，上疾病，遂立昭帝太子，年八歲。明日，武帝崩，太子即皇帝位。」五歲者，褚先生誤矣。

楚元王世家第二十

一表五

過巨嫂　丘，大，長嫂稱也。顏師古曰：「丘、巨，皆大也。」

荊燕世家第二十一

二表二

張子卿　張子卿，《漢書》作「澤卿」，音釋。《高后紀》、《周勃傳》作「釋」，

〔第六九葉表〕

〔第六九葉裏〕

子卿，字也。

二表二
風大臣語太后　語，魚吕反。以卑言尊之意也。

三表七
事發相重　謂事發動皆得尊位，故云「相重」。

齊悼惠王世家第二十二

一表四
諸民能齊言者　諸齊民言語，與楚、魏、燕、趙異者隨地割屬齊也。

一表六
亢禮如家人　不尊惠帝，如家人兄弟禮。

四表三
惠王子罷　罷，音擺。今本《正義》「擺」作「不」。

五表九
事浸潯　浸潯，二音：一音尋，又音淫。浸潯，猶漸潤澤也。

五表一一
市租千金　謂臨淄之市，所賣之物，日出稅、利千金。言齊人殷富也。千金，萬貫也。

五裏四
輕重　言舉輕重大小之事故？訴之。

蕭相國世家第二十三

三裏四
上林中多空地（棄）〔弃〕《正義》作「空地棄」。　言上林苑中空地虛棄，不如令民得入田之。

三裏四
毋收稾爲禽獸食　其稾艸留苑中爲禽獸食之。

曹相國世家第二十四

一裏一一
復攻之杠里　杠，音工，地名。

〔第七〇葉表〕

〔第七〇葉裏〕

一裏一一

追北　敗軍曰北。

一裏十三、二表一

遷爲執珪　《周禮》曰：「王執鎮圭，尺二寸。公執桓圭，九寸。侯執信圭，七寸。伯執穀圭，□□。子、男執蒲圭，五寸。」

《太宗伯》取調

二表八

又夜擊其北　其北，藍田北也。

二裏四

寧秦　秦，作「泰」。

二裏八

碭蕭城　碭，音唐，宋州碭山縣是也。葉？、彭城，徐州二縣。

二裏九

◎**王武反於黃**　《括地志》曰：「故黃縣在曹州黃城縣東二十四里。《左傳》云陳留外黃縣東有黃城是也。」

三表一二

◎**上假密**　上假密，即？高密也。《地理志》云高密爲膠西國，下假在膠東國。《括地志》云：「濰（州）〔水〕今俗謂百尺水，在密州高密縣，即韓信夾濰水戰處。」《韓信傳》云田廣走高密，信東追廣至高密西。楚使龍且救齊，夾濰水陳。信盛沙壅水上流，引軍半渡，佯不勝，走。龍且追信，渡水。信決壅囊，水大至，龍且軍大半不得渡，信即急擊殺龍且，龍且水東軍散走。明殺龍且在高密縣濰水西也。

四表二一

木詘於文辭　詘，「訥」同，求物反，謂辭塞也；又音羣勿反，擊木之聲，〔言〕〔無〕餘響也。言擇吏无？老文辭重厚長者，若擊木質樸無餘音也。

四裏九

豈少朕與　少，式妙反。與，音歟。言以朕年少不閑國事，以日飲不治事也。

四裏一〇

胡治乎　胡，何也。言何謂治〔窟〕〔窋〕二百。

五表三

顜若畫一　鄭玄云：「較，猶見也。」《爾雅》曰：「較，直也。」《廣雅》曰：「較，

《正義》以「顜」作「較」

〔第七一葉表〕

〔第七一葉裏〕

明也。」言蕭何作法和明，輔佐平，載其清淨治天下，使百姓皈心，猶晝一也。

五表四　？

載其清淨民以寧一　清淨，無爲也。寧一，齊物也。晉武帝議省州郡吏以趣農。荀勗議以爲省吏不〔如〕省官，省官不如省事，省事不如清心。故蕭曹相漢，載其清淨，處晝一之歌，此清心之本。漢文垂拱無爲，幾致刑措，此省事也。漢光武并合吏員，此省官也。魏正始中，并合郡縣以減吏員，此省吏也。必欲求之根本，宜以省事爲先，課官分職，量能致任，則思不出位，官無異業也。

取調荀勖文集異同

留侯世家第二十五

一表七

留侯張良　按：《張氏譜》云：「良，張仲三十代孫，仲見《毛詩》。張老〔十七代〕孫，老見《春秋》及《禮記》。」王符、皇甫謐並云良當爲韓公族，姬姓也，秦逐賊急，乃改姓名。其言誤矣。

一表九

大父開地　大父開地相昭侯、宣惠王、襄王，父平相釐王、悼惠王，故言「五世相韓」也。

一裏九

衣褐　顏師古云：「褐，製若裘，今道士所服是也。」

二表四

一編書　編，必連反。以韋編連簡而書之也。

二裏一一

因其解　佳譼反，怠慢也。

三表八

鯫生　鯫，小魚也。比雜小人也。服虔曰：「鯫，七垢反。鯫，小人也。」

三表一三

沛公爲漢王王巴蜀　巴、通、壁、蓬、開、集、合、萬、忠、渠、渝等十

〔第七二葉表〕

〔第七二葉裏〕

一州，本巴國地也。蜀、益、彭、劍、綿、閬、果、遂、梓、眉、邛、雅、資、嘉、普、戎、嶲、姚、利等十九國，本蜀侯之國也。

三裏五

棧道　棧道，閣道也。

四表五

謀橈楚權　橈，女教反。師古曰：「橈，弱也。其字從木。」

五裏一〇

與我故　服虔云：「未起之時與我有故怨。」師古曰：「齒以勇力困辱高祖。」

六表九

金城千里　金，剛，堅固也。關中四塞若金城。

六裏六

天下有四人　皇甫謐《高士傳》：「四皓，一曰東園公，二曰綺里季，三曰角里先生，四曰夏黄公，皆河内軹人。」《漢書外傳》云：「園公，陳留園縣，是其先則爲園公。」《陳留風俗傳》云：「園唐，字宣明。」《公羊春秋》援之：「東園家單父，爲秦博士。」

秉

《齊東野語》卷之五　一頁

遭秦亂，避地於南山。惠帝爲太子，即拜園公爲司徒，遜位，太子封廣襄邑南鄉侯。」《陳留志》云：「唐始常居園中，因謂之園公。」周樹《洞曆》云：「角里先生名術，字元道，太伯之後，京師號霸上先生。」《周氏世譜》云：「角里先生，河内軹人，太伯之後，姓周氏，名術，字元道，京師號曰霸上先生。一曰角里先生。□□俗云是吴人，今太湖中西有□□禄里村是。」《漢書外傳》云：「秦聘之，逃匿南山，歌曰：『商洛深谷，咸夷。暐暐紫芝，可以療飢。四馬高蓋，其憂甚大，富貴而畏人，如貧賤而樂肆志。』」夏黄公或爲大里黄公。《□稽典録》云：「書佐朱育對郡將濮陽府君云：『大里黄公墓在鄞縣。』」《輿地志》云：「鄞有大里，夏黄公所居也。今鄞縣有黄

〔第七三葉表〕

〔第七三葉裏〕

公廟。」《崔氏譜》云：「夏里黄公，姓崔，名廣，字子連，齊人，隱居夏里，修道，故曰夏里黄公。」角，音禄。

七表九 **輜車** 輜車，衣車也。

（表）〔七〕表九 **卧而護之** 護，謂監諸將也。

八表二 **繒繳** 韋昭云：「繳，弋射。」？繳，箭繩也，用繩繫也，射者引繳收之。言一舉千里，非矰繳所及，太子羽翼已成，難改也。

八表九 **赤松子** 《列仙傳》云：「赤松公，仙人號也。神農時爲雨師，服水土，教神農能入火自燒。至崑崙山，上西王母石室，隨火上下。黄帝少女進之，亦得仙俱去矣。」

白駒 《莊子》曰：「野馬者，塵埃也。」按：遠望空中，埃塵隨風飄，疾如野馬羣奔。白馬，亦塵埃也。日入壁隙，埃塵内過，日光不盈，瞬息其色，故云白駒過隙，又云騏驎之馳隙。

八裏七

魁梧奇偉 蘇、顔之説，蓋非也。

陳丞相世家第二十六

六表三

面質 質，對也。

六表四

顧君與我何如耳 顧，念思也。

六表一〇

以右丞相讓勃 秦漢以前，以右爲上，左爲下。晉宋以來，左爲上也。

六裏四

主臣 下文云「使卿大夫各得任其職」，是主群臣也。佗説皆非。

〔第七四葉表〕

〔第七四葉裏〕

絳侯周勃世家第二十七

一表五

常爲人吹簫給喪事　今之挽歌以鈴爲節，所以樂亡者神魂。

三表六

最　最者，功是（最歟）多也。

三表一〇

其椎少文　責諸生説（書）〔士〕意（急歟）爲語。椎，若椎木無餘響，直説其事少文辭。

四表一一

許負　負，名也。非婦也。

四裏三

壁門　壁，音璧。

六裏二

此不足君所乎　「此」字有下「非」字（本來有之歟？）〔一〕。景帝視而笑曰：「君於所食具不足乎？」佯驚㗁也。如淳云：「非故不足君之食具，偶失之。」

〔一〕慶長本作「『非』，《正義》『此』字有下『非』字」。

六裏五 **工官尚方**　尚方，中工官名也。顔師古云：「上方，作禁器物色。」

六裏七 **取庸苦之**　庸，謂庸作也。苦役，謂使劇而更不與價直也。《漢書》師古曰：「庸，謂賃也。苦，謂極苦使也。」

七表四 **坐酎金不善**　坐酎金不善，皆在元鼎五年。金既不善，□（是）有罪，國除。《史記》□□，以語顛倒，所以先儒致疑。班固見此文「不善」，及「有罪」，將爲兩犯，修《漢書》即云：「坐酎金免官，有罪國除。」乃班氏大過，致令諸儒□□（紛議）也。

〔第七五葉表〕

梁孝王世家第二十八

一裏一 **乘輿**　乘者，載也；輿者，車也。天子當乘輿以行天下。不敢

〔第七五葉裏〕

斥言天子，故曰乘輿。

三表二

布車　以布衣車也。

五表二

齊如魏其侯　齊，等也。

六表二

君子大居正　大，謂崇大。

六裏一

解説　解，閑（置）〔買〕反。説，音悦。

六裏二

其〔義〕出於袁盎諸大臣　出，謂出意。望，謂怨望也。

五宗世家第二十九

三裏四

險陂　顔師古曰：「陂，謂傾側也。」《三倉解詁》云：「險陂，諂佞也。」

六安王慶　故六安城數郡，安豐縣南百四十二里。

三王世家第三十

一裏
愚憧　憧，劉伯莊音傷容反，顧野王音昌容反。憧音不定。

三表八
輿械　輿，車也。械，戈矛弓矢之屬。

四裏二
葷粥氏　葷粥氏，唐、虞匈奴號。

五表一
五湖　胥、游、莫、貢、菱，爲五湖，竝連太湖東岸，今連太湖。蓋後五湖當是。

五表三
毋侗好佚　顧野王云：「侗，未成器之人，必好逸遊弋獵也。」

七裏二一
我安得弟在者　弟，謂昭帝。言非武帝子也。

八表八
公户滿意　公户，姓；滿意，名。

八表二一
誅其兩弟　管叔、蔡叔與武庚作亂。周公誅管叔、放蔡叔，天下太平。〔一〕

〔第七六葉表〕

〔一〕手稿第七六葉裏，第七七葉表、裏，無記載。

十九年得陳寶〔一〕 《正義》云：「寶鷄神在岐州陳倉縣東二十里、故陳倉城中。《晉太康地志》云『秦文公時，陳倉人獵得獸，若彘，不知名，牽以獻之。逢二童子，童子曰：「此名爲媦，常在地中食死人腦。」即欲殺之，拍殺之〔二〕，拍捶其首。媦亦語曰：「二童子名陳寶，得雄者王，得雌者霸。」陳倉人乃逐二童子，化爲雉，雌上陳倉北坂，爲石，秦祠。』《搜神記》云其雄者飛至南陽，其後光武起於南陽，皆如其言也。」

豐大特 徐廣云云。《正義》曰：「《括地志》云：『大梓樹在岐州陳倉縣南十里倉山上。《録異傳》云：「秦文公時，雍南山有大梓樹，文公伐之，輒有大風雨〔三〕，樹生合不斷。時有一人夜往山中，聞有鬼語樹神曰：『秦若使人被髮，以朱絲繞樹伐汝，汝得不困邪？』樹神無言〔四〕。明日，病人語聞，公如其言伐樹，斷，中有一青牛走入豐水中。其後牛出豐水中，使騎擊之，不勝。有騎墮地，復上，髮解，牛畏之，入不出〔五〕，故置（髮）〔髦〕頭。漢、魏、晉因之。武都郡立怒特祠，是大梓牛神也。」』按：今俗畫青牛障是。」

〔一〕本條「十九年得陳寶」以下至四七一頁「取吴城」之《正義》條目，抄自三家注合刻本《秦本紀》。

〔二〕慶元本無「拍殺之」三字。

〔三〕《初學記》引《録異傳》「有」作「有州」，「大」作「文」。

〔四〕《御覽》引《録異傳》「樹神無言」作「憂否？樹神無言」。

〔五〕《御覽》引《録異傳》「入」字下有「水」字。

〔第七八葉裏〕

公徙居平陽　《正義》曰：「《帝王世紀》云秦寧公都平陽。按：岐山縣有陽平鄉，鄉内有平陽聚。《括地志》云：『平陽故城在岐州岐山縣西北四十六里，秦寧（王）〔公〕徙都之處。』」

遣兵伐蕩社　《正義》云：「《括地志》云：『秦寧（王）〔公〕墓在岐州陳倉縣西北三十七里秦陵山。《帝王世紀》云秦寧公葬西山大麓，故號秦陵山也。』」按：文公亦葬西山，蓋秦陵山也。

十一年初縣杜鄭　《正義》曰：「《括地志》云：『下杜故城在雍州長安縣。』」其縣處《正義》無異，年歲寔同，所伐唯一處，故具録之，以示後學。

丹犁臣蜀　《正義》云：「本西南夷，戰國時蜀、滇國。唐初置犁州、丹州也。」

七年拔新城　《正義》曰：「《楚世家》云：『懷王二十九年，秦復伐楚，大破楚軍，楚軍死二萬，殺我將軍景缺。』《年表》云秦敗云云。」

封陵以和 《正義》：「《年表》云秦與魏（杜）〔封〕陵，與韓武遂以和。按：河（水）〔外〕陜、虢、曲沃等地。封陵在古蒲坂縣西南、河曲之中。？武，近平陽之地也。」

始皇本紀第六

左更白起攻新城 《正義》曰：「《白起傳》云：『白起爲左庶長，將而擊韓之新城。』《括地志》云：『洛州伊闕縣本是漢新城縣，隋文帝改爲伊闕，在洛陽南七十里。』」

攻魏取垣 《正義》曰：「垣，音袁。前秦取蒲坂，與魏，魏以爲垣。今又取魏垣，復與之。後秦以爲蒲坂、皮氏。」

《正義》曰：「蒲阪，今河東縣也。皮氏故縣在絳州龍門縣西一里八十步。」

十八年錯攻垣 《正義》曰：「蓋蒲坂、皮氏又歸魏，魏復以爲垣。今重取。」

遷之南陽 《正義》曰：「南陽及上遷之（禳）〔穰〕，皆今鄧州也。」

〇 **攻楚取鄢鄧** 《正義》曰：「鄢、鄧二城並在襄州。」

〔第七九葉表〕

鄒誕生作「樣舩」，以尚反。

與楚王會襄陵 《地理志》云云 《正義》曰：「《括地志》云：『襄陵在晉州臨汾縣東南三十里。《土地十三州志》云襄陵，晉大夫犨邑也。』」

白起爲武安君 《正義》曰：「言能撫養軍士，戰則剋得，百姓安集，故號武安。故城在路州武安縣西南五十里。七國時趙邑，即趙奢救閼與處也。」

爲黔中郡 《正義》：「《括地志》云：『黔中故城在辰州沅陵縣西二十里。』」

（我）〔伐〕大荔取（臺）〔王〕城 《正義》：「荔，音戾。《括地〔志〕》云：『同州東三十里朝邑縣東三十步故王城。大荔近〔王〕城也。』」

知開與邑人 《正義》：「開，知伯子。伯被趙襄子等滅其國，其子與從屬來奔秦。」

史記正義佚存

初帶劍　《正義》：「春秋官吏（名）〔各〕得帶劍。」

城櫟陽　徐廣云云。《正義》：「《括地志》云：『櫟陽故城一名萬年城，在雍州東北百二十里。櫟陽，漢七年，分櫟陽城内爲萬年縣。隋文帝開皇三年，遷都於龍（盲）〔首〕川，今京城也。改萬年爲大興縣。至唐武德元年，又改曰萬年，置在州〔東〕七里。』」

雨金櫟陽　《正義》曰：「言雨金於秦□都，明金瑞見也。」

戰石門　《正義》：「《括地志》云：『堯門山俗名石門，在雍州三原縣西北三十三里。上有路，其狀若門。故（元）〔老〕云堯鑿山爲門，因名之。武德年中於此山南置石門縣，貞觀中改爲雲陽縣。』」

圍魏安邑降之　《正義》：「《括地志》云：『安邑故城在緱州夏縣東北十五里，本夏之都。』」

〔第八〇葉表〕

〔第八〇葉裏〕

作爲咸陽　《正義》：「《括地志》云：『咸陽故城亦名渭城，在雍州咸陽縣東十五里，京城北四十五里，即秦〔孝〕公徙都之者。今咸陽縣，古之杜郵，白起死處。』」

天子致伯　《正義》：「伯，音霸，又如字。孝公十九年，天子始封爵爲霸，即大史儋云『合七十七歲而霸王出』之年，故天子致伯。桓譚《新論》云：『夫上古稱三皇、五帝——謂之伯。』」

陰晉書人犀首　《正義》：「犀，音西。《地理志》云華陰縣，故陰晉，秦惠王五年，更名寧秦。高祖八年，更名華陰。」

爲大良造　《正義》：「渡河東取之。《括地志》云：『汾陰故城俗名殷湯城，在蒲州汾陰縣北也。皮氏在絳州龍門縣西一里八十步，古皮氏城也。』」

圍焦降之　《正義》：「《括地志》曰：『焦城在陝州城東北百步，因焦水爲名。

周姓所封。《左傳》云虞、虢、焦、滑、霍、陽、韓、虢、魏皆姬姓也。』杜預曰：『八國皆爲晉所滅。』按：武王剋商，封神農云云。」

歸魏焦曲沃 《正義》：「《括地志》云：『曲沃（爲）〔在〕陝州〔陝〕縣西南三十二里，因曲沃〔水〕爲名。』按：焦、曲沃古城相近，本魏地，適屬秦，今還魏，故言歸也。」

初臘 《正義》：「《風俗通》云：『《禮·傳》云「夏曰善平，殷曰（隨）〔清〕祀，周曰蜡，漢改曰臘」。』《禮》曰『天子蜡八，伊耆氏始爲蜡』。蜡者，索也。歲十二月合聚萬物而索饗之。」

王至北河 《正義》曰：「王游觀北河，至靈、夏州之黄河也。」

虜其將申差 《正義》：脩魚，韓邑也。《年表》云秦敗我脩魚，得韓將軍申差。司馬錯司馬錯伐蜀滅。

趙中都西陽 《正義》：「《括地志》云云。《地理志》云云。此云『伐取趙中都、西

〔第八一葉裏〕

陽』。《趙世家》云『秦即取我西都及中陽』。《年表》云『秦惠文王後元九年，取趙中都、西陽。趙武靈王十年，秦取中都、安陽』。本紀、世家、年表……」

虞（下）〔山〕之上　亦名吴山，因武王封弟虞仲於周之北故夏墟吴城，即此城也。

爲唐太后　《正義》：「云云。晋灼云：『除皇后，自昭儀以下，秩至百石，凡十四等。』《漢書·外戚傳》云：『八子視千石，比中更。』」

韓獻成皋鞏　《正義》曰：「《括地志》云：『洛州汜水縣，古之虢國，亦鄭之制邑，又曰虎牢，漢之成皋。』〔鞏，〕恭勇反，今洛州鞏縣。爾時秦滅東周，韓亦得其地，又獻於秦。」

其母蔡　《正義》：「《譜》曰。蔡，姬姓，文王叔度之後也。武王封之於汝南上蔡爲蔡侯，作亂見誅。其子蔡仲，成王後封之於蔡。」

反我江南　《正義》：「黔中郡反歸楚。」

擊芒卯華陽破之　《正義》曰：「《括地志》云：『《國語》云史伯對鄭桓公，虢、鄶十邑，華其一也。華陽即此城也。』按：是時韓、趙聚兵於華陽攻秦，即此矣。」

魏入南陽以和　徐廣云云。《正義》：「《括地志》云：『懷、獲嘉縣即古之南陽。杜預云在晉州山南河北，故云南陽。秦破芒卯軍，魏入南陽以和。』」

〔第八二葉表〕

初置南陽郡　《正義》曰：「今鄧州也。前已屬秦，秦置南陽郡，在漢水之北。《釋名》云：『在中國之南，而（名）〔居〕陽之地，故以爲名焉。』張衡《南都賦》云：『倍京之南，居漢之陽。』」

〔第八二葉裏〕

攻趙之閼與　《正義》云：「閼，於（這）〔達〕反；與，音預。閼與聚城一名烏蘇城，在潞州銅鞮縣西南二十里，趙奢破秦軍處。又儀州和順縣即古閼與城，亦云趙奢破秦軍處。然儀州與潞州相近，二所未詳。又閼與山在潞州武安縣西南五十里，趙奢拒秦軍於閼與，即山北也。按：閼與山在武安故城西南，又近武安故城，蓋儀州是所封也。」

歸葬芷陽　徐廣云云。《正義》曰：「《括地志》云云。《三秦記》云鹿原東有霸川之西坂，故芷陽也。」

故邢丘懷　徐廣云云。《正義》曰：「《括地志》云：『平皋故城本邢丘邑，漢置平皋。』」

軍汾城旁　《正義》：「《括地志》云云。即古臨（沂）〔汾〕（州）縣城也。按：汾城即此城是也。」

更名安陽　徐廣云云。《正義》曰：「今相州外城古安陽城。」

取陽城負黍　《正義》曰：「今河南府縣也。負黍亭在陽城縣西南三十五里，本周邑，亦時屬韓也。」

取吴城　徐廣云云。《正義》：「《括地志》云：『（廣州）〔虞城〕故城在陝州河北縣東北五十里。』」

秦始皇本紀

質子於趙　《正義》：「質，音致。國彊欲待弱之來相事，故遣子及貴臣爲質，如上音。國弱懼其侵伐，令子及貴臣貴臣往爲質〔一〕，音直實反。二國敵亦爲交質，音致。《左傳》云周鄭交質，王子狐爲質於鄭，鄭公子忽爲質於周是也。」

五年定酸棗　《正義》曰：「《括地志》云：『酸棗故城在滑州酸棗縣北十五里古酸棗縣南。』」

〔第八三葉表〕

〔一〕手稿下「貴臣」二字鈔重，應刪。

〔第八四葉裏〕

河魚大上　《正義》：「始皇八年，黄河之魚西上入渭。渭，〔渭〕水也。《漢書·五行志》云『魚者陰類，臣民之象也』。十七年，滅韓。二十六年，盡并天下。自滅韓至并天下，蓋十年矣。《周本紀》云『十年，數之紀也。天（下）〔之〕所棄，不過其紀』。明關東後屬秦，其象類先見也。」

九年彗星　攻魏垣蒲陽　《正義》云：「《括地志》云：『故垣城，漢縣治，本魏王垣也，在絳州垣縣西北二十里。蒲邑故城在隰州縣北四十五里。在蒲水之北，故曰蒲陽。即晉公子重耳所居邑也。』」

己酉王冠　徐廣云云。《正義》云：「《禮記》云『年二十（四）〔而〕冠』。按：二十一也。」

長信侯嫪王御璽

唐張守節史記正義佚存（卷下）

〔第一葉表〕

伯夷列傳第一

一裏三

六藝　書、筭、射、御、禮、樂。

一裏三

虞夏之文可知也　伯夷、叔齊讓位，大統重器，天下爲難。學者博觀典籍，《詩》《書》雖缺，《尚書》載堯讓舜，及諸子云堯讓許由，夏禹讓卞隨、務光。引此者蓋美伯夷叔齊讓，唯學者能知。

及夏時有卞隨務光者　《莊子》云：「湯將伐桀，因卞隨而謀。卞隨曰：『非吾事也。』湯遂與伊尹伐桀，克之。以讓卞隨，卞隨曰：『君之伐桀也，謀乎我，我以其㕟衎，必以我爲賊；勝桀而讓我，必以我爲貪也。吾生乎亂世，而無道之人再來漫我，以其辱行，吾不忍數聞。』乃投水而死。又讓務光，務光曰：『廢上非義也，殺民非仁也。人犯其難，我享其利，非廉也。吾聞之曰：「非其義者不受其祿，無道之世不踐其土。」況尊我乎？吾不忍久見也。』乃負石自沈於盧水。」《列仙傳》云：「務光，夏時人，長七尺，好琴，服蒲韭根。」

二裏一三

怨耶非耶　太史公視夷、齊作詩而餓死，是怨時邪？非怨時邪？怨，則兄弟相讓，隱於深山，豈合於世務！非怨邪？乃干世主，作詩而餓死。疑之甚也。

三表一

可謂善人者非耶　太史公言伯夷之行是善人邪？善人天道常與，豈有餓死之責？非善人？則有交讓廉潔之行，天下絕倫。惑之甚也。

三表九

是遵何德哉　太史公以歎盜跖壽終也。

〔第二葉表〕

三表四
報施善人其何如哉　太史公歎非天之報施顏回也。

管晏列傳第二

老子韓非列傳第三

四表三
所用非所養　凡治國之道，寬緩無事之時，則用尊寵名譽之人；急難之時，則以介冑之士攻伐也。言所以養所用皆失之善矣。？

四表六
孤憤五蠹內外儲說林說難十餘萬言　此中《內外儲》，《注》

同，故不書也。《孤憤》，臣主暗昧，賢良好孤直，不得意，故曰「孤憤」。《五蠹》，《韓子》曰商賈作苦窳惡濫器害五民，故曰「五蠹」。《説林》，謂取衆妙之士諫爭，其多若林，故曰「説林」。《説難》，謂説難當人主之心，故曰「説難」。已上皆《韓子》篇名也。

四表九

韓非知説之難爲説難書甚具　凡難諫之道難，故作《説難》書甚具，詞理微妙，意旨極高。太史公所以盡書難一篇，篇中與《韓》微異耳。

四裏四

見下節而遇卑賤　前人好五帝、三皇名高之道，乃陳厚利説之，見，則卑賤之，必見棄遠矣。

四裏五

所説出於厚利者也　前人好崇利攻伐彊國，而陳三皇、五帝高遠事情，必不收用矣。若商鞅説秦孝公以帝道

〔第三葉表〕

者，公欲彊國，不收其説也。

五裏五

此説之難不可不知也　此前諸般，咸是談説之難，不可不知。在知所説之所敬，而滅其所醜。所説所説之王也，言在談説之處，咸須知人主之所敬而文飾之，聞醜惡之事而滅絶之。然後乃當人主之心。

司馬穰苴列傳第四

二裏二

司馬兵法　《司馬兵法》閎廓深遠矣。雖夏殷周三代征伐，未能竟盡其理也。如是，其文意也，以三代用兵，亦少褒揚，《司馬穰苴兵法》尚未盡所妙也。若區區小齊，何得申《司馬穰苴兵法》揖讓乎！言不得申。？

孫子吳起列傳第五

三裏二二
西河 西河，即龍門河也。

伍子胥列傳第六

仲（子）〔尼〕弟子列傳第七

十一表六
司馬牛 《集解》孔安國曰：「牛，宋人，弟子司馬犂也。」《家語》云宋桓魋之弟也。魋爲宋司馬，故牛以司馬爲氏。

十四表八
叔仲會字子期 魯人，少孔子五十四歲，與琁相比，二孺子俱執筆迭侍於夫子，孟武伯見而訪之是也。

〔第四葉表〕

商君列傳第八

一裏二

景監　監，甲暫反。閹人也，楚族。

二表六

不法其故　言聖人救弊之政，苟有以彊國，不法故國之舊也。

二裏六

與斬敵同賞　告奸之人，賜爵一級。

二裏六

與降敵同罰　謂隱匿奸人之人，身被刑，家口没官。

二裏一一

論不得爲屬籍　屬籍，謂屬公族宗正籍書也。宗室無事功者，皆須論，言不得入公族籍書也。

三表四

初令　初令，謂鞅之新法。

三表一一

宮庭　《正義》本「庭」作「廷」。　爲宮殿朝廷也。

三裏一〇

公子卬　卬，五郎反。

五表二

舂者不相杵　相，謂送杵以音聲，自勸也。《曲禮》：「不舂不相。」

五表五

駿刑　上音峻。

五表六

深於命　言鞅受孝公命行之，更加添命？。令、命同意。

五表六

捷於令　言民放效君上之命徑捷急遁之，？（異）〔畏〕商鞅也。

五裏一

書曰　晉五經博士孔晁《序録》，有九卷。

〔第五葉裏〕

六表七

余嘗讀商君開塞耕戰書　《商君書》有五卷。開，謂峻法嚴刑，政化開行也。塞，謂布恩則政化杜塞。耕，謂開阡陌封疆，則農爲耕也。戰，謂斬敵首，等（給）級賜爵，則勇於公戰。

（寬本《正義》曰：「《商君書》□五卷，有《農戰篇》，有《開塞篇》，五卷三十六篇。」）

六表九

有以也夫　《集解》云云。《新序》三十卷，是劉向撰，其中論商君而裴氏引之。「長雄諸侯」長，丁丈反。「皈籍」籍，在敵反。

蘇秦列傳第九

一表五

習之於鬼谷先生　《鬼谷子》三卷。樂壹注，下文作「臺」字正，魯郡人。

一表八

什二 言工商十分之中得二分利。

一表一一

得周書陰符 《鬼谷子》有《陰符》七術。樂臺注云：「《陰符》者，私志於内，物應於外，若(今)〔合〕符契，故云『陰符』，本《太公兵法》。」壹

一表一一

期年以出揣摩 《鬼谷子》有《揣》及《摩》二篇，言揣諸侯之情，以其所欲切摩，爲揣之術也。按：《鬼谷子》乃蘇秦之書明矣。

四裏一

洹水 洹，音桓。洹水出相州林慮縣西林慮山中也。

四裏二

刳白馬而盟 刳，割也。質，音致。令六國將相會於洹水之上，通洩疑質之嫌，約盟定從。

四裏三

韓絶其糧道 韓引兵至嶢關、武關之外，絶其運糧之道。

四裏三

趙涉河漳 《正義》作「漳河」。趙涉漳河南，西南面以相援。

〔第六葉表〕

二表三 **碣石雁門** 《燕策》注引《正義》：「碣石山在平州，燕東南。」

四裏二

要約 上如字，又音於妙反。傳云爲沈約諱。

〔第六葉裏〕

四裏六
魏塞其道　《戰國策》作「午道」。

四裏六
趙涉河博關　《正義》作「河博關」，無「（障）〔漳〕」字。　涉貝州南河而至博陵。今博州〔博〕平縣即博縣。?

六國從親以賓秦　擯，棄也。《史記》作「賓秦」。案：《禮》「金路以賓」。賓讀作「擯」，義異音同，故《史記》借用。六國爲從親相輔，以秦爲賓，秦兵不敢出函谷關以害山東矣，如此則霸業成。

五表一〇
谿子　谿子，蠻也。出柘弩及竹弩，皆善材。

少府時力　少府時力、距來者，皆弩名，具於《淮南子》。少府者，韓府名也。言谿子之蠻出柘弩材，令少府造時力、距來二弩，皆射六百步外。

五裏三

墨陽　地名也。《淮南子》云：「服劍者貴於剡利，而（反）〔不〕期於墨陽莫邪。」

五裏四

鄧師　鄧出鉅鐵，有善鐵劍之師，因名。

五裏八

鐵幕　幕者，爲鐵臂衣之屬。言能斬之。

五裏一〇

吷芮　吷，音伐。下音仁税反云云。《評林》本有之《説文》云：「盾，戲也。」按：音（代）〔伐〕。劉伯莊云：「謂繫盾之綬。」吷，盾也。芮，謂繫盾之綬也。言細物備有。

革抉　抉，音決，謂射決，以革爲之。芮，毛旃也。

六裏五

衡人怵王　怵，誘也。

七表二

蒼頭《正義》作「倉」。　劉云：「以青物標别人也。」

七表九

緜緜不絶蔓蔓奈何　劉伯莊云：「綿綿謂微細，蔓蔓謂長

〔第七葉表〕

〔第七葉裏〕

大也。言小時不滅，大則難除也。言今不絶綿綿之秦，則後日蔓蔓可用斧柯也。」

七裏三

五家之兵 「五家之兵」，《齊世家》云云。

七裏八

郊勞 郎到反。

七裏七

輜重 輜，廁也。謂軍糧什物雜廁載之，非其累重，故曰輜重。

七裏七

其衆擬於王者 本作「卒有疑於王者」。卒，倉忽反。言車騎使送之甚多，疑王者之行。

七裏一〇

蒲服 蒲服，猶匍匐。以面掩地而進者若蛇行，以面掩之而謝。劉伯莊云：「蛇，謂曲也。」按：本有作「委蛇」者，非也。

七裏一三

負郭 負，猶背也。近城外之田流澤肥沃也。

《秦策》三上五「封爲武安君」引《正義》云：「潞州武安縣。」

一〇裏四

少壻　少壻，謂少女婿也。

一二表六

鉏耨　鉏耨，乃豆反，除草也。

一三表九

以宋地封涇陽君　劉伯莊曰：「此時宋未滅，而齊欲使秦取之。」

一四裏一一

正告天下　正，猶顯然。

一四裏一一

浮於汶　汶，音泯。謂泯江從蜀而下。

一四裏一二

夏水　謂潦水。

一四裏一三

出於巴　劉伯莊云「巴國在漢水上」是。

一五表三

宛宛城，今鄧州南陽縣城。東下隨，今隨州。

一五表一〇

封冀　封、冀既包兩周，其地合當在南陽之東。未詳處所。

一五裏一

決滎口　決滎澤之口，令河水灌大梁城。又按：滎澤渠首

〔第八葉表〕

起滎澤西北二十里。

五、六裏

十五裏一

白馬之口　「白馬津在滑州白馬縣北三十里。」決之灌外黃、濟陽。五、六裏引《括地志》

一五裏九

爲齊罪　言秦已得安邑，塞女戟，乃以破宋爲齊之罪名也。「秦欲攻韓，上文所謂「有功者秦之深讎也」是也。」《桃源抄》

一六表二

與國　楚也。

一六表四

屬行　上燭，下胡郎反。

一六表五

譙石陽馬　並未詳。

一六表七

贏則兼欺　贏，猶寬假也。

用兵如刺蜚　《正義》本無「蜚」字。刺，七賜反。猶過惡之人有罪過，刺之則易也。言秦譴謫諸國，以兵伐之，若刺舉有罪之人，言易也。一本《正義》本無「蜚」字：用兵伐國若刺有罪之人，故曰「用兵如刺」，言易也。

十六表一三

西河之外　西河之外，謂同、華等州也。上雒之地，謂商州也。二地先屬晉國也。

川

三川，洛州周都地也。此三地全晉之時秦朝夕攻伐，是晉國之禍敗也。

十六裏一

三晉之半秦禍　三晉，韓、魏、趙也。言三晉之遺民被秦傷如此其大之甚。

一六裏二

燕趙之秦者　言燕、趙之士往秦，皆爭事秦，而却說燕、趙之惡也。

十六裏三

蘇代復重於燕　復，淵富反。重，音直拱反。言燕更尊蘇代。

一六裏七

反間　紀莧反。

〔第九葉表〕

張儀列傳第十

四裏一〇

商於　商、於二邑，解在《商君傳》。

五裏五

藍田　藍田縣在雍州東南八十里。從藍田關入藍田縣，時楚襲秦深入。

六表一三

韓之上地　上地，上郡之地。

六裏一〇

北地絶　《正義》曰：「楚之北境斷絶。」非幽州北地也。《桃源》

七表六

兩虎相搏　搏，音博，猶戰也。

《括地志》六、六表　曹

七表八

攻衛陽晉　陽晉在曹曹州乘氏縣，與濮、滑相近，皆衛地。常山爲天下脊，陽晉爲天下胸。

八表二

蹄間三尋　三尋者，七尺曰尋。馬蹄閒有二丈一尺，亦疾也。

八表一

貫頤奮戟　劉伯莊云：「以兩手捧面，直入敵，言其勇也。執戟奮怒而趨戰。」（與《索隱》之説同，但是《索隱》不引劉伯莊也。）

八表四

徒裼以趨敵　徒，跣。裼，袒也。言六國之卒，皆著甲及兜牟而戰，秦人棄甲徒跣，袒肩而戰。

九表九

恐懼懾伏　懾，之涉反。

九裏六

塞午道　劉伯莊云：「道，蓋在齊、趙之交。」按：謂交午之道。

十表七

熱啜　昌拙反。劉伯莊云：「即熱羹也。」

十表八

進斟　斟，音針。

雲中九原　《史記正義》曰：「古雲中、九原郡，皆在勝州。《括地志》三、四表雲中郡古城在榆林東北四十里。九原郡古城在勝州西界，今連谷縣是。

十裏三

裁如嬰兒　《正義》：「裁，才代反。謂形體也。」《公羊》：「辯而裁之。」

十裏四

五城　五城，謂常山之東五城。今易州界。

〔第一〇葉表〕

一一表二

馮喜《正義》作「馬喜」。《戰國策》「馮喜」。

十一裏七

售者　售，音受。

一一裏一三

田需　需，音須。魏相。

十三表六

燒掇　掇，判也。扞，割也。言攻伐侵略也。中國無事不攻秦，秦則侵掠義渠之國。在寧夏夏州。

十三表九

其後五國攻秦　秦惠王後元七年，五國共攻秦，不勝而還。

十三表十二

此公孫衍所謂邪　今彼重遺，如犀首前言。?

樗里子甘茂列傳第十一

一表一二

嚴君　《地理志》云蜀郡有嚴道。

五表一
是以公孫奭甘茂無事也《策》無「以」字。鮑本《策》注：「《正義》云：『二子不得合韓、魏以伐齊也。』」

四表九
彼有以失之也 言秦王不知壽之黨於楚者，王之失也。

四裏一〇
過楚 劉伯莊云：「過，猶毁責也。」

五表一二
置之鬼谷 鬼谷在陽城縣也。

五裏一一
内行章義之難 内，猶陰也。楚令召滑相越，陰内章句定義之禍難，亂敗越也。

六表一二
張卿 張唐爲卿，故曰「張卿」。

六裏一
夫項橐《索隱》、《正義》本「夫」作「大」。 尊大其道德，故云「大」。

六裏九
借臣車五乘 借，將夜反。「兮」，一本 ？

七表三
齎臣五城 齎，即齊反。割五城廣河間，祈甘羅還報秦也。

穰侯列傳第十二

〔第一一葉表〕

穰，鄧州穰縣。冉，甘嶮反。

一表一〇

涇陽君 《索隱》曰：「名悝。」與《索隱》同文，故省。？《正義》曰：「客迴切。」

一裏一一

益封陶 陶，今（雷）〔曹〕州陶城。

二表六

戰勝三梁 《太康地記》曰：「戰國時謂『南梁』者，別之於大梁、少梁也。古蠻子邑也。」

二裏四

必見欺 秦欲和魏，魏割地，仍求秦質。

三表六

故宋 宋時已爲齊滅。

白起王翦列傳第十三

一表四

左庶長 長，展兩反。

一表七

乾河 乾河源出侉州「絳」歟？絝縣東南㲉山，南流注河。是「其」歟？冬乾夏流，故曰「乾河」。

？

一表九

攻垣城　故垣城在絳?州?垣西北二十里，本魏東王?垣也。

一裏四

野王　野王，懷州河（南）〔内〕縣，春秋時?野王邑也。太行山在縣北二十里。

一裏六

鄭道　鄭縣本韓之國都。秦攻韓南陽、野王，則野王、上黨之路絶矣。

一裏九

平陽　《趙世家》曰：「封趙豹爲平陽君。」平陽故城在相州臨（障）〔漳〕縣西二十五里。

二裏九

不樂爲秦　樂音□洛?，下于危反。言情不樂爲秦民。

三表一一

割韓垣雍六城以和　集解徐廣曰：「卷縣有垣雍城。」　《釋地名》云：「卷縣所理垣雍城。」按：今在鄭州原武縣西北七里也。」《括》六、一四表

〔第一二葉表〕

〔第一二葉裏〕

三裏九

免武安君爲士伍　如淳曰：「嘗有爵，而以罪奪爵者稱士伍。」顏師古曰：「謂奪其爵令士伍，言從士卒之伍。」

四裏一一

攻寢　今光州固始縣，本寢丘南，孫叔敖所封。

五表一一

秦王怚而不信　怚，音麄。徐曰：「一作『粗』。」並音息故反。怚，音丁達反。又作「怛」，子奴反。

五裏三

超距　超，跳躍。距，木械也。出地如雞距也。然壯士跳躍走拔之，按出與否以定勝負也。

六表六

至圽身　殁，没也。

孟子荀卿列傳第十四

一裏四

三騶子　三騶：騶忌、衍、奭。三人仕燕。《七録》云：「《鄒子》，鄒衍撰。」

《七略》云：「《鄒子》二種，合一百條，篇亡，今惟此。又似後人所記。」

一裏三

退與萬章之徒云云 《孟子》有《萬章》、《公明高》等，孟軻撰，趙岐注。又一本七卷，劉熙撰。又一本九卷，綦毋遂撰也。

二表七

六親之施 外祖父母一，妻父母二，姨、妹之子三，兄弟之子〔四〕，從子五，女之子六。王弼云：「父母兄弟妻子。」

二表一

居其一分耳 《鹽鐵論》及《論衡》並以衍之所言迂怪虛妄云云。（以下與《索隱》同。）

二表六

乃有大瀛海環其外 言一州縣有裨海環繞之。凡天下有九州，大瀛海環繞其外，乃至天地之際也。

懼然顧化 懼，俱遇反。王公大人見衍，無不懼然念拄，欲

〔第一三葉表〕

〔第一三葉裏〕

顧其術以化民，其後亦不能行。

二表四 **要其歸必止乎仁義** 騶子睹有國者益淫侈不能尚德，須若大雅齊整之於身，延及黎庶矣。乃作術，其終要歸乎仁義節儉君臣上下六親之施。始，初也，猶泛濫未能周備，故云「濫」耳，若江源濫觴。

二表二一 **擁彗** 彗，箒也。擁彗，則執箒曲腰掃也。言昭王（向）〔句〕曲腰，若擁彗先驅之類。

二裏一 **豈與仲尼菜色陳蔡** 孔子、孟子法先王之道云云。（同《索隱》）鄒衍云云。惑諸侯，反見尊禮。痛哉！時君之識也。

二裏五 ?**阿世俗苟合** 先合人主之好，乃得見用，然後之大道。

二裏八

有牛鼎之意　太史公見鄒衍之説，怪迂詭辯而合時君，疑衍若伊尹、百里奚先作之牛鼎意。

三裏四

爲開第康莊之衢　言爲諸子起第宅於要路也。

三裏八

炙轂過　諣，音化。亂諣，疾言也。

四表六

趙亦有公孫龍　《家語》及《弟子傳》云衛人也，鄭玄云楚人，此云趙人。下文云「或曰竝孔子時，或曰在其後」。按：皆疑，未孰是。公孫龍二人，或云竝孔子。龍，《墨子》云云。

四表九

劇子之言　趙有劇孟、劇辛，是有劇姓，而《史記》不記其名。徐廣云云。《志》云「《劇子》九篇」也。

〔第一四葉表〕

孟嘗君列傳第十五

一裏五

五月五日生　俗説五月五日生子，男害父，女害母。

二表三

梁肉　粱，粟。

二表七

靖郭君　靖郭，邑名。蓋卒後賜名。

二表一一

孟嘗君（侍）〔待〕客　待，猶當。

三表一三

齊湣王不自得　本「不自得」作「不自德」，言自嫌无德，而遣孟嘗。

四表一一

收周最以厚行　行，寒孟反。周最本厚齊云云。以下同《索隱》復且得反齊王之所信者，又禁天下變，無秦之意。

四表一七

親弗必走　親弗相呂禮，欲合齊、秦。若齊、秦不合，天下之從集歸於齊，親弗必走去齊。

四裏五

重子以取晉　重子以取秦　取晉，謂（齊）〔親〕晉；取秦，謂親秦。

五表二

傳舍　傳舍，下客所居。

五表四

蒯緱　驩貧，用蒯草之繩纏。

五表六

長鋏　鋏，古俠反，劍名。

五裏一二

？

→**文奉邑少**　非文封邑多，而租稅少，故求息。

七表一一

所期物　言平明萬物皆赴，如期會。

七表一〇

市朝　言市之行位如朝列，故曰「朝」。曲解。

平原君虞卿列傳〔第〕十六

一裏六

歃血　歃，衫甲反。

二表一

穎脱而出　穎，禾穗末也。穎脱而出，言特出衆穗之表。

〔第一五葉表〕

〔第一五葉裏〕

二表二

相與目笑之　言十九人相與目視之，竊笑，未敢發聲也。「發」字或作「廢」者，非也。毛遂不由十九人而得廢棄也。

二表三

比至楚　比，卑利反。

二裏一

鄢郢　《通鑑注》引《史記正義》曰。

二裏四

取鷄狗馬之血來　《周禮》禮盟之用牲，天子以牛及馬，諸侯以犬及猳，大夫以下用鷄。今總言之用血，未詳。

三裏六

操右券以責　右券，上契也。言虞卿爲平原取封，事成，則當取上契之功，以責平原報己之德。

三裏一〇

言至道乃絀公孫龍　[集解]云云。（《正義》）繳，音糾。繳繞紛亂，爭言而相隨，近競後息，不能無害君子。

《索隱》略同

四表一〇
與平陽君爲媾　《趙世家》云封趙豹爲平陽君。「平陽故城在相州臨漳縣西二十五里。」《括》四二
四裏一三
解負親之攻　郝言爲趙王負秦親韓魏之攻。
五表四
此自盡之術也　言不媾，必來年趙獨自取秦之攻。
五表九
有以王之事秦　有，讀如「又」。字相似，變改者誤。
五裏三
雖然試言公之私　試言緩之私情何如。

〔第一六葉表〕

信陵君列傳〔第〕十七

一表四
爲信陵君　信陵，地名。
一表九
北境傳舉烽　烽，敷蓬反。《注》：「櫓，音魯。」
一表一三
探得趙王陰事　探，音貪。亦作「深」。

一裏四

虚左　莊曰：「車中上左爲貴也。」

一裏七　列

其客朱亥　《列士傳》：「秦召公子無忌，無忌不行，使朱亥奉一雙璧謝秦王。秦王大怒，朱亥著虎圈中。亥瞪目視虎，眥裂血濺，虎終不敢動。」

一裏一一

徧贊賓客　劉熙云：「稱人美曰『讚』。讚，纂集其美而叙之。」

三裏五

平原君負韊矢　《集解》云「吕忱曰」。忱，其林反。忱，字伯雍，任城人，吕姓，晉弦令。作《字林》七卷。吕忱云：「若胡鹿而短。」

四表五

以鄗爲公子湯沐邑　鄗，今高邑。鄗，黑各切。

四表七

毛公　《毛公》九篇，在名家者流，見于《藝文志》。

四表一二

稱平原君　稱，尺證反。

四表一二
徒豪舉耳　劉伯莊云：「豪者舉之，不論德行。」

五表八
病酒而卒　魏安釐王母弟云云。四年信陵君〔卒〕，當秦始皇四年。

春申君列傳第十八

一表一一
兩虎相與鬬　兩虎鬬方困，而駑馬犬亦承制其弊弱。

一表一三
累棊　累棊，其高則危也。

有其二垂

一裏三
使盛橋守事於韓　劉伯莊曰：「秦使盛橋守事於韓，亦如楚使召滑於越也。竝內行章義難矣。」

〔二行從親之要〕文言
注齊秦之要　要，音腰。要得魏氏諸邑，又割濮磨之北地，

〔第一七葉表〕

二裏五
舉河内　《策》注：「正義河内即懷州也。在河南之北、西河之東、東河之西。」

而東西注齊、秦之要也。劉伯莊曰：「注，音朱諭反，猶截也。」

一裏一三

仁義之地　仁，一作「任」。今任城屬濟州。《地志》云：「任城，屬東平國。」

州

二表一三

大武遠宅而不涉　？劉曰：「喻遠取地而不能守，不如近攻。」

二裏八

係脰束手　係連脰伏縛手而去。

二裏一三

必攻隨水　必攻隨水缺文？

三表七

校於秦　校，敵也。

三表一一

令韓魏歸帝　《正義》本「令」作「今」。遲，猶當也。今韓、魏歸帝號，尊齊秦，秦失計。

六表三

李園不治國而君之仇也　李園不治國政，而怨春申君，故曰仇也。

六表一一

俠刺春申君　俠刺，上胡牒反，下七賜反。

六裏三

旄矣　上，莫報反。

范睢蔡澤列傳第十九

三表一

語之至者　至猶深也，極也。

三表一

不概於王心邪　槩，猶平也。睢言秦政教，不能例倒？合王心邪？

三裏三

身爲漁父而釣於渭濱　二、一六《括地志》曰：「茲泉水源出岐州岐山縣西南谷，北流十二里，注于渭。太公釣此，所謂磻溪。」

三裏一○

漆身　漆身，豫讓也。被髮，箕子也。

〔第一八葉表〕

《齊世家》注　《秦策》三、三吳師道注：「正義引《呂氏春秋》云：『太公釣於茲泉。』酈道元云：『磻溪中有茲泉水，源出岐州岐山縣西南凡谷，北流十二里注於渭。』」

〔第一八葉裏〕

三裏一三

孟賁　孟賁，音奔。

四表二

橐載　橐，音託。杜預云：「昭關在淮北。」

四表三

陵水　在臨淮。三橐。？

四表三

蒲伏　下白北反。

四裏七

左關阪　劉曰：「關曰函谷關，阪曰商[高]阪也。」

八裏八

富而爲交者爲貧也　下于僞反。言富貴而結交者，本爲貧賤之人[時？]也。

十表三

曷鼻巨肩　曷鼻，橫文若蝎蟲形也。「巨肩」，《正義》作「巨脣」。脣，或作「肩」，言肩高。

？十表四

魋顏〔黎〕　一本作「膝」。攣，卷緣反，膝攣曲也。蔡澤實不醜，而唐舉戲之。揚雄《解嘲》言蔡澤噤吟而咲唐舉，誤甚也。

十裏一〇

純粹　王逸云：「至美曰純，齊同曰粹。」

十一表六

盡能而不離　離，力智反。

一三裏七

喬松之壽　王喬，周靈〔王〕太子晉也。赤松子，神農時雨師也。

樂毅列傳第二十

一表五

中山復國　鮮虞子重更得封中山。復，符富反。

二表二

收齊鹵掠以歸　鹵掠齊寶器也。

二表一〇

望諸君　諸，之也。言王起望君之日久矣，故曰「望諸君」也。《太公世家》「『吾望子久矣』，故號曰『太公望』。」

三裏一〇

吴王不寤先論之可以立功　吴王不悟合先論子胥功績可以封爵之，卒不改，故沈子胥而不悔責也。

〔第一九葉表〕

二裏一三

假節於魏　注：「《正義》《策》云假魏節使燕。」

三表一〇

元英曆室　注：「《正義》《燕策》引《括地志》云：『元英曆室，燕二宮名，在幽州薊縣西四里，寧臺之下。』高誘云：『燕噲亂，齊伐燕，殺噲。今反歸古鼎。』」（今注本無。）

三裏一一
入江而不化　化，變化也。言子胥？不早見吴王不同度量，則遠迹千里，令至身入江而不變。故責於胥也主陷於不義。樂毅早知投？趙，得燕王陷於不義，身不免於僇辱也。

四裏一〇
民志不入　言民志不爲罪咎而不入獄，是因自出，若箕子、商容是也。

五表一三
樂臣公教蓋公　蓋，姓也，《史記》不名。樂乘、樂閒墓並在邯鄲縣南八里。

蓋，音古盍反。

廉頗藺相如〔列〕傳〔第〕二十一

一表六
○**趙宦者令繆賢**　繆，亡又反，姓也。

二表九
○**設九賓於廷**　《周禮》九儀謂公、（卿）〔侯〕、伯、子、男，公、卿、大夫、士。

「卿」恐「侯」。

二裏六
○**嘻**　嘻，音希，恨怒之聲。

○**馬服君**　《通鑑集覽》引《正義》曰：「因馬服山爲號也。山在邯

九賓　《燕策》注引《正義》：「文物爾。下不得以《周禮》九賓義爲釋。」（《刺客傳》有此文）

奉盆甂。音鉼。—大《正義》曰—肉袒露膊。○

吳師道曰：「幼，邑名。《正義》曰『或屬齊，或屬魏云云』。」○

收保《商君傳》○

鄲西北十里。」虞喜《志林》云：「馬，兵之首也。號『馬服』，言能服馬也。」

六裏九

急入收保　急入壘，收斂而保護。

七表四

彀者十萬人　彀，滿弓張也。言能滿張弓射。

七表二

委之　委，〔之〕？僞□反。以少軍先嘗帶以委。

七表七

襜襤　胡國名，在代北。

後七年秦破殺趙將扈輒……《正義》作「秦破趙殺……」。

田單列傳第二十二

奇正相生《正義》本作「相當」。○《正義》**如環之無端**，「言奇與正相濟如環之無端」。**夫始如處女**……「未嫁處在室也。言田單初守城內，如處女之示弱也」。**適人開户**，「上音敵，下同。敵人，謂燕軍也。」**後如脱兔**……「言田單出城之後，攻擊進疾如脱走之兔，收齊七十餘城，敵人不及距捍也。」

〔第二〇葉表〕

魯仲連鄒陽列傳第二十三

○一表一一 **新垣衍** 新垣，姓；衍，名。漢有新垣平。新垣衍，魏客將軍也。

○二裏五 **天子下席** 天子，烈王嗣也。下席，謂居廬寢苫也。又云下席言崩殯也。

○三表九 **攝衽枹机** 衽，臥席也。枹，抱也。

○三表一一 **倍殯棺設北面於南方** 殯官〔棺〕在西階也。天子弔，主人背殯棺於西階南立，北面而哭，天子於阼階北立，南面以弔也。

○四裏四 **交退於齊** 交，俱也。南陽、平陸縣，楚、魏俱退不攻，燕救又不至，以全齊之兵，別無規求天下。言聊城必舉。

○四裏一三 五表一 **資説士** 資給説士，以招賢良，用彊國也。矯國更

齊無南面 吳師道曰：「《正義》云齊無南面攻楚魏之心。」

俗，矯正詐僞，與之更弊俗。

五表一、二

○**亡意亦捐燕棄世**　亡，罔良反。亡意捐燕棄世。亡，失也。若不歸燕，失意，棄其忠良之名，東遊齊國也。

五表二一

○**五霸**　趙岐注《孟子》：齊桓、晉文、秦穆、宋襄、楚莊是也。

五表二一

○**光燭鄰國**　《蒼頡篇》：「燭，照也。」

五裏三

○**壇坫**　坫，都念切。?

五裏四

○**忿悁**　悒憂貌。

五裏七

○**名與天壤相弊也**　壤，地也。

六表一

○**介於羊勝公孫詭之間**　介，猶紹繼也。言與羊勝、公孫詭紹繼相接，廁其間。

六表二

○**惡之梁孝王**　師古曰：「惡，謂讒毀也。」其下亦同。

〔第二一葉表〕

六表一一

信不喻兩主　喻，曉也。

六裏一三

◎○**尾生**　尾生守信死。言蘇秦天下俱不信，唯燕信之若尾生。

七裏一二

○**阿偏之辭**　阿偏謂阿黨之言及偏辭。

八表四

○**封比干之後修孕婦之墓**獄　讀諸書傳皆無封比干及修孕婦之墓。蓋鄒陽在獄，權下此語，引欲善無厭，猶欲自殺。

八表一一

無愛於士　顏曰：「無所悋惜也。」

九表四

○**周用烏集王**　顏云：「文王之得大公，非因故舊，若烏暴集也。」

離說　《正義》：「詭，《漢書》作『奇』。師古曰：『蟠木，屈曲之木也。』困，音去輪反。離，音力爾反。」

白頭如新　人以才德相慕，至老白頭若新相識。

傾蓋如故　人以才德遥相慕，此及下車傾蓋如相識，若若吴季札鄭喬，張華陸機。

「積毁」注：「大顏，《正義》作『顏遊秦』。」（《孝武本紀第十二·索隱》云：「師古云叔父游秦亦解《漢書》。故顏師古爲小顏。」）

爲之容　《正義》曰：「言先爲雕刻裝飾，故得萬乘之器也。」

屈原賈生列傳第二十四

一表三

○**嫻於辭令**　閑，雅也。嫺讀爲閑。

○**自疏濯淖汙泥之中**　上音濁，下音女教切。？汙泥，上烏故反，下年計反。

二裏八

○**曤然**　上自若反，又子笑反。踈濯之貌。

二表五

至鄧　「至郢鄧」，一本無「郢」字。故郢城在荆州陵口縣東北九里。七故鄧城在襄州安養縣東北二十二里。按：二城相近也。《正義》本作「郢鄧」。

二裏六

○**反覆**　覆，敷福反。每一篇之中反覆致志，冀君之一悟也。

二裏一○

不知忠臣之分　分，符問反。

三表八

啜其醨　醨，力知反。

三表一一

汶汶　汶，音問。

〔第二二葉表〕

俟罪長沙　俟，作「竢」，同古「俟」字，待也。

五裏一一

寶康瓠　李巡曰：「康謂大瓠瓢也。」康，空也。鄭玄曰：「康瓠，瓦盆底也。」

顧野王曰：「瓿甊，破罌也。」

六表三

漂漂　輕舉貌。

六表四

襲九淵之神龍　顧野王云：「襲，合也。」師古云：「九淵，九疑旋之内，言至深也。」銑曰：「襲，猶察也。言察於神意，則知藏爲深淵之處，可以自珍重也。言君子在亂世，可以隱也。」

六表五

沕深潛以自珍　沕，没也。

六裏三

鱣鱏　上哲連反，下音尋。晉灼曰：「小水不容大魚，而横鱣鱏於汙瀆，必爲螻螘所制。以小朝主闇，不察忠逆之言，亦爲讒賊小臣所害。」

《索隱》同

六裏六

有鴞飛入 《毛詩》曰：「鴞大如斑鳩，綠色，惡鳥也，入人家，凶。」晉灼云：「《巴（買）〔蜀〕博物志》云：『有山鴞，（水）〔小〕於鷄，體有文色云云。』」

七表一

淹數之度 音朔，數也。淹，留遲也。《漢書》作「淹速」。師古云：「淹，遲也。」

〔第二四葉表〕

七裏一

大專槃物兮 專，音均。

七裏三

坱軋無垠 垠，音銀。

七裏九

又何足患 《正義》本「又」作「有」。《漢書》作「又」。

八表三

大人不曲 大人，聖人也，德無不包，體達性命，故不曲憂生死。

八表六

真人淡漠兮 上徒濫反，下音莫。淡，薄也。漠，靜也。

八表一一

養空而游 鄭氏云：「通〔道〕家養空虛若浮舟也。」

八裏二

坐宣室　《淮南子》云：「武王殺殷紂於宣室。」漢蓋取舊名以名殿也。

八裏一

孝文帝方受釐　釐，音希。禧，福也，借「釐」字爲之耳。言受神之福。

呂不韋列傳〔第〕二十五

一表七

其次子安國君爲太子　「柱」？字下「又名戍〔成〕」三字。

一表七　氏尸

愛弛　弛，尸氏反。

二表八

舉立以爲適而子之　言華陽夫人舉才建子，爲安國君

再考

嫡嗣，而又養之爲嗣也。

二裏九

生子政　子政者，始皇帝也。

三表六

尊呂不韋爲相國　莊襄立丞相，至始皇又欲爲相國。秦有左、右丞相。高帝置一丞相，十月更名相國。孝惠、高后置左、右丞相。文帝置一丞相，有兩長史歟？文。哀帝更名大司徒也。

四表三

後百年旁當有萬家邑　漢宣帝元康元年，以杜東原上爲初陵，更名韓？爲杜陵，在萬年縣東南十九里。從始皇七年？（更）〔葬〕太后，至宣帝元康元年一百七十四年。

四裏一〇

追斬之好時　時，音止，故好時也。

〔第二五葉表〕

刺客列傳〔第二十六〕

一表七

匕首 《通俗文》曰：「匕首其頭類匕，故曰匕首，短而便用也。」

一表一〇

魯城危壞即壓齊境 劉云：「魯城危壞，齊南境壓魯國都。」

一表一三

公子光 諸樊之子也。

三表九

吞炭爲啞 《呂氏春秋》云「豫讓欲報趙襄子，滅鬚去眉」云云。

三裏二

所以爲此者 吾爲極難者，令天下後代爲人臣懷二心者愧之，故漆身吞炭，所以不事（之）襄子也。

四表七

濮陽嚴仲子事韓哀侯 《年表》云韓烈侯三年，盜殺韓相俠累。又云哀侯六年，韓嚴殺其君。《韓世家》竝同。《戰國策》云：「傫走而抱哀侯，聶政刺之，兼中哀侯。」按：《世家》及《年表》，與《索隱》同烈侯後次文侯，文侯後次哀侯，凡三世也。烈侯三年至哀侯六年，二十年，其縣隔未詳孰是。蓋太史公信傳信、疑傳疑，兩存之。

五表二一

生得失則語泄　多人不生擒韓相，其言即漏泄也。又一曰多人殺韓相，不能無被生擒得之者，其語必泄也。

五裏三

因自皮面決眼　謂自剥其面皮，決其眼睛。

五裏八

乃於邑　乃於本邑中而言也。

六表四

絶從　從，旁也。

七表一

歌於市中　歌衆人之中。

七表七

丹怨而亡歸　《燕丹子》云：「太子丹質於秦，秦王遇之無禮，不得意欲歸。秦王不聽，謬言曰：『令烏頭白、馬出角乃可。』

〔第二六葉表〕

誤説

○一二論贊《索隱》録此事，但所引《燕丹子》，事有異同。

〔第二六葉裏〕

丹仰天歎焉，即爲之烏頭白、馬生角。王不得已遣之，爲機發橋欲陷丹。過之，橋爲不發。《風俗通》云：「燕太子丹天爲雨粟、烏頭白、馬生角也。」

七裏四

禍必不振矣　振，動也。言遺樊將軍禍必不動矣。

遺

八表三

卻行爲導　謂引導田光。

九裏六

秦之遇將軍可謂深矣　言戮家室及購千金，是遇深也。

一〇表五

血濡縷人無不立死者　劉曰：「纔傷人肉，血出如絲縷也。」

一二表二

畏約無窮時　言久結其約契，逃避不敢出，何有窮極時？

一二表一三

天雨粟馬生角也　太子丹質於秦，秦王遇之無禮，不得意，欲皈。秦王不聽，謬曰：「烏頭白、馬生角，乃可。」丹仰天嘆焉，即爲之烏頭白、馬生角。王不得已遣之，爲機發橋，欲

誤

一〇裏八

九賓

此文與前注重複

陷丹。過之，橋爲不發。

李斯列傳第二十七

胥人者去其幾也　卑賤之人如禽獸，終日食之，覻(足利)覻視其肉，徒有人面，强行於地。《桃源抄》：「《師説》：『劉云：「禽獸雖有耳眼，而無智，終是庖厨之肉。人無計略，胥人亦似禽獸。」』」劉氏曰：（煩）「胥去，待也。？幾，强也。」

一裏一一

由竈上騷除　言秦國實并六國，若吹竈上塵垢。言其易也。寛永本

〔第二七葉表〕

三表六

下陳　下陳，謂下等陳列也。

三表一〇

佳冶　佳冶，佳麗姚冶。佳，居膎切。

四裏一〇

吾不知所稅駕也　顧野王曰：「稅，舍車也，止也。」

五裏六

敢行　敢者，執（？）尖辭。

五裏八

羸糧　羸，裹糧也。

六表八

詘於口　詘，猶「訥」也。

六表一三、裏一

孝子不勤勞而見危　言哀哉痛甚，則危其身。

六裏八

斯其猶人哉　猶人，猶是人也。秉道守順，豈有反逆？安足與謀也！

七表一〇

請復請　復，扶富反。復，重也。言再三重請，必然而未曉（晚？）。至此爲絶句也。

八表二

矺死於杜　矺，磔也。音宅。

八表一三

采椽不斲　言采取木作也，不斷削。

八裏六

不烈於此矣　烈，酷也。不酷烈於此也。

九表六

恣睢　仰白目貌也，縱恣也。

九裏二

嚴家無格虜　劉曰：「格，彊悍也。虜，奴隸也。」按：嚴整之家，無彊悍似奴虜，子弟皆勤也。

九裏七

布帛尋常　八尺曰「尋」，倍尋曰「常」。言其少也。

九裏八

鑠金百溢　鑠金，銷鑠之金也。熱不可取也。

一一表一、二

丞相豈少我哉且固我哉　言丞相幼少我，且以我身爲故舊哉。固，與「故」通。

一二裏一

所忠者非也　「所忠」，謂吳太宰嚭之類。

〔第二八葉表〕

《正義》「似」字可削。

「奴虜」作「僕奴」。

「固我」，故舊之義。

〔第二八葉裏〕

一二裏八

麋鹿游於朝　作「麋鹿」（麗）。上音眉，亦作「麋」。

一三裏一一

移上林　移牒勘問。

蒙恬列傳第二十八

一表三

蒙驁　驁，五高反。

一表一一

道之所卒也　（率）〔卒〕，克律反。（率）〔卒〕，不及也。

三表一

籍於諸侯　言諸侯皆書籍其事。

張耳〔陳餘〕列傳第二十九

一表四

其少時及魏公子毋忌爲客　顏云：「毋忌，六國信陵君也。言其尚及見毋忌，爲之賓客也。」

一表八

請決　顏云：「請決，絶於前夫而嫁耳。」

一表一三

刎頸交　刎，音武粉反。

一裏四　？

張耳躡之　躡，女涉反。手足躡，令受笞。《漢書》「躡」作「攝」。師古曰：「謂引持也。」

一裏一三

瞋目張膽　張，大也。

二表三

野無交兵　「交」作「校」。校，報也。

二表一一

長城之域　「域」，本作「役」。蒙恬將二十萬人築城。長城之役、五嶺之戍，並在始皇三十三年。

〔第二九葉表〕

五表七

張黶　黶，乙斬反。

六表一〇

扞蔽　扞蔽，猶言藩屏也。

六表一三

甘公　《七録》云：「甘德，楚人。戰國時，撰（作）《天文》八卷。」

六裏一

五星聚東井　《天文志》云：「以暦推之，從歲星也。」

六裏一三

袒韝蔽　謂臂捍膝也。言自祇？承上食也。

七表一

箕倨詈　申兩脚而倨其膝，若箕之形。倨，傲也。

七表二

趙相貫高趙午　貫高等以？其老，乃有不平之氣也。

七裏一〇

泄公　泄，姓也。秦時衛有泄姬。《評林》本作「《史》有『泄私』」。

八裏四

南宮　南宮，冀州縣。

魏豹彭越列傳第三十

一表一〇

項它田巴　「它」，本「尼」字，一作「巴」。吴楚將。

一裏二

魏王豹　魏豹自立爲魏王。或云項羽立之。

一裏五

緩頰　緩，緩頰舌説，不限急期。

二表一一

歸漢於外黄　於外黄歸降漢也。

三裏九

得攝尺寸之柄云云欲所會其度　言二人得綰攝一尺之權柄，即生變動，欲有會其度數。度，徒故反。

〔第三〇葉表〕

〔第三〇葉裏〕

黥布列傳第三十一

一表六
人相我當刑而王幾是乎　孔文祥申云：「爲封皋陶後於英，布其苗裔也。」《漢故事》云：「布姓黥，欲以厭當之也。」
一表一〇
番君　番君，吴芮也。
一表一一
清波　《正義》作「青波」。「清」作「青」，地名。
一裏一一
閒道　閒隙之道。
二表一二
此臣之所以爲使　以楚彊漢弱，爲此事，臣之所以使九江也。
二裏七
騷淮南之兵　騷，音掃。言舉之如掃地之爲。
三表一三
事已構　構，結也。言背楚之事已結成。
三裏一二
腐儒　腐，爛敗之物。言無所堪用。

與師古説同

四表六 **誅梁王彭越（磕）〔醢〕之** 反者被誅，皆以爲醢，即《刑法志》所云「葅其骨肉」者。

四表七 **警急** 《正義》本「警急」作「備急」。上如字。或作「驚」。恐收捕，聚兵備（其）〔甚〕急。

五裏二 **别爲三** 楚軍分爲三，欲互相救爲奇策。

五裏八 **以故長沙哀王** 「哀」字誤，當作「成」字也。

〔第三一葉表〕

淮陰侯列傳第三十二

一表四 **商賈** 行賣曰「商」，坐賣曰「賈」也。

一表五 **寄食** 寄飲食。謂託飲食於人，猶乞食也。

一表一二

衆辱之　衆辱，謂於衆中辱之。

二裏一

印刓弊忍不能予　「印刓」作「印抏」。抏，音與「刓」同，五丸反。角之「刓」，與「翫」同。言手弄角刓，不忍授也。

二裏八

三秦　三秦，章邯、司馬欣、董翳。

三裏一一

秋豪　秋豪，喻微細之物也。

三表一

可傳檄而定也　傳檄而定，不用兵革也。

三表三

部署　部署，謂部分而署置之也。

五裏五

情見勢屈　屈，求物反，盡也。

五裏九

撫其孤　撫，存恤也。孤，死士之子。

五裏一二

暴其所長於燕　暴，露也。

六裏一一

齊之半可得　言此一戰而勝，則齊之地得半矣。

七裏二
不可必　必，謂必信也。
九表二二
所謂功無二於天下云云　言世之大功，不能出於韓信。

韓信盧綰列傳第三十三

一表六
橫陽君成　以封橫陽二城，故曰橫陽（城）〔君〕。下文別解。
一表一一
及其鋒東嚮　其氣鋒鋭欲東也。
一裏七
明年春　徐廣云：「即高帝五年之二月也。」《漢書・韓信傳》云「六年春」，《史記・高祖紀》並云六年徙信都晉陽。未審徐何據而言之。

〔第三二葉表〕

〔第三二葉裏〕

田儋列傳第三十四

一表三

狄人也 集解 今樂安臨淄縣也。　和帝改千乘爲樂安郡。

一表五

田儋佯爲　羊、僞二音。

一裏

以市於齊　如市俗沽貿交易。

一裏一〇

何故不殺　蝮蛇之喻，言蝮蛇螫人，則雖手足斬之，爲去其害也。今田氏等於楚、趙，其害甚於手足，何不殺之乎！

三表二三、裏一

南面稱孤《老子》云：「貴以賤爲本。」侯王自稱曰孤、寡、不穀，謙稱也。

樊酈滕灌列傳第三十五

一表二

上間爵　何承天《纂文》云：「上間，爵名也。」不引《正義》

一表九

沛公留車騎　車騎，沛公所乘之車及從者之騎。

五裏七

爲繆侯　繆地未詳。

九裏四

布别將肥誅　誅，音殊。

張丞相列傳第三十六

二表一

嘗燕時入奏事　燕者，安閒之名。

二裏二

無以易堯　易，改也。無以改易於堯也。

三表八

定趙王如意之畫　畫，音獲，謂計策。

〔第三三葉表〕

四表一三

草土德之曆　草，創始也。以秦水德，漢土勝之。

四表四

任人爲中候　言蒼保舉人，任爲中侯官。

四表六

子類　類，古怪反。

四裏九

君勿言吾私之　吾私之，愛幸之。君勿言。

五表六

堧垣　堧，廟内院外餘地。垣，堧外院之牆。堧，如戀反，又而緑緣反。

五裏五　？

娖娖廉謹　孔注《論語》，以束脩爲束帶脩飾。此亦當然。

五裏一〇

孝武時丞相多甚云云　「孝武時」已下，皆褚先生補。

五裏一一

車丞相長陵人也　《漢書》云車千秋姓田氏，其先齊諸田，徙長陵。千秋爲寢郎，會衛太子事，上急變，訟[證]太子冤。爲鴻臚數年，代劉屈氂爲丞相，封富民侯。年老，上優之，朝

《論語·述而》：「子曰：『自〔行〕束脩以上，吾未嘗無誨焉。』」孔安國曰：「言人能奉禮自行束脩以上，則皆教誨之也。」鄭云：「自行束脩以上，能行束帶脩飾之禮矣。」

見乘牛車入宮中，號「車丞相」。

六表三

長子有罪論不得嗣　弘坐宗廟事，繫獄未決。據此，則《正義》本有「弘」字。

六表七

魏丞相相者濟陰人也　相，字弱翁。濟陰定陶人，徙平陵。

六表一〇

欲求脱罪　奏京兆尹之罪免也。

六裏二

或下蠶室　《後漢・光武紀》曰：「死罪繫囚，皆一切募下蠶室。」陸曰：「蠶室宮刑者，畏風須煖，作窨室，蓄火如蠶室，因以名焉。」窨，一禁反。

六裏四

魏丞相卒　視事九歲薨，謚曰「憲侯」。

六裏六

邴丞相吉者魯國人也　字少卿。

六裏七

封爲列侯　以孩童時侍養宣帝及拒詔能活宣帝之故，後封爲博陽侯，邑千三百户。

〔第三四葉表〕

六裏七

後世稱之　《漢書》：吉道上見殺人，不問。見牛喘吐舌，使吏問之。或讓吉，吉曰：「民間相傷殺，長安令、京兆尹職。歲竟，丞相課其殿最賞罰。宰相不視小事，非所當於道問也。方春少陽用事，未可以熱。恐牛近行，以暑故喘。此時氣失節，恐有所傷害也。三公典陰陽，職所當憂，是以問之。」以吉知大體，故世稱之。

六裏八

以丞相病死　謚曰「定侯」。

六裏一〇

免爲庶人　《漢書》曰：「故丞相吉有舊恩，朕不忍絶。」免顯官，奪邑四百户。後復以爲城門校尉。子昌嗣，爵關内侯。成帝鴻嘉元年，以吉舊恩，封吉孫中郎將關内侯昌爲博陽侯，奉吉後。國絶三十三歲。昌傳子孫。王莽時絶。

六裏一三

黄丞相霸 霸，字次公。淮陽陽夏人，以豪桀使役徙雲陵。

七表三、四

而至丞相 代丙吉爲丞相，封建成侯，食邑六百户。

七表四

子嗣 子賞嗣。

七表四

黄丞相卒 謚曰「定侯」。

七表七

韋丞相玄成者即前韋丞相子也 玄成，字少翁，以父任爲郎。歷位至御史大夫。永光中，代于定國爲丞相，封故國扶陽。爲相七年，守正持重，不及父賢，文彩過之。薨，謚曰「恭侯」。初，賢徙平陵，玄成徙杜陵，父子相續爲相。故鄒、魯閒云「遺子黄金滿籯，不如一經」。

七表九

于丞相乞骸骨免 于定國，字曼倩，東海郯人也。爲縣獄吏。歷位爲廷尉，乃迎師學《春秋》，北面備弟子禮。爲廷尉，

〔第三五葉表〕

〔第三五葉裏〕

民自以不冤。定國飲酒數石不亂。甘露中，代黄霸爲丞相，封西平侯。九年薨，謚「安侯」。子永嗣。始，定國父爲縣吏、郡決曹，獄平。閭門壞，父老共治之。于公謂曰：「少高大閭門，令容駟馬高蓋車。我治獄多陰德，未嘗有所冤，子孫必有興者。」至定國爲丞相，封侯傳世也。

七裏二

中丙科　衡射策甲科，不應令，〔爲〕太常掌故。《儒林傳》云歲課甲科爲郎中，乙科爲太子舍人，景科補文學掌故也。

七裏一

丞相匡衡　衡，字稚圭，東海承人也。父世農夫，至衡好學。

七裏七

匡君代爲丞相　位歷御史大夫。建昭中，代韋玄成爲丞相，封安樂侯，食邑六百户。爲相七年，以侵封國界，免爲庶人。終于家。

七裏六

鄭弘坐事免 鄭弘，字（神）〔稚〕卿。代韋玄成爲御史大夫。六歲，坐子原作「子坐」與京房論議免也。

酈生陸賈列傳第二十七〔一〕

一表五

落魄無以爲衣食業 落，謂零落。魄，漂薄也。言食其家貧，零落漂薄，無可以爲衣食業産也。

里爲監門吏 《正義》：「齊宣謂顔斶。」慶長寬永本作「王蝸對齊宣王」。

一裏四

傳舍 傳置之舍。

瓦合 《正義》「糾合」作「瓦合」。言如瓦合聚而蓋屋，無戮力之心也。

〔第三六葉表〕

〔一〕「二」，當作「三」。

〔第三六葉裏〕

二裏一
農夫釋耒　耒，手耕曲木。
二裏三
杜大行之道　大行，山名，在懷州河内縣。
三裏三
以爲酈生賣己　言與韓信通謀。
四表一
尉他　他，音徒何反。趙他，真定人，爲龍川令。南海尉任囂死，使他盡行南海尉事，故曰「尉他」。後自立爲南越王。
四表一一
屈彊　屈彊，謂不柔服也。
天地剖判《正義》本作「剖泮」。　剖泮，猶開闢也。
五表一三
率不過再三過數見不鮮　餘處爲賓客。一年之中三兩過到，若數見不鮮潔，及久厭我也。
五裏三
常燕居深念　國家不安，故静且居深思其計策。
五裏六
食三萬户《陳平世家》食曲逆五千户。從攻陳豨、黥布，凡與《索隱》異。

六出奇計，益邑蓋三萬户也。

五裏一〇

絳侯與我戲易吾言 言絳侯與生常戲狎，輕易其言也。

六表一

名聲藉甚 孟康云：「言狼藉甚盛也。」按：藉，言公卿假藉陸生名聲，甚敬重也。

六裏一

以其母故 按：上文以辟陽侯行不正，又不知平原君，而陸賈誤以母在，故令二君之交歡。

六裏七

孝惠幸臣閎籍孺 按：「籍」字，後人妄加也。

七表一二

冠側注 《漢·五行志》「仄注冠」，應劭曰：「今法冠是也。」李奇曰：「一曰高山冠，本齊冠也，謁者服之。」師古曰：「仄，古『側』字也。謂側注者，言形側立而下注也。蔡邕云『高九寸，鐵爲卷』。非法冠及高山也。」

〔第三七葉表〕

傅（喜）〔靳〕蒯成列傳第三十八

一表五

擊趙賁軍於開封　賁，音奔。

一表九

通德侯　通德侯未詳。

斬騎將一人敖下　敖倉山之下也。

一裏七

亳南開封東北　擊秦軍於南亳縣古城之南、開封縣之東北也。

二表三

別之河内　按：言「別之河内」，疑《漢書》誤也。

終謚爲貞侯　《正義》曰：「謚爲尊侯。一作『卓』。」《桃源鈔》《正義》曰：「謚爲寧尊侯。『尊』，本或作『卓』。？《漢書》作『卓侯』。」

三表八

高爵　名卑而户數多爲高爵也。

三表四

賜入殿門不趨殺人不死　《楚漢春秋》云「上令殺人不死，

入廷不趨」也。

三表六
封緤子居代侯　按《表》，「應爲鄲侯」，一歲卒，侯居代。而文不說者，以事少故。鄲，音多。

劉敬叔孫通列傳第三十九

一表三
劉敬　本姓婁。高祖曰「婁者，劉也」，賜姓劉氏。《漢書》作「婁敬」。

一表五
鮮衣　鮮，鮮潔美服。

一表一一
杖馬箠　杖，音直尚反。箠，音竹委反。杖，持也。顔師古曰：「箠，馬策也。杖，謂拄之也。『杖馬箠』者，以示無所携持也。」

一裏五
驕奢以虐民也　言帝王險阻之地，令後世驕奢之主役民，則虐苦也。

一裏六

懷德附離　有德，則離散之民歸附之。

二裏八

控弦三十萬　謂能引弓者三十萬也。

三表七

白羊樓煩王　白羊、樓煩，二胡國名。在朔方之南，靈、夏、勝等三州之地，秦得之號「新秦中」。漢爲朔方郡。而勝州，河東岢嵐州，亦樓煩胡地也。

三表六

取家人子　顏師古曰：「於外庶人之家取女，而名之爲公主。」

三裏五

人臣無將　將，謂將帶羣衆也。

三裏一一

衣一襲　衣單複具爲一襲也。

四表九

蒙矢石　蒙，猶被也，冒也。

四裏一二、一三

爲綿蕞野外習之　於野外即縛茅竹表爲纂，立尊卑之位也。蕝，子悦反，又子芮反，朝會束茅表位也，若今之纘也。

五表一〇

復置法酒　姚察云：「諸侯羣臣於奏賀禮畢，皆復置法酒。及侍坐殿上者，亦皆伏而抑首也。謂之『法酒』者，異於私燕之酒，言進止有禮法也。古人飲不過三爵，君臣百拜，終日宴而不亂也。」

五表一二

抑首　畏禮法，不敢平面視也。

五裏一

拜叔孫通爲太常　《百官公卿表》云叔孫通高祖七年爲奉常。至景帝中六年，復爲太常。按：云「太常」，以修史時言也。

〔第三九葉表〕

五裏一三

留侯所招客從太子　招客，謂四皓也。

六表三

東朝長樂宫　孟康云：「朝太后於長樂宫。」《樗里子傳》云漢興，長樂宫在其東，未央宫在其西，武庫正直其北。案：共在故長安城中。

六表六

高寢衣冠月出游　服虔云：「時高廟中衣，月旦以游於廟，已而復之也。」應劭云：「月旦出高帝衣冠，備法駕，名曰游衣冠。」如淳云：「高祖之衣冠，藏在宫中之寢。三月出游，其道正值今之所作複道下，故〔言〕乘宗廟道上行也。」晉灼云：「《黄圖》：高廟在長安城門街東，寢在桂宫北。」服言不藏於廟中，如言宫中。衣冠遊於高廟，每月一爲之。漢制則然。後之學者不曉其意，謂以月出之時而夜游衣冠，失之

「顔説可檢

遠矣。

立原廟 六表二一 《括地志》云：「高廟在長安縣西北十三里渭南，二、四裏 長安故城在中，長陵在渭北咸陽縣東三十里。」按：更於渭北爲原廟，二、七裏 則衣冠每月出游高廟，不渡渭南。明顔説是也。

古者有春嘗果 六表一二 《禮記》云：「仲夏之月，以含桃先薦寢廟。」鄭玄云：「含桃，今謂之櫻桃。」

委蛇 六裏五 委，行危反。？ 蛇，音移。逶迤，言屈曲順從。

季布欒布列傳第四十

且至臣家 一表六 謂尋其蹤跡也。

〔第四〇葉表〕

〔第四〇葉裏〕

一表七

褐衣　褐衣，麁布也。劉熙注《孟子》云：「織毛爲之，如今馬衣也。」

一表七

置廣柳車中　作大柳，木車也，若《周禮》喪車也。晉灼曰：「《周禮》翣柳，柳，聚也，衆飾之所聚也。此爲載以喪車，欲人不知。」鄧展云：「皆棺飾也。」顔師古曰，同也。《漢》衣？

一裏二

季布爲項籍用職耳　布爲羽將，而迫窘高祖，是布之職耳。

二表三

留邸　謂諸郡國朝宿之舍在京師也。

二裏四

曹丘　既俠，則其交必雜。此曹邱所以客于季布也。

二裏六

長事袁絲　以兄禮事袁盎也。

二裏八

竊籍其名　籍，如字。言少年多假籍季心賓客從黨之名以行也。

二裏一〇

兩賢豈相戹哉 兩賢，高祖及固也。慶長本校注引《楚漢春秋》曰：「薛人丁固與彭城人賴齮騎而追上。上被髮而顧丁公曰：『吾非不知公，公何急之甚？』於是固□馬而去之也。」

二表二

酒人保 言可保信而傭役賃也。方言曰：「保，傭賤稱也。」

二表四

贖布舉以爲都尉 服虔曰：「爲買者報仇也。」按：臧荼賢其爲主報仇，故舉爲都尉。

三裏一〇

搴旗 搴，拔也。

三裏一三

感慨 慨，歎也。或作「概」，謂節概。

袁盎鼂錯列傳第四十一

一表四

爲中郎 《百官表》云中郎秩比六百石，郎比三百石。按：既保其中郎是也。

〔第四一葉表〕

一表七

主在與在主亡與亡　主人在時，與共治在時之事。主人雖去，其法度存，當奉行之。高帝誓非劉氏不王。而勃等聽王諸吕，是從世主之欲，不與亡者也。

一裏八

死聞　聞，聞於天子。

一裏九

頓首請罪　頓首請罪，自責以不强諫也。

二表一三

千金子坐不垂堂　垂堂，簷下也。恐瓦落中人。言富人子自愛惜也。

二裏二

（聘）〔騁〕六騑　騑，音芬（芳）菲反。騑，驂馬也。

三表七

隊率　率，所欺類反。如淳曰：「隊帥，軍中小官。」

三表一二

?

何也《正義》本「何」作「苛」。言無苛細勾當也。

鄙野人　鄙野，謂邊邑。野外之人也。

三裏三

謂丞史曰　按：《百官表》，御史大夫有兩丞及御史十五人。兩丞無史，蓋史是御史。如誤也。

三裏四

事未發治之乃有所絶　按：未發治之，乃有所絶。

三裏九

以錯故　謂錯削諸侯也。

四表四

醇醪　醪，音牢。醪汁，今之酒。

四表六

爲校尉司馬　從史爲守盎校尉之司馬。

四裏二

且緩急人所有　凡言人世之中，不能無緩急之變。事，一本

四裏三

不以親爲解　存謂辭有事故也言人有急叩門被呼，則（則）不依父母爲解免也。

四裏四

不以存亡爲辭　存，謂辭有事故也。亡，謂出不在家也。

四裏四

季心劇孟　言二子救人之急如父母耳。文穎曰：「心，季布

〔第四二葉表〕

〔第四二葉裏〕

弟也。」

四裏一二

果遮刺殺　遮，作「蹠」，音之石反。蹠，謂尋其蹤也。又音庶。

五表一

太子善錯計策　太子，《漢書》作「天子」也。

五裏六

集議　本「集」作「襍」。《注》：「音雜。高誘云：『雜，集也。』」

五裏一三

謁者僕射　《百官表》云郎中令屬官有謁者，秩比六百石。謁者有僕射，秩比千石也。

六表一〇

傅會　上音附。言口爲附近而會時也。張晏曰：「因宜附著合會也。」

六表一二

説雖行哉　謂殺鼂錯。

張釋之馮唐列傳第四十二

一表二

上林尉　上林尉屬丞水衡也。

一裏六

其敝徒文具耳　秦政弊壞之時，空以文書具備耳。

三表二

愚民取長陵一抔土　釋之言盜長陵一掬土，與盜環罪等，用以比之，令帝詳審，故云「陛下何以加其法乎？」故張晏云「不欲指言，故以取土譬也」，一何疎鄙，不解義理之甚！裴氏引之，重爲錯也。

四裏八

士卒盡家人子　劉曰：「家人子不知軍法，妄上其功，與尺籍不相應。魏尚連署，故生罪也。」

四裏九

尺籍伍符 集解 令人故行不行。《正義》：「故當行。雇人（《索隱》作「身」）行，反不行，奪勞二歲也。」〔第四三葉表〕

（劉曰：「尺籍，書其斬者之功於一尺

取長陵一抔土，猶言發掘陵墓也。張晏之意如此。《索隱》得之。《正義》未得其義。

〔第四三葉裏〕

之板也。伍符，軍人伍伍相（係）〔繫〕，一人不容奸妄也。」）

萬石（君）張叔列傳第四十三

一裏五
對案不食　案，謂槃案。

二表三
取親中裙廁牏　牏，音投。中裙謂中衣，今之裩也。

二裏一二
倪寬　倪寬，千乘人也。治《尚書》，受業孔安國。貧無資用，常爲弟子都養，時行賃作，帶經而鋤。射策補掌故。歷位左內史、御史大夫而卒。

三裏三
醇謹無他　性醇謹而已，無他伎能。

三裏一二
常蒙其罪　蒙，謂覆蔽之。

田叔列傳〔第〕四十四

三表四

占著名數 《師説》曰：「劉曰：『以家口名數，占著於武功也。占著，猶今附著也。』」

三表八

部署老小當壯劇易處 《師説》：「劉曰：『强壯者當難處，老小者當易處。』」

三表九

無傷 《説文》：「傷，憂也。」

〔第四四葉表〕

扁鵲倉公列傳第四十五

一表一〇

飲此是以上池之水 謂以器物高承天露之水飲藥也。《師説》：「蓋謂雨水和藥。」

〔第四四葉裏〕

二裏四

得無誕之乎　誕，欺也。

三表一〇

幸而舉之　謂活太子。

四裏九

爲耳目痺醫　劉曰：「老人所患冷脾痺及耳眼也。」

十裏五

嗇而不屬　音嗇者，色不滑也。

十三表一

邪氣辟矣　辟，言辟除惡氣也。劉伯莊曰「辟，猶聚也」，恐非其理也。

一四表一

恐吏以除拘臣意也　恐爲吏拘繫之。時諸侯得自拜除官吏。

一五裏二

五診　五診，謂診五藏之脉。〔一〕

〔一〕手稿第四五葉表、裏，無記載。

三表一三
瞿　瞿，音句。

吴王濞列傳第四十六

三表五
飾於邪臣　言被邪臣裝飾。

三表八
安肆　肆，放縱也。

三表九
脅肩累足　脅，歛也，竦體也。累足，重足也。

三裏四
此萬世一時愁勞　孔文祥云：「按：唯愁勞則有聖人也。」

三裏五
彷徉天下　彷徉，猶依倚也。《漢書》作「方洋」。師古曰：「猶翺翔也。」

三裏一三
勿與事定分城耳　《師説》：「陸曰：『劉章謀諸呂，於國有恩義。勿令與事，天下平定，與成分其城也。』」

三裏一〇
第令　慶本標記劉云：「第，猶假。」

四表二　「膠西」之下文，宜連讀
吴王先起兵膠西正月云云　言膠西同吴王起兵。

〔第四六葉表〕

四裏一三
欲一有所出之久矣　謂泄出其怨忿。
八裏二
王何處須以從事　待王定計以行之。

魏其武安侯列傳第四十七

二表一二
沾沾自喜耳多易　易，以豉反。言自多簡易之行也。前云「無如竇嬰賢」，而張晏云「輕易之行」，未知甚矣。
二表七
槃盂諸書　晉灼曰：「按《藝文志》，孟説是也。」
四表九
淮陽天下交　言淮陽天下交會處，而兵又勁。
四裏一三
安敢以服爲解請　解，紀買反，謂辭之也。

五裏三

爲姦利　姦利，爲姦惡而求利。

五裏八

餘半膝席　集解蘇林曰。　蘇説是也。

五裏一〇

武安不肯　不肯，不爲盡也。

六表二

仲孺獨不爲李將軍地乎　按：地，猶材地也。云人有材能若廣材地，故云材地。二人俱東西宮，一本「衆」。毀程，能不損李將軍之材地也。（當有誤謬）《師説》：「劉曰：『地，猶名位也。』」

六表五

令騎留灌夫　謂常從騎之人。

六裏七

繫居室　居室，署名也。官屬名。武帝改曰保宮。

六表一一

與太后家忤　忤，逆也。

六裏八

大功　按：大功，謂爲天子也。

六裏一三

凌轢　凌轢，謂蹈踐之。

〔第四七葉表〕

七裏四

簿責 簿責，以文簿責問之。

七裏五

欺謾 以不對簿爲欺謾。

七裏一三

病痱 「痱」字作「風病」，小腫也。又音蒲罪反，瘠也。

韓長孺列傳第四十八

橈明法 橈，曲也。

李將軍列傳第四十九

一表四
世世受射《正義》本「受」作「愛」。愛，好也，習也。

二表八
部伍 部伍，領也，五五相次也。在廣亦無此事也。

二表一〇
刁斗 集解孟康曰：「以銅作鐎。」《正義》：「鐎，三足有柄者也。」

《漢書》

二表一一
莫府 晉灼云：「將軍職在征行，無常處，所在爲治，故言莫府。莫，大也。或曰衛青征匈奴絕大幕，大克獲。帝就拜大將軍於莫中府，故曰莫府。莫府之名始於此。」顏師古曰：「二說非也。莫府者，以軍幕爲義，古字通用耳。軍旅無常居止，以帳幕言之。《廉頗傳》『李牧市租皆入幕府』。此則非因衛青始有其號。又莫訓大，義乖矣。」

〔第四八葉表〕

〔第四八葉裏〕

三裏一三
大黄　服虔云：「黄肩弩也。」晉灼云：「黄肩，即黄閒也。大黄其大者也。」

匈奴列傳第五十

一裏九
作周　初作周。一本「周」字作「固」。

五裏五
别散分離尚矣　尚矣，言分遠矣。

六裏七
自爲趣利　趣，向也。

六裏九
渾庾　庾，《漢書》作「窳」也。《地理志》「朔方窳混縣」是。二字倒，《漢書》所謂

十一表二
跂行　凡有足行曰跂行。凡有口而氣息曰喙息。《周書》云：「麕鹿之類爲跂行，竝以足跪不著地，如人企。」按：又音己。

一〇表三
生力必屈　言競爭勝負，爲棟宇極奢麗，故營生氣力屈盡也。

一〇表五
喋喋而佔佔　喋喋，多言也。佔佔，恭謹貌。言漢人徒多言恭謹，而著冠衣，固亦何所當也。

〔第四九葉表〕

一二表一〇

行徼　徼，塞也。（堅）〔竪〕木若栅曰徼。

一八裏一〇

聞其家以巫蠱族滅云云　《漢書音義》曰：「狐鹿姑單于七年，當征和三年。李廣利與商丘成等伐胡，追北至范夫人城。聞妻子坐巫蠱收，二帥狐疑，深入而求功。至燕然山，軍大亂敗，乃降匈奴，單于以女妻之。」

一九表四

孔氏著春秋云云**至定哀之際則微**　仲尼仕於定、哀，故《春秋》不切論當代之事，而無褒貶忌諱之辭，國禮也。言太史公亦致當代之忌諱，故引也。

一九表六

世俗之言匈奴者　世俗説匈奴者患苦有缺文

一九表九

席中國廣大　席，謂舒展廣闊。

〔第四九葉裏〕

衛將軍驃騎列傳第五十一

三裏一一

傅校獲王　校者，營壘之稱，故謂軍之一部爲一校也。

四表一二

大將軍姊子霍去病　徐廣云「姊，即少兒也」。按：《漢書》云：「其父霍仲孺先與少兒通，生去病。及衛皇后尊，少兒更爲詹事陳掌妻。」

四表二

剽姚校尉　票姚，勁疾之貌。荀悦《漢紀》作「票鷂」字。去病後爲票騎將軍，尚取「票姚」之一字。今讀飄遥音，則不當其義也。

四裏三

大父行　行，胡郎反。又胡浪反？謂祖父行流。

五表九

全甲　全甲，即鐵甲也。能誅，斬也。

八裏一一

置大司馬位大將軍驃騎將軍　「位」字屬下句。以「位」字冠大將軍、驃騎者，明二將軍皆兼大司馬，以其功等。《百官表》云「元狩四年，初置大司馬，〔以〕冠（軍）將軍之號」。顏師古云：「冠者，加於其上，〔共〕爲？大一官也。」

平津侯主父偃列傳第五十二

一表一一

擢弘對爲第一　其策在《漢書·弘傳》。其一節今在「緣飾」字上也。

二表四

侈擬於君　擬，音儗，僭也。

〔第五〇葉表〕

南越列傳第五十三

二表五
左纛　纛，音導，又音獨。薛（淳）〔綜〕云：「以旄牛尾置馬頭上也。」

四裏二
術陽侯建德　術陽侯，漢所封。

四裏九
譏臣不討賊　謂機密之臣。事見《春秋傳》。

東越列傳第五十四

朝鮮列傳第五十五

一表一一
王險　作「主險」。臣瓚曰：「主險，在樂浪郡也。」

一裏四

真番旁衆國 「衆」，《正義》作「辰」。《後漢書》：「朝鮮有三韓：一曰馬韓，二曰辰韓，三曰弁韓。」《魏志》云：「韓有帶方關，東西以海限，南與□接，方可四◎千里。馬韓在西，辰韓在中，弁韓在東。」《括地志》曰：「新羅、百濟在西，馬韓之地。雜羅在東，辰韓、弁韓之地也。」

二裏四

公孫遂往征之 征，《漢書》作「正」，是。

二裏一〇

將軍王唊 正義已上至「路人」凡四人。此《注》：「《漢書音義》曰：『凡（四）〔五〕人。』」

〔第五一葉表〕

〔第五一葉裏〕

西南夷列傳第五十六

二表一二

巴蜀筰關（筰關，作「符關」。）《地理志》云犍爲郡有符離縣。按：符關在符離縣。犍爲郡，今戎州也。

二裏五　?

離濕《正義》作「離漯」。漯，音温。言士卒歷暑熱氣而死者衆多也。

同姓相扶《正義》「相扶」作「相杖」。杖，直亮反。顏師古云：「杖，猶倚也。相倚爲援，不聽滇王。」

司馬相如列傳第五十七

一表一二

藺相如　藺相如，六國時趙人，義而有勇也。

一表一二

以貲爲郎　以貲財多，得拜爲郎。

一裏六

舍都亭 郭下臨邛縣之亭名也。

一裏八

程鄭 程鄭，山東遷虜。

一裏一二

一再行 行者，鼓琴瑟曲也。

一裏八

卓王孫家僮八百人 《貨殖傳》：卓氏之先趙人，秦時被遷。卓氏獨夫妻推轂輦而行，曰：「吾聞汶山之下有蹲鴟。」乃求遷致之臨邛。

二表七

第俱如臨邛 顏本衷第，但也。俱，共也。

令文君當鑪 顏云：「賣酒之處，累土爲鑪以居酒，四邊微起，今本《漢書·注》「微」作「隆」。其一面高，形如鍛鑪耳。而俗之學者，皆謂當鑪爲對鑪温酒火鑪，失其義也。」

二表一二

昆弟諸公 諸公，謂臨邛之長者也。

〔第五二葉表〕

〔第五二葉裏〕

二表一三

所不足者非財也　言非錢財。

二裏一

倦游　倦，疲也。

二裏四

狗監　張揖曰：「主監天子田獵之犬。」

二裏七

筆札　《說文》：「札，牒也。」按：木簡之薄小者也。此時未用紙也。

三表二

雲夢　夢在江南華容，雲在江北安陸，而名「雲夢」。？以解在《夏本紀》。

三表四

揜兔　孔文祥云：「兔小，但以罝羅掩之。」

三表一一

唯唯　唯唯，恭應也。

三裏二

盤紆岪鬱　岪，音佛。郭璞曰：「相繆結而峻屈竦起。」

三裏六

照爛龍鱗　采色相曜，閒雜若龍鱗。

三裏七

瑌石武夫　武夫，赤地白采，蔥蘢白黑不分。出長沙。

四裏四
榜栗　《正義》作「榜栗」，音赦。
四裏九
專諸之倫　專諸，刺吴王僚者也。
六表一一
勺藥之和具　文穎曰：「勺藥，五味之和也。」顔云：「芍藥，草名，其根主安和五藏，又辟毒氣。故合之於蘭桂五味以助調食，因呼五味和爲『芍藥』耳。今人食馬腸馬肝者，猶合芍藥而煮之，豈非古之遺法乎？」伏儼云：「芍藥，以蘭桂調食。」
六裏三
先生之餘論　先生，言子虚也。
六裏九
觀於成山　「觀」，張揖説非也。
七表一三
俶儻　俶儻，猶非常也。《廣雅》：「卓異也。」「俶」，讀與「倜」同。
七表九
非爲守禦以所禁淫也　郭云：「天子有道，守在四夷。立境

〔第五三葉表〕

〔第五三葉裏〕

界者，欲以禁絶淫放，非禦捍。」

七表一〇

越海而田　言度海田獵於青丘。

七裏一一

泱莽之野　顔云：「凡言此者，著水流之長遠。」

八裏六

磷磷爛爛云云　皆玉石？符采，映耀蘽於水中也。

九裏六

盻蠁布寫　盻蠁，盛也。寫，吐也。司馬彪云：「若蠁蟲之布吐也。」

一〇裏二

隱夫鬱棣　隱夫，未詳。

一二表六

隱天動地　隱，猶震也。

一二表六

陸離　分散也。言各有所進也。

一二表七

淫淫裔裔　郭璞曰：「各有所逐。」

一二裏四

睨部曲之進退　睨，五計反。睨，遠視也。

十二裏五

倏夐遠去　倏夐，分散也。

十二裏一〇、一一

揚節而上浮　上浮，蜚遊。

一三表四　？

闇乎反鄉　日晚南歸也。

一三表四

靡石闕　靡，息也。

一三表六

濯鷁牛首　鷁首之舩也。

一三表七

士大夫之勤略　言巡行士大夫之懃巧智略也。

十四表七

無事棄日　言聽政餘暇，不能棄日也。

十四表八

休息於此　郭云：「此謂苑囿之中。」

十四表九

悉爲農郊　邑外曰郊。言於郊野之中營農事也。

一四表一〇　？

山澤之民得至焉　言重得芻牧樵采也。

一四表一三

襲朝衣　朝衣，謂衮龍之服也。法駕，六馬也。

〔第五四葉表〕

〔第五四葉裏〕

一四裏二

騶虞　《説文》云：「騶虞，白虎黑文，尾長於身，太平乃至。天子射以爲節。」《山海經》云：「如虎，五采，日行千里。」《周禮》云：「凡射，王以《騶虞》爲節，諸侯以《貍首》爲節，大夫以《采蘩》爲節。」鄭云：「樂章名也。」《禮·射義》云：「《騶虞》者，樂官備也。《貍首》者，樂會時也。《采蘋》者，樂循法也。《采蘩》者，樂不失職也。是故天子以備官爲節，諸侯以時會天子爲節，卿大夫以循法爲節，士以不失職爲節。」按：《貍首》，逸詩。《騶虞》，《邵南》之卒章。

一四裏二

弋玄鶴　鶴，古或反。《禮·射義》作「鵠」，音同。《射義》云：孔子曰：「射者發而不失正鵠者，其賢者乎？」鄭云：「畫曰正，栖皮曰鵠。」

一四裏四

悲伐檀　《伐檀》，魏國之詩，刺在位貪鄙也。

一四裏一一

羡於五帝　羡，饒也。

一四裏一二

杬士卒之精　杬，挫也，蔽也。

一五裏六

往賓　賓，往賓服而賜之。

一六表一一

讓三老孝弟　當考察《百官表》《百官表》云十里一亭，亭有長。十亭一鄉，鄉有三老、秩。□有嗇夫、游徼。鄉三老掌教化，嗇夫職聽訟收賦税，游徼備盜賊。

一六裏二

物故　物故，死也。如（故）衆物之故而零落也。

一六裏三

邛筰　邛、筰二國，在蜀西。解在《西南夷傳》也。

一六裏五

冄駹　冄駹一國，在蜀西。解在《西南夷傳》也。

一六裏七

愈於南夷　愈，勝也。

一七表二

斯榆之君　斯榆國在蜀南。（傳）〔解〕在《西南夷傳》。

一七表八

籍以蜀父老爲解　籍，音借。

〔第五五葉表〕

一七表一一

威武紛紜湛恩汪濊群生澍濡　紛紜威武，盛也。汪濊，深廣也。顧野王云：「時雨所以澍萬物也。」

一七裏六

邛筰西僰之與中國竝也　言邛、筰、西僰立國以來，與中國年月等，不可記録。

一七裏六

仁者不以德來　言自古帝王雖仁治不能相來，雖强力不能兼并。以其道遠，殆不可通。

一七裏八

事無用　所恃，即齊民，言帝王依恃。無用，謂夷狄也。

一七裏九

是蜀不變服　言巴蜀蠻夷，本椎髻左衽，今從中國服俗也。若西南夷不可通，即巴蜀服俗不應變改。

一八表六

浹乎于兹　浹，徹也。

一八表七　當

拘文牽俗　言武帝常拘整脩法之文，牽引隨俗之化。

一八表一一

六合之内八方之外　六合，天地四方。八方，四方及四維也。〔第五六葉表〕

一八裏二

係纍號泣　累，音力追反。言爲人俘獲，而係累爲奴，離別號泣，内向怨天子化不至也。

一八裏八

鏤零山《正義》本「零」作「靈」。　鑿靈山，通以關也。

一八裏九

遠撫長駕　言遠撫安，長駕御，帝德廣被若親臨。

一八裏一三

休

百姓雖勞又惡可以已哉　惡，音烏。言漢奉至尊盛德，救民沈濁，繼周〔之〕絶業，反陵遲之衰代，是天子之急事。百姓雖勞苦，何以止住哉！

一九表九

寥廓　寥廓，天上寬廣之處。

一九裏七

銜橜之變　橜，謂車鉤心也。言馬銜或斷，鉤心或出，則致傾敗以傷人也。

二〇表八
覽竹林之榛榛　榛榛，盛貌也。

二〇裏三
列僊之傳《正義》本「傳」作「儒」。　儒，柔也。凡有道術皆爲儒。

二〇裏七
垂絳幡之素蜺　張揖曰：「乘，用也。赤氣爲幡，綴以白氣也。」如淳曰：「絳氣以虹蜺爲幡。」《正義》本「垂」作「乘」。

二一表一
應龍　文穎曰：「有翼曰應龍，其神妙者也。《瑞應圖》云『虬龍神無鱗甲。女媧時時服應龍驂青龍』是也。」

二一表一
蠖略逶麗　顔云：「蠖略委麗，蚴蟉宛蜒，皆其闊步進上之貌也。」隆本文

二一表二
掘以驕驁兮　掘，直項也。驕驁，放恣也。詘折，委曲也。崇窮，舉鬐也。躩，跳也。連卷，勾蹄也。

二一表三

沛艾　沛艾，駊騀也。

二一表四

畔岸　自縱之貌。

二一表九

莅颯卉翕　莅颯，飛相及也。卉翕，足相進[追]也。

二一表一二

悉徵靈圉　靈圉，仙人也。

二一裏二

陸離　陸離，《漢書》作「長離」。如淳云：「長離，朱爵也。」

二二表三

奄息總極　《括地志》云：「嶺山在京西九千八百六十里，葱茂於常，故云葱嶺。其山東至于滇國，西踰罽賓云。」

〔第五七葉表〕

二二表七—一〇

虬沕洸忽　虬沕恍惚，不明貌。

二二裏五

會食幽都　山名，在北方。《海内經》云：「北海之内有山曰幽都。」

二二裏九

鶩遺霧　言馳車從方路而下馳，遺棄其霧而遠（近）〔逝〕也。

二三表五

其遺札書　封禪，國之大祀，故曰札書。此説下歟？顏云「書札，？札而留之，故曰遺札」，

恐非。

二三裏六

軌迹　言軌法蹤迹，平易，易遵也。

二三裏七

湛恩濛涵　濛，遍布也。涌，出也。

二三裏一七

沕潏漫衍　沕潏漫衍，言漢恩廣大也。

二四表一

凱澤　澤，音懌。文穎云：「凱、懌，皆樂也。」

二四表二

騶虞　騶虞，義獸也，白虎黑文，不食生物。有至信法之德則應之。按：以此故

言珍羣，將充國庖也。

二四裏六

挈三神之驩　挈，猶持也。言漢帝執持三神之驩，今乃不封禪，缺王道之儀

號。孔文祥云：「三神，天、地、人也。」按：三氏説，韋氏爲長。

二四裏八

珍符固不可辭若然辭之云云　符瑞盛而辭之，則太山無碑記，梁父無望祭記（祀？）云也。

二五表六

攄之無窮　攄，飾也。

二五裏九

黃龍興德而升　黃龍者，四龍之長，西方正色，神靈之精，能巨細剛柔文明，章應和氣而游池沼。

二六表二

舜在假典　在，察也。

二六表十二

所以言雖外殊其合德一也　從《傳》至《小雅》殊異，其合德化民若一。用比相如虛詞浮濫，後要歸於節儉，與《詩》之風諫同德也。

〔第五八葉表〕

淮南衡山列傳第五十八

一裏二
驕蹇　驕蹇，謂不巽順也。
三表七
廩食　官給食也，雜物竝官供也。
六表八
陛下遇我厚　《漢書》云武帝以安屬爲諸父，辨博善爲文辭，甚尊重之。每爲報及賜，常召司馬相如等視草迺遣。安入朝，每宴見談説得失，昏暮然後罷。
六表一二
畫耳　上音獲。言畫計謀反。
八表一三
長榆　今榆木塞也。在勝州北。
八裏一一
男子之所死者一言耳　言男子出一言，至死不改，言必反也。
八裏一三
且吴何知反　言吴不解反，故敗耳。

參考《漢書》

六表一〇
千人之聚　聚，謂聚落也。

九表一二
棘矜　矜，音槿，柄也。言不如陳勝用謫戍棘矜等物。

十表二
辯武　按：辯武，謂辯口而武烈，説必行也。

一〇表六
僞得罪而西　《集義》曰：「西，謂如京師也。」

十表一〇
求盜　求盜，掌逐捕盜賊者。解在《高祖本紀》。

一〇裏三
屈彊江淮間　屈，求勿反。彊，其兩反。

一一表六
臣無將　按：將，謂將帶群衆。

一一裏一二
從容　從，子勇反。容，讀曰勇。從容，謂勸奬也。

一二裏六
周丘　周丘，下邳人。吴王反時，請得漢節下下邳者。

〔第五九葉表〕

循吏〔列〕傳第五十九

一表一〇

幣輕 幣，謂幣帛之屬。

一裏一二—一三

豎子不戲狎 狎，輕侮之言。各肅謹也。

一裏一三

市不豫賈 賈，音嫁。謂其數不虛豫廣索也。

二表二

喪期不令而治 言士民自遵五服之制也。

追而不及不當伏罪 《決》曰：「言追而不及耳，非故縱之，故不當死。」

汲鄭列傳第六十

一表八

屋比延燒 比，近也。師古曰：「屋相近，故連延而燒亡。」

一裏一一
或數黯　數，責也。
一裏一三
且滿三月上常賜告者數　孔文祥云：「病滿三月，則應自免。上賢之，輒賜自休，不使滿三月也。」
二表五
上踞廁見之　仲馮曰：「古者見大臣，則御座爲起。然則踞廁者，輕之也。」
二表九
質責湯於上前　質，對也。《集義》：「案：宋忠云質，問也。」?
二表一一
非苦就行放析就功　唯苦慮則就行之，合放己分析若更就功勘責。
二裏二
乘上間　間，隙也。
二裏三
決讞　決讞，獄也。
二裏五
巧詆　巧詆，巧爲毀辱也。

〔第六〇葉表〕

二裏九
亢禮　應劭云：「長揖不拜。」

二裏一三
發蒙振落　如發蒙覆及振欲落之物，言易也。

二裏一
反不重邪　言能降貴禮賢，是益己之尊重也。

三裏八
淮陽楚地之郊　郊，謂郊道衝要之處也。

四表六
抵息罪　抵，當也。

四裏四
常置驛馬長安諸郊　姚承云：「邑外謂之郊。言長安四面之郊也。」此言當時任俠，賓客游於邑野，每休下，或請謝去，故置馬於郊，以往來速也。言驛馬常去來，不得停候也。

四裏一二
推轂士及官屬丞史　謂薦舉人，如車轂轉運無窮也。言薦士及官屬丞史。有味者，其薦舉之辭甚美也。

五表二

治行　（治行，謂莊嚴也。）與《集解》如淳説複。

五表四

財用益匱　匱，乏也。

五表四

爲大農僦人　僦人，傭載運之人。莊爲大農，任人及賓客等爲大農僦賃載運官多侵欺，故多逋負也。

〔第六一葉表〕

儒林列傳第六十一

一表一一

《括地志》云：「在鄆州鉅野歟縣東十一里，東去魯城可二百里。」

因史記作春秋　因《魯史記》記年月日而作《春秋》，兼見諸國史所記之事。

一裏一一
瓦合適戍　言如衆瓦合聚蓋屋，先無計謀也。
二表九　歟
具官待問　言滿員而已。
二表一一
於燕則韓太傅　名嬰。《漢・藝文志》云：「漢興魯中公爲記事爲《春秋》，言爲《尚書》，帝王靡不同。仲尼思前聖之業，以魯周公之國，禮文備物，史官有法。（何休云孔子還周史記集百二十國書）故與左丘明視其史記，據行事，仍人道，因興以立功，就敗以成罰，假日月以定曆數，藉朝聘以正禮樂。有所褒諱貶損，不可書見，口授弟子。弟子退而異言。丘明恐弟子各安其意，以失其真，故論本事而作傳，明夫子不以空言説經也。《春秋》所貶損大人當世君臣、有權威勢力，其事實皆形於傳，是以隱其書而不宣，所以免時難也。及末代口説流行，故有《公羊》《穀梁》《鄒》《夾》之傳。」《七録》曰：「漢興有《公羊》《穀梁》，竝立國學。《左氏》始出于張蒼家，本無傳之者。建武中，《鄒》《夾氏》皆滅絶。自漢末稍貴《左氏》，服虔、杜預二注，與《公羊》《穀梁》俱立國學。」按：左丘明，魯史也。夾，音頰也。

三表四

出入不悖所聞 言好文學敬順，出入不乖所聞者也。令，縣令。相，侯相。長，縣長。丞，縣丞也。

三表六

補文學掌故缺 掌故有缺而補之。

三表七

籍奏 籍奏，爲名籍而奏之。

三表八

若下材 下者，謂班行。

三表一一

布諭下治禮次治掌故 《決》云：「選其材高者治《禮》，次者掌故，主故事也。後選用亦先治《禮》者。不足用，及掌故也。」

〔第六二葉表〕

〔第六二葉裏〕

三表一一

遷留滯請選擇　言流滯者改遷之。

三表二一

大行　大行，後改爲大鴻臚。亦補其卒史也。

三裏二一

備員　備員者，示以升擢之，非籍其實用也。

一裏一

言詩者雖殊多本於申公　二表一一　**言詩者，於魯則申培公，於齊則轅固生，於燕則韓太傅。**（以上題耳）《藝文志》：「申公爲《詩》訓故，而齊轅固生、燕韓生皆爲傳，或取《春秋》，或采雜説，咸非其本義。與不得已，三家皆列於學官。又有毛公之學，自爲子夏之所傳，而河間獻王好之，未得立。」《七録》云：「毛公《詩傳》，後鄭玄箋諸儒合爲注解。其《齊詩》久亡，《魯詩》〔亡〕於西晉。《韓詩》雖有，無傳之者。毛氏、鄭氏獨立國學也。」

四裏二一

食肉不食馬肝不爲不知味　按：言凡談論不説湯武放

殺，亦得爲談論，猶如食肉不食馬肝，未知爲不知味。劉貢父云：「食味者不必須馬肝，言學者不必須湯武。是此欲令學者皆置之耳。」

四裏二三

安得司空城旦書乎　虞喜（?《正義》無之。）《志林》云：「道家之法，尚於無爲之教。儒家動有所防。竇太后方之於律令，故言得司空城旦書也。」

五裏二一

使掌故朝錯往受之　《藝文志》云：「孔子纂《尚書》，上斷於堯，下訖于秦，凡百篇，而爲之序，言其作意。秦燔書禁學，（世，《藝》）濟南伏生獨壁藏之。漢興，求得二十九篇，以教齊魯之間。訖孝宣代，有歐陽、大小夏侯氏，立於學官。」《七録》云：「魯恭王時壞孔子舊宅，得古文《尚書》，孔安國爲之傳，以隸古

孔安國爲《尚書傳》

〔第六三葉表〕

〔第六三葉裏〕

寫之，凡五十八篇。其餘錯亂磨滅，不可復知。至漢明帝立傳。歐陽氏書獨擅一代。三家至西晉並亡。今古文孫氏、鄭玄注者列於國學也。」

五裏一　**伏生年九十餘老不能行**　衛宏（謂）〔爲〕《詔定尚書序》云：「徵之，老不能行，遣大常掌故朝錯往讀之。生年九十餘，不能正言教錯。齊人讀多與潁川異，錯所不知者十二三，異，以其意屬讀而已。」

六表八　**高堂生能言之**　謝丞云：「秦代有魯人高堂伯人也。」《藝文志》云：「《易》曰：『有夫婦、父子、君臣，上下禮義有所錯。』而帝王質文，世有損益。至周曲爲之防，事爲之制。故曰『禮儀（經，《藝文志》）三百，威儀三千』。及周衰（之，《藝》），諸侯將踰法度，惡其害己，皆滅去其籍。自此孔子時而不具，至秦大壞。漢興，魯高堂生傳《士禮》十餘篇。訖孝宣代，后蒼最明，戴德、戴聖、慶（晉）〔普〕皆其弟子，三家立於學官。」《七録》云：「自後漢諸儒多小戴訓，即今《禮記》是也。（後）〔后〕又爲《曲臺記》，而慶氏傳之，竝亡。大戴立於國學。又古經出魯奄中，皆書周宗伯所掌五禮威儀之事，有六十六篇，無敢傳者。後博士傳其書，得十七篇，鄭玄注，今之《儀禮》是也。餘篇皆亡。《周官》六篇，周代所理天下之書也，鄭玄注。今二經立於國學。」案：《禮經》，《周禮》也。威儀，《儀禮》也。

〔第六四葉表〕

六表八

善爲容　言善爲容儀。

六裏五

即墨成　即墨，姓；成，名也。

〔第六四葉裏〕

七表八

著書爲事 《漢書》云：「仲舒上疏條類凡百二？十三篇，而説《春秋》事得失。有《聞（教）〔舉〕》《玉杯》《繁露》《清明》《竹林》之屬數十篇。」《七録》云：「《春秋繁露》十七卷。《春秋斷獄》五卷。」

酷吏列傳第六十二

一表三

有恥且格 顔云：「《論語》載孔子之言也。格，至也。言御以政刑，則人思苟免，不恥於惡。化以德禮，則下知愧辱，而至於治也。」

一表五

盜賊多有 顔云：老子《道德經》之言也。上德體合自然，是以有德。《漢》注作「爲」下德務於修建，更以喪之也。《漢》注無 法令繁滋，《漢》注無 則巧詐益起，

◎今本師古注無「滋」字。宋祁曰：「注文『繁』字下疑有『滋』字。」（此《正義》有之。）

故多盜賊。

一表九
言道德者溺其職矣 正義顏云：「溺，謂沈滯不舉也。」言敗亂之世，武健嚴酷，纔殘能薄決耳。若以道德治，則没溺沈滯於政也。

一表九
必也使無訟乎 顏云：「《論語》載孔子之言也。言使我聽獄訟，猶凡人耳。然？而立政於德，則使其絶於諍訟也。」

一表七
相遁至於不振 顏云：「遁，避也。言吏避於君，氓避於吏，至乎喪敗，不可振救。」

一表八
若救火揚拂 言網密令峻，姦僞極生，至于君臣相遁，若救猛火及揚盛沸之湯。言難止也。

一表一一
吞舟之魚 法令疏。

一表一一
吏治烝烝 烝烝，謂純一。

〔第六五葉表〕

一裏一

禽侯封之家　禽，殺也。

一裏一一

股栗　栗，懼也。

二表四

刀筆　古者無紙筆，用刀削木爲筆及簡牘而書之。

二表五

以危法中都　以危惡之法中射於都，令有罪也。

二表七

便道之官　言從家便往雁門上官，不令至朝廷謝。

二裏六

惴恐　惴，之瑞反，怖懼。

二裏一〇

假貧民　言假借貧民，力營而分其利也。

三表一一

極知禹無害　禹作文法，無枉害。仲馮云：「是以廉平之類爲無害也。」

三裏一

作見知　謂見有罪、知有罪，皆須舉之。

三裏四

掠治傳爰書　仲馮曰：「爰書者，蓋趙高作爰書，教學隸書。時獄吏書體蓋用之此。故從俗呼爲爰書。」

三裏八

周陽侯始爲諸卿　按：周陽前封趙兼，國除，今封田勝也。

三裏一一

治方中　服云：「藏壙中長皆有丞尉，中用地一頃餘。」又《冢墓〔志〕》云：「築成城，然後錯石帶（自）〔白〕沙及炭。」

四表七

交私　交私，謂貸?便財物也。

四裏五

下户羸弱時口言　顔云：「言下户羸弱，湯欲佐助。雖具文奏之，又口奏，言雖律令之文，合致此罪，聽上裁察。蓋爲此人冀恩宥也。於是上得湯此言，往往釋其人罪，非未奏之前，口豫言也。

四裏五

上財察　「財」，讀曰裁。古字少故也。

五表二

籠天下鹽鐵　天下有鹽鐵之處，皆籠合稅之，令利入官

〔第六六葉表〕

顔師古解「周陽」爲「趙兼」，《正義》正其誤。

《漢書·張湯傳》《文帝紀》無此注。

「冀」，《漢·張湯傳》作「希」。《補注》：「宋祁曰：『注文「希」字下當添「幸」字。』王闓運曰：『「希」、「冀」古字通，不必添「幸」字。』」

也。

五表一二
竟景帝　盡景帝世，不言伐匈奴也。

五裏六
震慴　慴，懼也。

五裏九
恚數從中文書「恚」，《漢書》作「薦」。　貢父曰：「薦數，猶言簡閱。數，音色主反。薦，如字，其訓舉，計數中文事也。」仲馮曰：「太史公作『恚數從中文書』。其時文盡閱數從中所下文書或草詔，如此其間有以傷湯者文，以前隙亦不能與之爲地。然文似本無意造事中之也。」

六表九
三長史　《百官表》丞相有兩長史。今此云「三」者，蓋權守置之，非正員也。

《漢書》顏《注》「權守置之」作「以守者」。

八表三
是日皆報　言奏請得報而殺之。又一本「報」字作「執」。

八表九

閻奉以惡用矣　閻奉以嚴惡之故而見任用。言時政尚急刻也。

八表九

鼎湖　？今虢州城也。《郊祀志》云：「黃帝采首山之銅，鑄鼎荆山之下，有龍垂髯下接黃帝。後人名其處曰鼎湖。」

八表九

已而卒起　已，止，癒也。卒，急也。

八表一一

嗛之　嗛，含恨也。

八表一二

部吏捕其爲可使者　部吏，内部中史（吏，《桃》）也。使者，楊可遣支信也。

八裏四

擇郡中豪敢任吏十餘人　言擇廣平中豪强敢行威人，即任用爲吏，將爲爪牙，仍把未發大罪以防禦。

八裏八、九

具私馬五十疋爲驛　驛，傳也。以私馬相傳於境，來往相

〔第六七葉表〕

〔第六七葉裏〕

傳。

八裏一三
會春云云益展一月　立春之後，不復行刑，故云然。展，伸也。

九表六
尹齊者東郡茌平人　《正義》「茌」作「茌」。《漢書》亦作「茌」。《索隱》、顔《注》皆作「音仕疑反」，則从「仕」者是。

九裏四
投缿　缿，受錢器也。古以瓦，今以竹。按：以此器受投書。

九裏一一
議不中意　不中天子意也。

九裏一三
議脱卒　中尉部中脱漏之卒，考校取之。

一〇表三
員騎錢　姚承云：「置騎有員數。」

一〇表五
五族　顔云：「温舒與弟同三族，而兩妻家各一，故爲五也。」

一〇表七
尸亡去　言妻將其尸亡逃而去，皈家葬。

一〇表九
吏民益輕犯法　言酷暴者多，故吏民不畏法。

一〇裏三
頗得其渠率 渠，大也。

一〇裏四
發覺而捕弗滿品 品，程限也。言羣盜起不發覺，及發覺不捕，并捕捉程限滿不獲者，皆（是）〔死〕也。

一〇裏七
坐課累府 縣有盜賊，府亦坐，府使縣不言上，故盜賊漸多。孟康曰：「縣有盜賊，府亦并坐，使縣不言之也。」

一〇裏三
其治米鹽 米鹽，謂細碎。

一一表三
難以爲經 難以爲經言不可爲常法也。

一一表七
使案邊失亡 謂邊郡被寇，失亡人畜財物甲卒多，故使按之。

一一表一〇
善伺候 審察人主之意。

一一裏一
周爲廷尉 言周爲廷尉，用法刻深。天子善之，郡吏太府

〔第六八葉表〕

〔第六八葉裏〕

有奏章，詔皆付周治之。故詔獄一歲至千餘章也。

一一裏四

告劾不服　服，即以其罪收推問。不服，即以笞掠。猶今定服也。

一一裏七

周中廢　《百官表》曰：御史中丞杜周爲廷尉，十年免。天漢三年二月，執金吾杜周爲御史大夫，太始元年卒。

一一裏一三

知陰陽　言知人主意旨輕重。

一二表六

推減　《正義》「減」作「成」。推成，言推掠以成罪也。

大宛列傳第六十三

一裏一

以其頭爲飲器集解 飲器，椑榼也。上音蒲迷反。下音芳蓋反。韋此說弓成法器。虎子，褻器，用溲便者也。按：此說亦非。

二表九

堂邑父　堂邑父者，史省文也。

二裏一

馬汗血　按：今有汗從前髆間出，皆赤如血。

二裏一三

烏孫　烏孫，本塞種。塞，本「釋」字，謂佛姓釋氏也，胡語訛轉。

七裏一一

失指　失天子之旨也。

八表一

縣官　縣官，天子也。言天子所齎物，竊用之，如己私有。

八表四

當空道　空道，孔道也。

八裏一二

及加其眩者之工　言漢幻人工妙，更加於犂軒。

九裏一、二

饒漢物　言前輩使往時所賞賜也。

一〇裏一二

留行　貳師兵欲行攻郁成，恐留行而令宛益生詐。

〔第六九葉表〕

一一表一
煎靡　將名。
一一表三
毋寡　毋，音無。宛王名。
一一裏八
上邽　邽，音珪。秦州縣。
一一裏一一
貳師將軍之東　破宛東歸。
一二表六
以適過行　適，音謫。過，光卧反。言有罪謫罰而行者，免其所犯，皆絀退其功也。
一二裏四
惡睹本紀所謂崑崙者乎　按：張騫極河源不審，使太史公有疑也。
一二裏八
余不敢言之也　言《本紀》及《山海經》所言奇怪之物，余不敢叙之。

游俠列傳第六十四

一表一一

俱著於春秋　《春秋》，則《左傳》也。言以數術取宰相卿大夫，輔其世主，功名著《左傳》者，固無可更言説也。

一裏七

虞舜窘於井廩　舜塗廩鑿井，語在《五帝本紀》。

一裏七

伊尹負於鼎俎　非有先生論云，伊尹蒙恥辱負鼎俎，和五味以干湯也。

一裏一一

跖蹻　跖，秦大盜也。蹻，楚大盜也。蹻，求略反。

二表二

久孤於世　儕，等也。言拘學之人或抱纖介之義，豈若下齊儕等之流，隨其衰盛而取榮禄，何相比哉？原憲、季次，不及欒布之流也。

二表一一

排擯　擯，棄也。

〔第七〇葉表〕

〔第七〇葉裏〕

二裏三
猥以朱家郭解等　猥，烏罪反。朱家、郭解與豪暴之徒雜處，而同類共咲之。故爲游俠之别也。

二裏八
軥牛　軥牛在當前挽也。？晉灼曰：「軥，枙也。〔軥〕牛，小牛也。」

三表六
韓無辟　辟，音璧。梁人也。

三表六
薛況　薛況，河南陽翟人也。韓孺，陝縣人也。不用徐音。

三表九
精悍　精，？善好人。悍，勇健。

三表九
少時陰賊　《正義》作「陰城賊」。

三表一〇
慨不快意　慨，苦代反。慷慨言不合意則殺之。

三表一〇
藏命　命，名也。謂藏匿其名而作姦惡也。

三裏一
與人飲使之嚼　其人不能飲，强使盡之。

三裏二
怪之問其故　箕踞爲怪踐更至數過不唤，乃問其故。

四表二
諸公在此間　言處兩仇之閒。

四表三
無用待我　解曰：「且無用我言。待我去後，洛陽豪吏更言之，乃從也。」是不欲奪人權勢。（《正義》本亦無「待我」二字。）

四表八
家貧不中徙　言貲財少，不中徙陵也。

四裏一
又殺之闕下　解客於闕下殺上書人。

四裏四
告主人家　示所去處。

〔第七一葉表〕

佞幸列傳第六十五

一表六
公卿皆因關說　關，猶歷也。百公卿有事，皆關兩人而說於上也。

〔第七一葉裏〕

一表一三

濯船　濯，音宅教反。濯船，持楫行船也。黄頭，著黄帽也。以土勝故也。

二表三

尚負責數巨萬　顔師古曰：「積其前後所犯，合没官者數多。除其現在財物以外，尚有負官數巨萬，故云『吏輒没入之』。」

二表四

長公主　館陶公主，文帝之女。

二表四

令假衣食　公主如令通假借衣食，而公主私給之。

二裏三

嗛嫣　嗛，銜恨也。

二裏一一

埒如韓嫣也　埒，音劣。埒如，微減也。

滑稽列傳第六十六

一表二

滑稽 顔師古云：「滑稽，轉利之稱也。滑，亂也。稽，礙也。言其變亂無一留也。一説稽，考也，其滑亂不可考校。」

一裏七

甌窶滿篝 陸曰：「甌窶，小貌。今江東猶言器物小狹者爲『甌窶』。」

一裏九

穰穰 野王云：「穰穰，衆多也，夥也〔夥，野〕。」

一裏八

汙邪滿車 下田肥澤，故得滿車。

二裏七

前有墮珥 珥，珠玉在耳。

二表一〇

羅襦襟解 襟，巨禁反。解，閑買反。衿，或作「紟」。紟，帶結也。

二表一一

能飲一石 言飲可至八斗，二三斗猶未遽醉。至日暮酒闌，髡心最歡，能飲於一石。

〔第七二葉表〕

二裏一

壠竈爲槨　土壠爲竈，居鬲外若槨。

二裏一二

銅歷　言以銅爲釜鬲，居竈中如棺。

三表一三

受賕枉法　《説文》云：「賕，以財枉法相謝也。」

三裏一

幸雨立　慶本標記云：「幸」，本作「㚔」，陸作「幸」云。言幸且在雨中而立也。

四表六

得以半更　更，代也。

四表一三、裏一

奉飲精飱養乳母　精，乾飰。飱，温飰。

四裏一

假倩　倩，七姓反。倩，借也。

四裏三

馳道　馳道，謂御道也。

五裏一

連四海之外以爲席　言四海之外皆賓服，如席之相連環繞。

日者列傳第六十七

慶本標記　陸問：「卜筮之官，由來久矣。此《傳》以爲起自漢代，其旨何？」「此褚先生所説。治學既淺，辭多謬妄。若强通其類，則謂自漢文卜得大横之兆，而其官興盛。」

一表六
太卜之起由漢興而有　漢文帝卜得大横，與夏啓之卜同，乃乘六乘傳入長安者也。

一裏五
正襟危坐　危坐，謂小坐。

二表八
比周賓正　慶本標記：賓，音擯。《注》如字。主賓相然之意也。陸謂：「擯，棄正人也。」

二裏四
才賢不爲是不忠也　言賢才能審賢，故君賢。

二裏五
子獨不見鴟梟之與鳳皇　言鴟梟之與鳳凰翔于蘭芷，

二裏五
有人者進有材者禮是僞也　言有大衆禄位者進用，有錢財者禮敬，是僞也。

〔第七三葉表〕

〔第七三葉裏〕

芎藭弃在廣野，若蒿蕭成林。使君子退處不顯，〔由〕公等。

二裏七

述而不作君子義也　言述天地陰陽不改作，是君子義也。司馬季主自言也。

三表五　？

利大而謝少　言卜者於天下宜，利則大矣。天下宜，以財讎謝，則少也。

三表八

無盡索之時　索，亦盡也。

三裏一

奪糈　糈，音𠩄所。謂祠神米也。

二裏一三

天冠地（履）〔屨〕　不相及也。

龜策列傳第六十八

一表八
斷以蓍龜　蓍，音詩。
一裏二
昆蟲　謂龜也。
一裏五
父子疇官　《桃源抄》云：「疇者，等也。《後漢·蔡遵傳》曰：『死則疇其爵邑，世無絶嗣。』注曰：『疇，等也。言功臣死後，子孫襲封，世世與先人等。』」
二裏一
太史公之傳　《傳》，即卜筮之書。按：是説誤。
三裏九
譺然　譺，猶疑也。
六表二
誕謾　集解「誕」，一作「訑」。　訑，欺也。
六裏三
不得其嬴　嬴，餘利也。
九表七
物有所拘　拘，檢也。

〔第七四葉表〕

九表七
亦有所據　《桃源抄》：「據，音倨，敖也。」
一〇表六
卜先以造竈　造竈，用燒荆枝也。
一七裏二
大論曰　以下九十七字，可乎？其甚鄙拙。

貨殖〔列〕傳第六十九

一表二一
至治之極鄰國相望　言至治之極時，猶鄰國相望，樂其俗，至老死不往來也。同
鄰國相望　遠望見而不相往來，故相望也。
一表二二
輓近世　輓，與「挽」同，引也。塗，塞也。言輓引至於近世，求利，

乃塗塞民耳目，則無所機其行迹。言不如古無爲。寬永本標記《決》：「塗民耳目，謂改易舊制，令不見聞古之美，無幾矣！言無美善可冀望也。」

一裏一

神農以前吾不知已 太史公云：神農以前，《詩》《書》不及，至於貨殖，不能知已。

一裏二

使俗之漸民久矣 言《詩》《書》述虞夏以來，聲色芻豢佚樂夸矜，有威勢則能爲榮華。然世被漸染，使民爲之久矣。

一裏三

户説以眇論 音路頓反。雖户户説以無爲之眇論，終不能改貨殖夸矜之俗化也。

一裏四

善者因之云云 言其善政者，因致清淨，隨俗而誘之。其次以利導引。其次設化變改之，整齊不貪之。最下者與

〔第七五葉裏〕

衆爭利及夸矜也。

一裏一三　？

賤之徵貴云云　徵，召也。言物賤，彼貴處徵召之，必至也。寬本引莊云：「徵，求也。此處賤，求彼貴處賣之。此處貴，求彼賤處（賣）〔買〕之。」

二表二

豈非道之所符而自然之驗邪　言物自然而至，若道養萬物，不期而四時符合也。

二表五

貧富之道莫之奪予　音予。言貧富之道，無人奪之及與之。原大則饒，原小則鮮，巧者有餘，拙者不足。

二表八

繦至而輻湊　繦，脚兩反。

二裏九

歲在金穰水毀　此不說土者，土，四季不得爲主也。

二裏一〇

旱則資舟　資，取也。大夫種曰：「賈人旱則資舟，水則資車，以待之也。」

三表一

積著之理務完物　著，張呂反。言停貯務在完牢之物也。

三表一

無息幣本作「幣」，《正義》作「弊」。　無停息弊惡之物也。

三表二

腐敗而食之貨勿留《正義》以爲一句。　腐，音符愚反。言爛敗可食之貨物，莫復留滯。

三表三

貴出如糞土　夫物貴出賣之，而收財賈，言如糞土，不惜也。物賤而買居貯之，言如珠玉，必惜也。

三表六

稱號五霸　言稱號比於五伯也。

三表七

計然之策七　《漢書》作「十」字。《越絕書》云「其術有九」。解在《越

〔第七六葉表〕

世家》篇。

三表一三

不責於人　言順時積居，不出責於人。

四表一三

斥賣　斥，不用也。言盡賣也。

四裏一　？

畜用谷量馬牛　谷，音欲。言畜衆多，以山谷多少言。

五表五、六

褒斜　斜，音也奢反。《梁州記》云：「萬石城泝漢上七里有褒谷，南口曰褒，北口曰斜，長四百七十里。」

五裏五

全晉之時　全晉，全盛之時。

五裏三

懻忮　强直而恨也。

五裏一○

仰機利　仰機巧之利也。

作巧姦冶　謂作巧僞之物，姦蕩婬冶也。

六表一二

具五民［集解］如淳曰云云。　如説非也。

六裏八

其俗剽輕易　輕，音去聲。《正義》似讀爲「勁」。

八表九

搴旗　搴，拔取也。

八表一二

躡利屣　言屣雖好，躡而行之。令人愛尚，故曰「利屣」也。

十表二

蘖麴鹽豉千荅　《尚書大傳》云：「文皮千合。」則數兩謂之「合」。《三蒼》云：「榼，盛鹽豉之器，音他果反。」則荅，榼之異名也。

十表四

棗栗千石者三之　謂三千石也。言棗栗三千石，乃與上相等。

十裏五

富埒卓氏　埒，微減。

一〇裏一一

有游閑公子之賜與名　言與遊賞閑暇公子賜與各相交驩也。

一一裏三

變化有概　有節概也。

一二表四

掘冢姦事也而（曲）〔田〕叔以起　上求月反。言曲折田（斥）〔外〕掘地

〔第七七葉表〕

爲民作家。

一二表四

桓發用之富　桓，工爰反。

一二表五

雍樂成　雍縣人，姓樂名成也。

太史公自序第七十

一裏九

玄孫卬　卬，五郎反。

二表六　叔

楊何　何，字枡元，菑川人。見《儒林傳》也。

二裏四

使人儉而善失真　莊曰：「儉，當〔作〕『撿』，謂拘撿人。」

三表

六藝　謂五禮、六樂、五射御、六書、七數也。

三裏四

名家苛察繳繞　（顔）〔顧〕胤云：「名家苛，苛察多事，還自纏繞，不能通也。」

四裏四

戹困鄱薛彭城　《正義》曰：「《括地志》云：『徐州滕縣，漢薛縣。音翻。漢末陳蕃子逸爲魯相，改（鄱）音爲皮。』田褒《魯記》曰：『靈帝末，汝南子游遊？爲魯相，陳蕃子也，國人爲諱而改焉。』」

四裏九

且卒　言欲將死。

五裏二

孔子卒後至於今五百歲　案：孔子卒五百歲者，欲取《孟子》以應一？聖符也。

六表一〇

不言文王而言周公者，孔子是述作設教之聖，故方於己。

七表二

皆失其本己　莊云：「己，當作『紀』，言失人倫綱紀。」

澤流罔極　罔，無也。極，止也。

〔第七八葉表〕

〔第七八葉裏〕

八表四

以人爲殉 《傳》云秦伯任好卒，以王子車氏之三子奄息、仲行、鍼虎爲殉。國人哀之，作《黄鳥》之詩也。

八表六

子羽 子羽，項羽也。

九裏六

比禮 比，次也。

一〇表八

玩（好）〔巧〕 玩，謂替?也。巧，濫惡也。

一〇表八

爭於機利 謂爭機巧之利也。

一二表三

栗姬僨責 僨，音負。負，恃也。

一三表九

諸吕爲從 從，足松反。

一三表一〇

出委以梁 以出梁委於吴、楚也。

一四裏一

如楚以救邯鄲之圍 如，往也。言平原君往楚求救邯鄲之圍。

十四裏二

用徇其君　以身從物曰「徇」。

一六表二

蒯成　蒯，古怪反。《括地志》曰：「蒯亭在洛州河南縣西十里苑中也。」

一七表二

葆守封禺　封、禺二山，在湖州武康縣西也。然按《年表》、《東越傳》云東越徙處盧江郡。而守禺未詳。

一九表三

年差不明作十表　言本紀、世家及諸傳，年月差别不同，故作十表以明之也。

余述歷黄帝以來至太初　《史記》起黄帝，訖于漢武天漢四年，合二千四百一十三年。象一歲十二月及閏餘也。《玉海》四十六注引《正義》。

〔第七九葉表〕

〔第七九葉裏〕

《史記正義佚文》一卷，瀧川君山所鈔。予獲諸坊賈矣。水澤君校訂《史記》多年，業有可觀。謹贈是書，以爲資料。長澤規識

水澤君云：君山從東北大所藏古活字本鈔出者。

附録：對讀札記

袁傳璋

筆者以瀧川資言《唐張守節史記正義佚存》手稿影印本（以下稱「佚存本」）與瀧川資言《史記會注考證》（以下稱「考證本」）、水澤利忠《史記會注考證校補》（以下稱「校補本」）、小澤賢二《史記正義佚存訂補》（以下稱「訂補本」）對讀，發現考證本與校補本輯得的一千六百四十五條《正義》佚文，其中竟然有六百三十七條不同程度地存在訛、奪、衍、倒的失誤，而其中的十之七八又可據《史記正義佚存》手稿予以訂正。兹以對讀所見，從中選擇一百五十條，作對讀札記如下。

凡例

一　對讀諸書所用版本：

（一）　司馬遷：《史記》，中華書局點校本，一九八二年第二版。簡稱「中華本」。

（二）　瀧川資言：《唐張守節史記正義佚存》，手録原稿影印本。簡稱「佚存本」。

（三）瀧川資言：《史記會注考證》，日本東京大學東洋文化研究所藏版，一九三二—一九三四年刊行；日本史記會注考證校補刊行會一九五六—一九六〇年訂正版。簡稱「考證本」。

（四）水澤利忠：《史記會注考證校補》，日本史記會注考證校補刊行會藏版，一九五七—一九七〇年特制本。簡稱「校補本」。

（五）小澤賢二：《史記正義佚存訂補》，《史記正義之研究》所收，日本汲古書院，一九九四年刊。簡稱「訂補本」。

二　列入札記的《正義》佚文諸條，都先標所屬《史記》篇名，其次條列本篇佚文。

三　每條《正義》佚文前，先標出佚文所注《史》文。《史》文用句號結止。《史》文後圓括號内標「中」者爲本句在中華本的卷、頁、行數；標「考」者爲本句在考證本的葉、行數。

四　《史》文下提行整録考證本《正義》佚文，以正義冠首。

五　凡考證本無而校補本增補之《正義》佚文，正義前冠三角號△以示區別，並於佚文末圓括號内標出校補本的卷、頁、行數。

六　筆者按語於《正義》佚文下提行書寫，以「璋按」標識。

五帝本紀第一

一、禽殺蚩尤。（中一・三—一四；考八—八）

【正義】髀，白采反。

璋按：佚存本《正義》佚文作：「《集解》：肩髀。髀，白米反。」知此則《正義》係爲《集解》引《皇覽》蚩尤「肩髀冢」之「髀」字注音。「白采反」並非「髀」字切音。考證本「采」字爲「米」字之形訛。

二、帝嚳高辛者。（中一・一三—一六；考一九—一二）

【正義】少昊象日月之始，能師太昊之道。此謂象其德也。

璋按：佚存本「能師太昊之道」下原有「故號少昊氏」五字，考證本無，當係手民排字偶脱。

三、其仁如天。（中一・一五—八；考二二—四）

【正義】郭璞注《爾雅》云：「仁覆憫下，謂之昊天也。」

璋按：佚存本已將「昊」字校正作「旻」。考證本當係手民排印時形近而訛。

四、鳥獸氄毛。（中一・一七—二；考二七—六）

【正義】冬時其民因、鳥獸生氄毳細毛之時，當服精綿絮褚衣温之服，以禦冬寒也。褚，音竹吕反。

璋按：「當服精綿絮褚衣温之服」，語意詰屈欠通。佚存本無「精」字，「服」屬下讀。全句應點作「冬時其民因鳥獸生氄毳細毛之時，常服綿絮褚衣温之，服以禦冬寒也。褚，音竹吕反。」又，佚存本於「常服」之「常」字右側旁注「當」字，下標「博」，意謂《博士家本史記異字》「常」作「當」。

夏本紀第二

五、泥行乘橇。（中二·五一—十；考五—七）

正義 擿，天歷反。今乘船猶云擿舡也。

璋按：考證本「擿，天歷反」的音注，似與《史》文「泥行乘橇」無關。而佚存本《正義》佚文作：「《集解》：擿行泥上。擿，天歷反。今乘船，猶云擿舡也。」則知「擿，天歷反」，係爲《集解》所引「孟康曰：橇形如箕，擿行泥上」句中「擿」字注音。考證本脱引佚存本「集解擿行泥上」六字，則不知所云。

六、大陸既爲。（中二·五二—一三；考八—一）

正義 水去大陸以成澤。

璋按：此則《正義》佚文係釋「大陸既爲」全句。大陸，澤名。佚存本句首有「言」字，猶「意謂」。考證本脱「言」字則語意欠明。

七、三人行浴。（中三・九一—三；考二一—四）

△正義行浴，音欲，本作「路」，非也。《三代世表》及《詩傳》云：湯之先爲契，無父，而契母與姊妹浴於玄丘水，有燕銜卵墮之，契母得之，誤吞之，而生契之。（校補三・七一—一五）

璋按：此爲校補本新增《正義》佚文。佚存本原有，繫於《史》文「因孕生契」句下，但無「行」字，且「路」作「洛」。顯然校補本衍「行」字，而「路」字則係「洛」字之形訛。「而生契之」句，語意欠通，佚存本此句作「而生契也」，可知校補本「之」字乃「也」字之訛。

八、言素王及九主之事。（中三・九四—五；考七—三）

正義專君，若漢宣之自專自斷，不任賢臣也。法君，若秦孝公用商鞅之法，嚴急之君也。授君，若燕噲授子之之類，是人君不能自理，政歸臣下也。勞君，若禹之勤勞天下也。等君，等者類也，若漢元、成以下，不能好惡，故云等君也。寄君，若春秋寄公，人困於下，主驕於上，邦分崩離析可立待，故孟軻謂之寄君也。破君，若桀、紂之類也。國君，言獨征一國之政，蔽欺敵人，若智伯之類也。三歲社君，謂在襁褓而主社稷，若周成、漢昭、平之比也。一本云：九主者，法君、勞君、等君、寄君、專君、授君、破君、國君，以三歲社君爲一君，并上八君成九主，恐非也。然伊尹説湯「素王」、「九主」，當是三皇五帝及少昊，咸勤勞天下，廣求賢佐而致太平。而裴氏引此「九主」，恐非伊尹之意也。

璋按：自「破君若桀紂之類也」至「若智伯之類也」二十七字，考證本無。考佚存本此二十七字原有，可能是考證本排印時手民跳行漏排。

九、帝太戊贊伊陟于廟，言弗臣，伊陟讓，作《原命》。（中三・一〇〇—六；考一八—一）

正義伊陟，伊尹子也。原，再也。言太戊贊於湯廟，言伊陟尊高，不可使如臣佐。伊陟讓，乃再爲書命之。

璋按：佚存本「太戊」之「太」，作「大」，與唐寫本合。「言太戊贊於湯廟」句首之「言」字，佚存本作「書」；「乃再爲書命之」句下，佚存本有「故云原命」四字。據此可知，「書」指逸《商書》之《原命》篇，「太戊贊於湯廟」云云，當係該篇大意。本則《正義》佚文似應如此標點：正義伊陟，伊尹子也。原，再也。《書》：大戊贊於湯廟，言伊陟（専）〔尊〕高，不可使如臣佐。伊陟讓，乃再爲《書》命之，故云《原命》。

周本紀第四

一〇、伯夷、叔齊在孤竹。（中四・一一六—三；考一一—二）

△正義令支故城在盧龍縣南七十里。按：後漢令支縣屬遼西郡也。（校補四・一五—三）

璋按：此爲校補本新增《正義》佚文。佚存本原有，全文作：「《集解》：『應劭曰：在遼西令支。』令支故城在盧龍縣南七十里。按：後漢令支縣屬遼西郡。」先引《集解》應劭説，指出：「孤竹」在「遼西令支」，然後爲《集解》補釋「令支」在唐時及後漢的地理方位。注釋明確精準。校補本漏引「集解應劭曰在遼西令支」十字，遂令讀者莫明所指。

一一、諸侯咸會。曰：「孳孳無怠。」（中四·一二一一—一五；考二二—四）

正義「曰」，作「日」，言日日孳孳進，其心無怠慢也。

璋按：此則佚文表明，《正義》所據《史記》「曰」字本作「日」，故注文按「日」字解説。「言日日孳孳進」句，佚存本不重「孳」字，作「言日日孳進」；「其心無怠慢也」句，佚存本「無」字下有「有」字，作「其心無有怠慢也」，當係《正義》原貌。

一二、武王使師尚父與百夫致師。（中四·一二四—一〇；考二五—八）

正義致師，挑戰也。

璋按：佚存本「致師」《正義》佚文作：「《注》：環人，掌往來之賓。致師者，挑戰同一事也。摩，猶歷也。御車歷御車壘而行疾，旌旗靡然而還也。菆，音側留反，字或作『掫』，音菆，箭之美者也。杜預云：『菆，矢善者。』搠，力丈反。掉，田軍反。搠，拂拭馬也。正鞅而還，以示閒暇無懼也。」係補釋《史》文「致師」《集解》涉及的詞語，「注」字正指《集解》。此段共八十四字，考證本全脱，而衍「致師挑戰也」五字。佚存本「御車歷御」，後一「御」字，據校補本則爲「彼」字之形訛。

一三、蜚鴻滿野。（中四・一二九—一；考三三—五）

正義《淮南子》云：「夷羊在牧。」按：夷羊，怪獸也。此云「蜚鴻滿野」，《淮南子》云「飛蛩滿野」，高誘《注》云：「蛩，蟬，蠛蠓之屬也。」按：飛鴻拾蛩，則鳥獸各别，亦須隨文解之，不得引高誘解此也。既云「麋鹿在牧」，蠓蠛又在野外，則比干、商容之屬，忠賢何厝？《詩》見《鴻雁》篇。此文「飛鴻」用比箕子、微子、比干、商容，被其放棄，若飛野外，或殺或去，後君子庶免疑焉。蜚，音飛，古「飛」字也。「於今」，猶當今。「於今六十年」，從帝乙十年至伐紂年也。麋鹿在牧，喻讒佞小人在朝位也。飛鴻滿野，喻忠賢君子見放棄也。言紂父帝乙立後，殷國益衰，至伐紂六十年間，諂佞小人在於朝位，忠賢君子放遷於野。故《詩》云「鴻雁于飛，肅肅其羽。之子于征，劬勞于野。」毛萇云「之子，侯伯卿士也」。鄭玄云「鴻雁知避陰陽寒暑，喻民知去無道就有道」。

璋按：考證本此則《正義》佚文自「蜚音飛古飛字也」以下一百三十六字，乃《史記》三家注合刻本《正義》注文，佚存本手稿無此，而止於「願後君子庶免疑焉」句。與佚存本對校，「此云蜚鴻滿野」句，考證本脱「隨巢子云飛拾滿野」八字；「淮南子云飛蛩滿野」句，考證本衍「云」字；「按鴻飛拾蛩」，考證本作「按飛鴻拾蛩」，「鴻飛」二字顛倒；「則鳥蟲各異」，考證本作「則鳥獸各别」，「蟲」字作「獸」，「異」字作「别」；末句「願後君子庶免疑焉」，考證本脱句首「願」字。以上均應據佚存本校改。

一四、五刑不簡，正於五罰。（中四・一三八—一二；考四八—一）

正義應，乙陵反，下同。應，當也。

璋按：佚存本「應」字注音之上有「《集解》：孔安國曰云云」。「云云」爲瀧川氏所録古本校記省文。佚存本先引「《集解》：孔安國曰：『謂不應五刑，當正五罰，出金贖罪也。』」然後爲《集解》引文中「應」字注音釋義。考證本因脱引《集解》文，則不明《正義》所繫。

一五、夫王人者，將導利而布之上下者也。使神人百物無不得極，猶日怵惕怨之來也。（中四・一四一—一〇；考五二—八）

正義 極，至也。夫王人者，將導引其利而偏布之命，上下共同也。故神人百物皆得至其利，而猶日怵惕恐懼之來責也。怵，人質反。

璋按：「怵惕恐懼」乃自我精神狀態，豈能「來責」？考證本「恐懼」字下必有脱訛。考佚存本，「懼」字下有「怨」字，作「猶日怵惕恐懼怨之來責也」。「怨」者，人怨也。考證本脱「怨」字遂致文意欠明。又考證本「偏布之命」句之「偏」字，佚存本作「徧」。徧、偏字義有別，佚存本作「徧」者是。「命」當屬下讀。

高祖本紀第八

一六、與父老約，法三章耳。（中八・三六二—六；考三五—一）

正義 約，省也，省減秦之煩法。唯三章，謂殺人、傷人及盜。

璋按：佚存本天頭標注《正義》佚文「約省也」下有「減也」二字，故下文云「省減秦之煩法」。考證本所脱「滅也」二字，小澤賢二訂補本已增補。

一七、魏王豹謁歸視親疾，至即絶河津，反爲楚。（中八・三七二一八；考五〇一四）

正義絶，斷也。河津，即蒲州蒲津關也，蒲津橋即此。豹從同州由橋至河東，即斷之而叛漢也。

璋按：考證本「蒲津橋即此」，意謂蒲津橋即蒲津關，二者爲一。其實不然。佚存本作「蒲津橋即其處也」，意謂蒲津橋在蒲津關處。考證本易「其處也」三字爲「此」，遂致此誤。

吕太后本紀第九

一八、爲吕氏右襢，爲劉氏左襢。（中九・四〇九一七；考三一一三）

正義襢，音但，與「袒」同。

璋按：襢、襢，音同義異。佚存本作「襢」，是也。考證本「襢」字爲「襢」之形訛。校補本、訂補本皆承考證本之誤而未改。

孝文本紀第十

一九、新啑血京師。（中一〇・四二三一一〇；考二一一〇）

正義啑血，上音歃，《漢書》作「喋」。《廣雅》云：「喋，履也。」顔師古云：「字當作『喋』。

喋，謂履涉之耳。」

璋按：佚存本所引《廣雅》及顏師古注中之「喋」字皆作「蹀」，是也。考證本作「喋」字誤。又佚存本《正義》摘《史》文「啑血」二字作注，故云「上音歃」，而不重「啑血」二字，考證本此二字實爲衍文。「喋」字，訂補本已據佚存本訂正爲「蹀」。

二〇、臣謹請（與）陰安侯列侯頃王后。（中一〇・四一五—一六；考七—一）

正義 頡，紀八反。頃，奇傾反。

璋按：「頡，紀八反」，係爲《史》文「陰安侯」《集解》「蘇林曰：高帝兄伯妻羹頡侯信母，丘嫂也」句中「頡」字注音。考證本「頃，奇傾反」，佚存本作「頃，音傾」，係直音。愚意考證本校讎者或誤認瀧川資言行書手跡「音」字爲「奇」字，而「奇傾」非音注，故添加「反」字而成反切式注音。然而「奇傾反」並非「頃」字切音。據佚存本，知考證本「奇」爲「音」字形訛，應正；「反」爲衍文，應删。校補本、訂補本皆承考證本之訛而未改。

二一、天下人民未有嗛志。（中一〇・四一九—七；考一四—五）

△正義 恨也，未有恩惠之志民也；又謙牒反，言未有愜洽之志於民。（校補一〇・一四—一二）

璋按：此則佚文爲校補本增補，但「未有恩惠之志民」，語意欠通，顯有訛誤。考佚存本「志」字下有「於」字，作「未有恩惠之志於民」，則「未有恩惠之志」的主語明確爲文帝自身，而「民」爲賓詞，句意豁然明晰。校補本、訂補本均脱「於」字。

二二、攻朝那塞。（中一〇・四二八—一三；考三〇—八）

正義 塞，先代反。《括地志》云：「朝那故城，在原州百泉縣西七十里，漢朝那縣是也。」塞，即蕭關，今名隴山關。漢文帝十四年，匈奴入朝那縣之地。鉼，白刑反。《地理志》云，鉼屬瑯邪郡。

璋按：「漢朝那縣是也」，「縣」字下佚存本有「城」字，「城」字正承《史》文「塞」字而言，考證本脱。「匈奴入朝那縣之地」句，「入」字下佚存本有「朝那塞者也按百泉亭即」十字，考證本脱，校補本已補。

二三、令天下大酺。（中一〇・四三〇—一一；考三四—七）

正義 古者祭酺，聚錢飲酒。故後世聽民聚飲，皆謂之酺。《漢書》「每有嘉慶，全民大酺」，是其事也。彼《注》云：「因祭酺而其民長幼相酬，鄭《注》所謂祭酺合醵也。酺，音蒲。」

璋按：據佚存本，「全民大酺」句考證本之「全」，爲「令」字之形訛；「彼注」之「彼」，爲「顔」字之訛。「因祭酺而」之下脱「與」字，則失去與民同樂之意義。考證本、校補本、訂補本同有此訛、脱。

二四、軍棘門。（中一〇・四三三—一；考三七—七）

正義 横，音光。秦輿樂宮北門對横橋，今渭橋。

璋按：「秦輿樂宮」之「輿」，佚存本於「輿」字右側旁注問號，作存疑狀。《史記・孝文本紀》「至高陵休止」句下《正義》引《三輔舊事》云：「秦於渭南有輿樂宮。」考證本「輿」字或爲「興」字之形訛。

二五、發倉庾以振貧民。（中一〇・四三二—一二；考三七—一〇）

正義 胡公名廣，後漢太尉。《百官箴》者，廣所著書名。應劭著《官儀次比》。

璋按：考證本「應劭著官儀次比」，佚存本作「應劭著官儀之比」。「之比」，猶「之類」。此則《正義》佚文意謂胡廣所著《百官箴》屬於應劭所著《官儀》之類。考證本誤「之」爲「次」，遂爲應劭添加了他從未所著之書《官儀次比》。此則《正義》應如此標點：「胡公名廣，後漢太尉。《百官箴》者，廣所著書名，應劭著《官儀》之比。」校補本、訂補本皆承考證本之誤。

孝景本紀第十一

二六、置南陵及內史、祋祤爲縣。（中一一・四四〇—一；考四—四）

正義《漢書・百官表》云：內史，周官，秦因之，掌京師。景帝二年，分置左內史、右內史。武帝太初元年，右內史更名京兆，左內史更左馮翊，主爵中尉更名右扶風，是爲三輔。《地理志》云祋祤故城，在雍州同官縣界。

璋按：考證本「掌京師」，佚存本「掌」字下有「治」字，作「掌治京師」。「同官縣界」下，佚存本尚有「漢祋祤故城」五字，考證本亦脱。校補本已補上。

二七、殖蘭池。（中一一・四四三—六；考八—四）

正義《括地志》：「蘭池陵，即秦之蘭池也，在雍州咸陽縣界。《三秦記》云：『始皇都長安，引渭水爲長池，築爲蓬萊山，刻石爲鯨，長二百丈。』」劉伯莊云：「此時蘭池毁溢，故堰填。」

璋按：「蘭池陵」，佚存本作「蘭池陂」，是也。「陂」，考證本形訛爲「陵」，校補本、訂補本皆承其訛。

封禪書第六

二八、掊視得鼎。（中二八・一三九二—一；考六一—三）

正義掊，音白侯反。師古曰：「掊，手把土也。」

璋按：佚存本作「師古曰：『掊，手抱土也。』」「抱」，「捊」字之或體。《説文・手部》：「捊，引取也。从手，孚聲。抱，捊或从包。」義同「刨」、「挖」。「掊視」之《索隱》注引《説文》亦作「掊，抱也」。是「抱」字考證本形訛作「把」。校補本、訂補本均承考證本之訛。

二九、文鏤無款識。（中二八・一三九二—二；考六一—三）

正義劉伯莊曰：「自古諸鼎皆有銘，記識其事，此鼎能無款識也？」

璋按：考證本「此鼎能無款識也」，作疑問句，與《史》文「文鏤無款識」的肯定句相悖，必有訛誤。考佚存本此句作「此鼎獨無款識也」，與《史》文契合。知考證本訛「獨」爲「能」，遂致此誤。

三〇、其牛色白，鹿居其中，𤎅在鹿中，水而洎之。（中二八・一三九四—一四；考六七—八）

正義又以水合肉汁内鹿中也。晉灼曰：「此説合牲物燎之也。」

璋按：《史》文「𤎅在鹿中，水而洎之」，而「肉汁」爲流體，非𤎅肉，「以水合肉汁内鹿中也」，顯與《史》文扞格。考佚存本作「又以水合汁肉内之鹿中也」，「汁肉」則爲固態，係以湯汁浸洎之𤎅肉，故可納入鹿腹中，注文契合《史》文原意。考證本顛倒《正義》原文「汁肉」爲「肉汁」，大悖物理。而校補本、訂補本皆承考證本之誤。

三一、行所過毋有復作。（中二八・一三九八—一一；考七六—一〇）

正義毋，音無。復，音伏。毋有，弛刑徒也。

璋按：「弛刑徒也」句，佚存本「弛」字之上有「謂」字，作「謂弛刑徒也」。考證本奪「謂」字，則易造成「毋有」爲「弛刑徒」刑罰名目的誤會。「謂」字，校補本、訂補本均脱。

吴太伯世家第一

三二、見舞《象箾》《南籥》者。（中三一・一四五三—三；考一六—九）

△正義北方南舞曲也，執羽籥舞南北夷之曲也。（校補三一・二〇—一一）

璋按：此爲校補本新增《正義》佚文。「北方南舞曲也」，其意頗難索解。考佚存本「北方」之上有「按」字，「南」字之下有「方」字，作「按北方南方舞曲也」，則語意分明。此則《正義》佚文當如此標點：「按：北方、南方舞曲也，執羽籥舞，南、北夷之曲也。」

三三、吴召魯、衛之君會於橐皋。（中三一·一四七三—一一；考四〇—九）

[正義]橐，音柘。

璋按：佚存本作「橐，音拓」。考證本「柘」字乃「拓」字之形訛。校補本、訂補本皆承其訛。

齊太公世家第二

三四、景公坐柏寢。（中三二·一五〇四—四；考四八—五）

[正義]柏寢在青州千乘縣東北二十里。《韓子》云：「景公與晏子遊於少海，登柏寢之臺，而望其國。公曰：『美哉堂堂乎！後代孰有此？』晏子曰：『其田氏乎？』曰：『寡人有國，而田氏有之，奈何？』對曰：『君欲奪之，則近賢遠不肖，治其煩亂，緩其刑罰，賑窮乏，卹孤寡，行恩惠，崇節儉，雖十田氏，其如君何？』」按：與此文不同也。

璋按：佚存本「柏寢」之上冠「括地志云」四字，標明注釋「柏寢」方位的根據來自魏王李泰的《括地志》，考證本脱。又「柏寢」下有「臺」字，作「柏寢臺」，「二十里」作「二十一里」。「臺」、「一」二字考證本均脱。「括地志云」四字，校補本、訂補本已補上，但「臺」字仍奪。又按：《史記·孝武本紀》「少君曰：此器齊桓公十年陳於柏寢」（中華本第二册，第四五四頁）句下《正義》引《括地志》，文字與此大同，此爲《正義》同一事典異篇重注例。

魯周公世家第三

三五、成王與大夫朝服以開金縢書。（中三三・一五二二—一五；考一六—三）

正義按：《尚書》武王崩後，周公被流言而東征，王亦未敢誚公，乃有風雨之異。此乃是周公卒後，疑太史公不見《古文尚書》，有斯乖誤矣。

璋按：「此乃是周公卒後」句，「此」字下佚存本有「文」字，「文」指「金縢書」，考證本脱此至關緊要的「文」字。校補本、訂補本均脱。佚存本於「有斯乖誤矣」之下，尚有引自譙周《古史考》及張守節按語的大段文字：

> 《古（文）〔史〕考》云：「金縢之事，失其本末。今據《金縢》篇中，克商二年，王有疾不愈。且武王即位崩，何將[持]十年事終而續二年之後，得爲《金縢》之篇後？」孔安國云：「此以[已]上在《大誥》後，因武王喪并見之。」則譙周之言，不虛誕矣。太史公有所見乃作《世家》。

凡八十九字，考證本全脱未録。

三六、盡起而築之。（中三三·一五二三—三；考七—六）

△正義孔安國云：「木有偃，拔起而立之，築其根，葉無虧，百穀豐熟，周公之德也。」（校補三三·一七—九）

璋按：此則《正義》佚文，考證本無，爲校補本新增。然佚存本原有：「孔安國云：『木有偃，起而立之，筑其根葉，其禾無虧，百穀豐熟，周公之德也。』」兩相比較，校補本所衍「拔」字，不合物理；又奪「其禾」二字，則「百穀豐熟」上無所承，以致全則佚文意難索解。訂補本承校補本之衍、脱未改。

三七、獲喬如弟棼如。（中三三·一五三五—八；考六—九）

△正義棼，本作「焚」。（校補三三·二六—六）

璋按：佚存本《正義》佚文繫於《史》文「獲其弟榮如」之下，其文作：「杜預云：榮如之弟棼如後死，而先説者，其兄弟伯季相次也。」《史》文「獲喬如弟棼如」之下，佚存本無《正義》佚文。

燕召公世家第四

三八、封召公於北燕。（中三四·一五四九—三；考二—五）

正義《括地志》云：「滑州城，古之燕國也。」應劭曰：「南燕，姞姓之國，黄帝之後也。」

璋按：佚存本所鈔《正義》佚文，先引《集解》宋忠曰：「有南燕，故云北燕。」再引《括地志》云「滑州城，古之南燕國也」，補釋《集解》「南燕」之地理方位。據此，知考證本「之」字下奪「南」字，則易造成武王封召公于唐代滑州城域内古燕國地盤的誤解。校補本承其誤。訂補本已訂正。

三九、王因令章子將五都之兵，以因北地之衆以伐燕。（中三四・一五五七—四；考一六—六）

正義謂齊之北境，滄、德等五衆也。

璋按：佚存本「謂齊」之上有「北地」二字，考證本脱。唯訂補本據佚存本補二字。

四〇、齊田單伐我，拔中陽。（中三四・一五五九—三；考二〇—一）

正義中陽故城，份州隰城縣南十里。

璋按：佚存本「中陽」《正義》作：「《括地志》：中陽故城在汾州隰城縣東南十里。」考證本脱「括地志」、「在」、「東」等五字，又訛「汾」爲「份」。訂補本已據佚存本訂正。

陳杞世家第六

四一、葉公攻敗白公，白公自殺。（中三六・一五八三—五；考一八—二）

正義《括地志》云：「白亭在許州扶□縣北四十五里，即勝所封。」按：白亭在豫州褒信縣者是也。以解在《楚世家》。

璋按：考證本「扶」字下空一字，以「□」標識。校補本補「济」字，作「扶济縣」。济，即「溝」之異體字〔一〕。其實佚存本「扶」字下有草書「济」字，手民不識，而以「□」處置。訂補本已訂正爲「扶溝縣」，與佚存本合。

四二、江、黄、胡、沈之屬，不可勝數。（中三六・一五八六—九；考四—六）

正義《括地志》云：「安陽故城在豫州新息縣西南八十里。應劭曰：『故江國也。』黄國故城，在光州定城縣西十二里，春秋時黄國都也。」胡、沈，解在前。

璋按：佚存本「應劭曰古江國也」句下有「《地理志》云：安陽縣，古江國。」「春秋（國）〔時〕黄國都也」句下有「《續漢書》云：江、黄，嬴姓國也。」共二十字，考證本脱。校補本、訂補本皆承考證本之奪而未補。

衛康叔世家第七

四三、雖殺之，必或繼之。（中三七・一六〇一—七；考二五—二）

△正義子路云：「太子若不合孔悝，雖殺己，必有繼續而政太子。」殺孔悝。（校補三七・

〔一〕元代王禎《農書》卷十二「隨耬種所過溝壟碾之」，明代徐光啓《農政全書・農器・圖譜一》引作「隨耬種所過济壟碾之」。故知「济」即「溝」之異體字。

一七—四）

璋按：此則《正義》佚文爲校補本新增。佚存本原有，但文字有重要差異。佚存本作：「子路云：『太子若不舍孔悝，雖殺之，必有繼續而攻太子。』殺孔悝。」與《左傳・哀公十五年》「大子焉用孔悝，雖殺之，必或繼之」合。校補本訛「舍」作「合」，訛「之」爲「己」，訛「攻」爲「政」。或因形近而訛，或因音近而訛。訂補本已改「合」爲「舍」、改「政」爲「攻」，唯「己」字未訂正爲「之」。

晉世家第九

四四、晉唐叔虞者。（中三九・一六三五—三；考二—七）

正義餘才宋《國都城記》云：「唐國，堯之裔子所封，爲唐。太叔因故唐侯之地封於唐，在河、汾之東，方百里，故曰唐叔虞。」叔者，仲叔次第；虞，名也。

璋按：佚存本「餘才宋」，「餘」字圈去，右上注大字「徐」，「宋」字右下注「宗」字。是瀧川資言已更正「餘才宋」爲「徐才宗」。考證本「餘才宋」之訛，應據佚存本訂正。又佚存本「唐國因帝堯之裔子所封爲唐」，考證本奪「因帝」二字，遂使語意欠明。校補本、訂補本皆承考證本之奪而未補。

四五、君行則守。（中三九・一六四三—六；考一六—七）

△正義守，音狩，不同守者狩也。若巡狩，而令境内監守也。（校補三九・一三—七）

璋按：此爲校補本新增《正義》，文字訛誤，不堪卒讀。考佚存本，「君行則守」句下《正義》作：「守，音狩。下同。守者，守也。君若巡狩，而令境内監守也。」「下同」者，謂《史》文下文「有守則從」之「守」，同音狩。校補本訛「下同」之「下」爲「不」，則「不同守者狩也」，不知所云；擅改「守者，守也」爲「守者，狩也」，則行同僭越。校補本「若巡狩」句首奪「君」字。

四六、王若曰：父義和。（中三九・一六六七—一；考五八—五）

正義王，平王也。孔安國曰：「文侯同姓，故稱曰父。義和，字也，稱父者非一人，故以字别之。」按：「王若曰父義和」至「永其在位」，是《尚書》命文公仇之文，而太史公採《左傳》作此《世家》。然平王至襄王六代，文侯仇至重耳十一公，縣隔一百三十餘年，極疏謬矣。及裴氏於孔、馬注不考，年代亦依前，失矣。《左傳》、《尚書》各有文，蓋周襄王自命文公作侯伯及賜弓矢，《左傳》文分明，而太史公引《尚書》平王命文侯之文，太史公誤。

璋按：考證本「是尚書命文公仇之文」，佚存本作「是尚書命晉文侯仇之文」，考證本訛「文侯仇」爲「文公仇」，且脱「晉」字；考證本「文侯仇至重耳十一公」，佚存本作「文侯仇至文公重耳十一代」，考證本於「重耳」上脱「文公」二字，且誤「十一代」爲「十一公」。

四七、使呂相讓秦。（中三九・一六七九—一二；考八〇—一二）

正義杜預曰：「魏錡子也。」

璋按：佚存本「杜預曰」之上有「賈逵曰呂相晉大夫」七字，考證本脱。校補本亦脱。訂補本據佚存本補此七字，但形訛「逵」爲「達」。

四八、願公試使人之周微考之。（中三九·一六八〇—一一；考八二—二）

正義按：周，洛陽，時周王都洛。

璋按：佚存本「時周王都洛」之下尚有「年表云立襄公子糾爲悼也」十一字，考證本脱。校補本承考證本之脱，唯訂補本補上。

楚世家第十

四九、陸終生子六人，坼剖而産焉。（中四〇·一六九〇—一；考三—九）

正義陸終娶鬼方氏之妹，謂之女嬇，産六子，孕而不毓三年，啓其右脇，六人出焉。

璋按：佚存本「陸終」字上有「世本云」三字，交待故事出處，考證本奪。訂補本補此三字。

五〇、張丑僞謂楚王曰。（中四〇·一七二一—三；考五一—七）

正義爲，音僞。言張丑爲田嬰故，僞設此辭。

璋按：佚存本此則《正義》作：「《正義》作『張丑爲』。爲，音僞。言張丑爲田嬰故，僞設此辭。」是《正義》所據《史記》文本作「張丑爲」，與合刻本作「張丑僞」者不同，故先爲「爲」字注音，後釋句意。

五一、膺擊韓魏。（中四〇·一七三一—一二；考七三—六）

正義鷹，作「鷹」。如鷹鳥之擊也。

璋按：佚存本此則《正義》作：「《正義》作『鷹』。如鷹鳥之擊也。」據此，知《正義》所據《史記》文本原作「鷹擊韓魏」。然按之《史》文：「秦爲大鳥，負海内而處，東面而立，左臂據趙之西南，右臂傅楚鄢郢，膺擊韓魏，垂頭中國。」則史公原稿以作「膺」者爲是。《正義》據本作「鷹」者，當爲唐以前傳抄者妄改，《正義》注文亦違《史》文原意，不可取。

越王勾踐世家第十一

五二、持滿者與天。（中四一·一七四〇—一一；考五一—三）

正義言執持滿之德，維天能之。《越絶》云：「天道盈而不溢，盛而不驕。」

璋按：「言執持滿之德」，佚存本「滿」字下有「足」字，作「言執持滿足之德」，語意語氣似更充足。「盛而不驕」句下，佚存本尚有「定傾危之計唯人能之越絶云地貴定傾人貴節事與此文反也」二十五字，考證本脱奪。

五三、所待者如此其失計。（中四一·一七四八—一二；考一九—一〇）

△正義其以失計猶爲王也。（校補四一·一七—一四）

璋按：此爲校補本新增《正義》。然佚存本原有，「其以」之下有「此」字，作「其以此失計猶爲王也」。按之《史》文「奈何其以此王也」，則「其以」下有「此」字是，較之校補本所增佚文語意更爲完足。

五四、復約要父子耕畜廢居。（中四一・一七五三—一；考二六—八）

正義 畜，許六反。耕，耕田也。畜，養五牸也。廢，停也。居，貯也。停賤物，貴而賣之也。

璋按：佚存本「畜，許六反」之下，直接「畜，養五牸也」。而考證本誤倒於「耕，耕田也」之下。校補本、訂補本承考證本之誤而未改。

鄭世家第十二

五五、《鄭世家》第十二。（中四二・一七五七—二；考一—七）

正義《毛詩譜》云：鄭國者，「周宣王封其弟友於宗周畿内棫林之地，是爲鄭桓公」。

璋按：佚存本「鄭國者」之下有「宗周畿内之故國」七字，考證本脱。考證本「封其弟友於宗周畿内棫林之地」句，佚存本無「宗周畿内」四字。

五六、東徙其民雒東，而虢、鄶果獻十邑。（中四二・一七五八—二；考五—一）

正義《括地志》云：「故莘城，在鄭州管城縣南三十里。」鄢，今許州鄢陵是。杜預曰：「鄢，潁川郡鄢陵縣。」即氾水縣也。餘邑皆相近。《毛詩・疏》曰：「《鄭世家》云桓公言於王，東徙其民雒東，而虢、鄶果獻十邑。如《世家》言，則桓公自取十邑。而《詩譜》云『死後武公取之』者，司馬遷見《國語》『史伯爲公謀取十邑』之文，不知桓公身未得，故傅會爲此説耳。《外傳》云『皆子男之國，虢、鄶爲大』。則八邑各爲其國。則虢、鄶之地，無由得獻之桓公也。明司馬遷之説謬耳。」

璋按：《正義》所引《括地志》「故莘城」云云，係爲《史》文「虢、鄶果獻十邑」《集解》虞翻《注》中十邑之一的「莘」邑補釋。虞《注》據《國語》爲説。「餘邑皆相近」句下，佚存本有「未詳的處」四字，考證本脱。「毛詩疏」下「鄭世家云桓公言於王東徙其民雒東」十五字，佚存本無。「而虢、鄶果獻十邑」句，「而」字佚存本作「世説」，則「毛詩疏曰」以下文字當如此標點：「《毛詩·疏》云：『世説虢、鄶果獻十邑。如《世家》言，則桓公自取十邑。』」考證本「而詩譜云死後武公取之者」，佚存本無「詩譜」及「之」三字，當係衍文。考證本「則八邑各爲其國，則虢、鄶之地無由得獻之桓公也」，「則虢、鄶之地」句首之「則」字，佚存本作「非」，與《毛詩·疏》合，此句應如此標點：「《外傳》云：『皆子男之國，虢、鄶爲大。』則八邑各爲其國，非虢、鄶之地，無由得獻之桓公也。」

趙世家第十三

五七、韓不佞。（中四三·一七九〇—五；考二五—三）

[正義]韓簡子也。本作「佞」也。

璋按：佚存本此則《正義》佚文作：「《正義》作『韓不信。《注》曰：韓簡子也。「信」，本作

「佞」也。』」據此，知《正義》所據《史》文作「韓不信」，與合刻本作「韓不佞」者異。考證本脱「信」字。

五八、見其長子章傫然也。（中四三·一八一五—一；考六八—一）

正義 低垂貌。傫，失意也。《孔子世家》「傫然若喪家之狗」。

璋按：佚存本於「低垂貌」之上有「傫，亦追反」四字，此乃《正義》注例：先爲難字注音，然後釋義。考證本脱。校補本、訂補本皆承考證本脱此注音四字。

魏世家第十四

五九、魏獻子生魏侈。（中四四·一八三七—一一；考六—二）

正義 侈，音他；侈，尺氏反。

璋按：佚存本無「侈尺氏反」四字。《正義》已爲「侈」字直音，毋須再作反切。考證本多出此四字，顯爲衍文。

六〇、故曰「君終無適子，其國可破也」。（中四四·一八四三—八；考一五—七）

正義「適者嫡」。是故舊所言，故曰「故曰」也。

璋按：「適者嫡」，語意欠通。而佚存本作「適音嫡」。是考證本「者」爲「音」之形訛。校補本、訂補本皆承考證本之訛未改。

田敬仲完世家第十六

六一、惠王請獻觀以和解。（中四六・一八八八—一五；考二〇—三）

正義觀，音館。魏州觀城縣，古觀國，夏啓子太康弟之所封也。夏相滅之。漢爲縣。

璋按：「夏啓子太康弟之所封也」，佚存本「太康」之下有「第五」二字，作「夏啓子太康第五弟之所封也」。考證本脱「第五」二字，校補本、訂補本皆承其脱。

孔子世家第十七

六二、由是孔子疑其父墓處，母諱之也。（中四七・一九〇六—一六；考八—九）

正義梁紇葬時，徵在既少，不能教□其的處。

璋按：考證本此則《正義》佚文語意欠明。校補本於「教」字下空格處補「往忠」二字，依然無法卒讀。考佚存本「既少」之下有「後」字；考證本空格下方，佚存本有草書「忘」字，當即「忘」字。佚存本此則《正義》佚文作：「梁紇葬時，徵在既少，後不能教□，忘（忘）其的處。」訂補本據佚存本手稿，並參考校補本，將佚存本空格補上「往」字，整條《正義》爲「梁紇葬時，徵在既少，後不能教往，忘其的處」，則涣然可讀。

六三、叔孫氏車子鉏商獲獸。（中四七・一九四二—二；考八〇—八）

正義鉏，音鋤。服虔云：「車，車士，微者也。子，姓，鋤商，名。」按：姓鋤，名商。車子，御車之人也。

璋按：「車士」之「士」，佚存本圈去，右側旁注大字「子」，作「車子」，與《史》文及《左傳》杜《注》合。考證本誤「子」作「士」。考證本《正義》引服虔注「子，姓；鋤商，名」。佚存本無「商」字，作「子，姓；鋤，名」。

陳涉世家第十八

六四、念鬼。（中四八・一九五〇—七；考五—五）

正義言常思扶蘇、項燕，曰：「卜者以此教我先威衆也。」

璋按：「言常思」之上，佚存本有「念鬼」二字；「曰卜者」三字，佚存本作「日者」二字；「先威衆」，佚存本作「以感衆」。佚存本《正義》全文爲：「念鬼，言常思扶蘇、項燕，日者以此教我，以感衆也。」舉「扶蘇、項燕」之名，以啓發戍卒明君、良將之思，而非以此二人之名以威脅之也。較考證本義長。是考證本訛「日」爲「曰」，訛「感」爲「威」。校補本、訂補本皆承考證本之訛。

六五、鉏耰棘矜。（中四八・一九六四—一四；考二四—九）

△正義 鉏，音鋤。耰，音憂。矜，音勤。鉏，鉏柄也。耰，塊椎也。槿，矛柄也。棘，木戟也。（校補四八·二四—七）

璋按：此爲校補本新增《正義》佚文，然佚存本原有，考證本脱。校補本「槿，矛柄也」，與《史》文「矜」乖違，佚存本作「矜，矛柄也」，是。訂補本同校補本誤「矜」爲「槿」。

外戚世家第十九

六六、因欲奇兩女，乃奪金氏。（中四九·一九七五—七；考一五—三）

正義 奇，作「倚」，倚，於綺反，倚依也。問卜筮，兩女當貴，乃依恃之，故奪金氏之女。

璋按：「奇，作『倚』」，知《正義》所據《史記》文本作「因欲倚兩女」。考證本下「倚」字，佚存本作「竝」。依佚存本，此則《正義》佚文當如此標點：「奇，作『倚』，竝於綺反。倚，依也。問卜筮，兩女當貴，乃依恃之，故奪金氏之女。」

六七、景帝以故望之。（中四九·一九七六—一〇；考一六—七）

正義 望，猶恨也。

璋按：佚存本此則《正義》佚文作「望，銜恨也」，義長。考證本訛「銜」作「猶」。訂補本已訂正。

曹相國世家第二十四

六八、王武反於〔外〕黃。（中五四・二〇二五—四；考八—一）

正義故黃縣，在曹州黃城縣東二十四里。《左傳注》云「陳留外黃縣東有黃城」，是也。

璋按：佚存本「故黃縣」之上有「括地志曰」四字，點明注文來源，考證本脫。訂補本已補正。

絳侯周勃世家第二十七

六九、東鄉坐而責之：「趣爲我語。」其椎少文如此。（中五七・二〇七一—一〇；考一一—一）

正義責諸生說書急爲語。椎，若椎木無餘響，直其事，少文辭。

璋按：考證本及佚存本均作「諸生說書」，「書」字草體「书」與「士」字形似。瀧川資言所見《史記》古本校記當原作「諸生說书」，瀧川氏誤認「书」爲「書」之草體，並改爲正體「書」字。其實《史》文正作「每召諸生說士」，瀧川氏失察而致訛。考證本「直其事」，佚存本作「直說其事」。考證本脫「說」字，遂致不詞。考證本的訛、奪造成嚴重後果，程金造先生曾據此例而疑其「絶不似張守節之訓釋」。

梁孝王世家第二十八

七〇、景帝使使持節乘輿駟馬。（中五八·二〇八四—一〇；考七—一）

正義 乘者，載也；輿者，車也。天子當乘輿以行天下。不敢指斥天子，故曰乘輿。

璋按：「指斥」，佚存本作「斥言」，是也。考證本當據其改正。

伯夷列傳第一

七一、天之報施善人，其何如哉。（中六一·二一二四—一六；考一二—三）

正義 太史公歎天之報施顏回非也。

璋按：佚存本「歎」字下有「非」字，「顏回」字下無「非」字。考證本移「歎」下「非」字於「顏回」之下，非《史》文及《正義》原意。校補本校語指出「幻本『非』字移在『天』上」，與佚存本合。

老子韓非列傳第三

七二、觀往者得失之變。（中六三·二一四七—九；考一五—九）

△[正義]凡治國之道，□□無事之時，則用□□名譽之人；急難之時，則以介胄之士攻伐也。言所以養所用皆失之矣。（校補六三・一〇—一一）

璋按：此則《正義》考證本原脱，係水澤利忠據南化本欄外校記增補，然殘缺殊甚。但佚存本鈔録有完整的佚文：「凡治國之道，寬緩無事之時，則用尊寵名譽之人；急難之時，則以介胄之士攻伐也。言所以養所用皆失之善矣。」訂補本據《佚存》手稿於「道」字下兩空格補「寬後」二字，於「用」字下兩空格補「尊蘢」二字，較校補本爲優。然錯識「緩」字爲「後」字，錯認「寵」字爲「蘢」字，又與校補本同樣於「失之」下脱「善」字。

七三、故作《孤憤》《五蠹》《内外儲》《説林》《説難》十餘萬言。（中六三・二一四七—九；考一五—一〇）

[正義]《内外儲》，□□□□《孤憤》，臣主暗昧，賢良好孤直，不得意，故曰「孤憤」。《五蠹》，《韓子》曰商賈作苦窳惡濫器害五民，故曰「五蠹」。《説林》，謂取衆妙之士諫爭，其多若林，故云「説林」。《説難》，説難當人之心，故曰「説難」。已上皆《韓子》篇名也。

璋按：佚存本此則《正義》作：「此中《内外儲》，《注》同，故不書也。《孤憤》，臣主暗昧，賢良好孤直，不得意，故曰『孤憤』。《五蠹》，《韓子》曰商賈作苦窳惡濫器害五民，故曰『五蠹』。《説林》，謂取衆妙之士諫爭，其多若林，故曰『説林』。《説難》，謂説難當人主之心，故曰『説難』。已上皆《韓子》篇名也。」與佚存本相較，考證本脱「此中」、「注同故不書也」；又於「説難」下脱「謂」字，「説難當人」下脱「主」字，則語意含混。校補本、訂補本同有此病。

七四、見下節而遇卑賤。（中六三・二一四九—四；考一七—八）

正義 前人好五帝、三皇名高之道，乃以厚利説之，則卑賤之，必見棄遠矣。

璋按：「乃以厚利説之」句中「以」字，佚存本爲「陳」字；「則卑賤」句「則」字上，佚存本有「見」字。佚存本《正義》義長。

司馬穰苴列傳第四

七五、如其文也，亦少襃矣。（中六四・二一六〇—三；考八—一〇）

△正義《司馬兵法》閎廊深遠矣。雖夏殷周三代征伐，未能意盡其理也。如是，其文意也，以三代用兵，亦少襃揚，《司馬穰苴兵法》尚未盡者妙也。若區區小齊，何暇得申《司馬穰苴兵法》揖讓乎！言不得申。（校補六四・四—一一）

璋按：此則《正義》佚文爲校補本新增。然佚存本原有，以其相較，校補本、訂補本有多處因形近而訛。「司馬兵法閎廊」，「廊」字佚存本原作「廓」；「未能意盡其理也」，「意」字佚存本原作「竟」；「《司馬穰苴兵法》尚未盡者妙也」，「者」字佚存本原作「所」；「何暇得申《司馬穰苴兵法》揖讓乎」，「暇」字佚存本作「[illegible]」，乃「得」之草體，下「得」字爲衍文。細味佚存本所鈔佚文，可知其保持張守節《正義》原貌：「《司馬兵法》閎廓深遠矣。雖夏殷周三代征伐，未能竟盡其理也。

如是，其文意也，以三代用兵亦少襃揚，《司馬穰苴兵法》尚未盡所妙也。若區區小齊，何得申《司馬穰苴兵法》揖讓乎！言不得申。」

仲尼弟子列傳第七

七六、司馬耕字子牛。（中六七·二二一四—六；考四二—六）

正義 孔安國曰：「牛，宋人，弟子司馬犂也。」《家語》云宋桓魋之弟也。魋爲宋司馬，故牛以司馬爲氏。

璋按：「魋」字，佚存本《正義》佚文原作「魋」。愚意以「魋」作「魁」者，當係考證本排印時手民因字形相似而誤植所致。

商君列傳第八

七七、舂者不相杵。（中六八·二二三四—一一；考一七—三）

正義 相，謂送杵以音聲。《曲禮》：「不舂不相。」

璋按：校補本校記云：「『禮』下有『自勸也』三字，瀧川本譌脱。」其實佚存本於「音聲」下有

「自勸也」三字，並非在「禮」字之下。

蘇秦列傳第九

七八、韓絶其糧道。（中六九·二二四九—二；考一四—一〇）

正義韓引兵至嶢關、武關之外，絶其糧道。

璋按：「絶其糧道」，佚存本作「絶其運糧之道」，考證本奪「運」、「之」二字。

七九、吱芮。（中六九·二二五一—二；考二〇—二）

正義吱，音伐；下音仁鋭反。《方言》云：「盾自關東謂之瞂，關西謂之盾。」

璋按：「下音仁鋭反」，佚存本「鋭」作「税」。考證本所引「方言云」至「關西謂之盾」十五字爲《史記》三家注合刻本《正義》注文，佚存本無。但佚存本在「下音仁税反」下，有「《説文》云：『盾，瞂也。』按：音代。劉伯莊云：『謂繫盾之綬。』吱，盾也；芮，謂繫盾之綬也。言細物備有」。共三十三字，考證本脱。校補本、訂補本皆脱。

八〇、嫂委虵蒲服，以面掩地而謝曰。（中六九·二二六二—二；考三四—七）

正義蒲服，猶匍匐。以面掩地而謝者，若蛇行，以面掩地而進。劉伯莊云：「蛇，謂曲也。」按：本作「委蛇」者，非也。

璋按：佚存本《正義》摘《史》文「蒲服」作注曰：「蒲服猶匍匐，以面掩地而進者若蛇行，以面掩之而謝。劉伯莊云：『蛇，謂曲也。』按：本有作『委蛇』者，非也。」兩相比較，《佚存》所録當爲《正義》原貌。考證本改「以面掩地而進者」句中「進」字爲「謝」字，改「以面掩之而謝」句中「謝」字爲「進」字，與《史》文原意不合，失當。

八一、而燕、趙之秦者，皆以爭事秦説其主。（中六九・二二七六—八；考六一—六）

[正義]言燕、趙之士，往秦者皆爭事秦，而却説燕、趙之主也。

璋按：「却説燕、趙之主也」句中之「主」字，佚存本作「𢙣」（惡）字。細味《史》文及《正義》注文，當以作「惡」字者爲是。

張儀列傳第十

八二、兩虎相搏。（中七〇・二二九一—二二；考二五—二）

[正義]搏，音博，猶戟也。

璋按：依考證本「搏，猶戟也」，則「兩虎相搏」猶「兩虎相戟」，豈有此理？必有訛誤。考佚存本作「搏，音博，猶戰也」。知此「戰」字，考證本因形似而訛爲「戟」字。校補本、訂補本皆承考證本之訛。

八三、蹄間三尋。（中七〇・二二九三—五；考二八—八）

正義七尺曰尋。馬蹄閒有二丈一尺，亦疾也。

璋按：「七尺」之上，佚存本有「三尋者」三字，考證本奪。訂補本已補上。

八四、秦人捐甲徒裼以趨敵。（中七〇・二二九三—五；考二八—一〇）

正義徒，跣。裼，袒也。言六國之卒，皆著甲及兜□而戰，秦人棄甲徒跣，袒肩而戰。

璋按：「六國之卒皆著甲及兜□而戰」，佚存本「兜」字下有「牟」字。「牟」，通「鍪」，頭盔也，又稱「兜鍪」。考證本奪「牟」字，以空格處置。訂補本已補上「牟」字。

樗里子甘茂列傳第十一

八五、鬼谷。（中七一・二三一六—一六；考一九—五）

正義鬼谷，陽城縣北也。

璋按：「陽城縣北」，佚存本「陽」字上有「在」字，「縣」字下無「北」字，作「在陽城縣也」。考證本脱「在」字。訂補本補「在」，但點作「鬼谷在，陽城縣北也」，則誤。

八六、大項橐生七歲爲孔子師。（中七一・二三一九—八；考二三—九）

正義尊其道德，故曰大。

璋按：佚存本「尊」字下有「大」字，作「尊大其道德，故云大」。考證本脱「大」字。訂補本補「大」字，但於「故曰大」下增「項橐」二字衍文。

八七、借臣車五乘。（中七一・二三二〇—五；考二四—九）

[正義]借，時夜反。

璋按：「時夜反」非「借」字切音。考佚存本《正義》作「借，將夜反」。此「將」字考證本形訛爲「時」。校補本、訂補本皆承考證本之訛。

孟子荀卿列傳第十四

八八、齊有三騶子。（中七四・二三四四—五；考四—一〇）

[正義]三騶：騶忌、衍、奭。

璋按：「奭」字之下，佚存本有：「三人仕燕。《七録》云：『《鄒子》，鄒衍撰。』《七略》云：《鄒子》二種，合一百條，篇亡，今惟此。又似後人所記。」共三十四字，考證本脱。校補本、訂補本皆承考證本之脱。

孟嘗君列傳第十五

八九、謚爲靖郭君。（中七五・二三五三—七；考六—一二）

正義靖郭君，邑名，蓋卒後賜邑號。

璋按：「靖郭君」，非邑名。佚存本無「君」字，是。「蓋卒後賜邑號」，佚存本「邑號」二字爲「名」字，作「蓋卒後賜名」。校補本、訂補本皆承考證本之衍、誤。

九〇、齊湣王不自得，以其遣孟嘗君。（中七五·二三五五—一四；考一〇—三）

正義言自嫌无德而遣孟嘗。

璋按：佚存本「言」字之上有「本不自得作不自德」八字，是《正義》所據《史記》本「得」作「德」，注文亦依「德」字釋義。考證本脱此八字。又「无」字，考證本形訛爲「旡」字。

九一、重子以取晉　重子以取秦（中七五·二三五八—六；考一四—一〇）

△正義取晉，謂齊、晉取。（校補七五·七—一〇）

璋按：此則《正義》佚文爲校補本新增，然意難索解。佚存本原有此則《正義》，但與校補本文字有異，作「取晉，謂（齊）（親）晉」。《史記》下文「重子以取秦」句下，佚存本《正義》有佚文「取秦，謂親秦」。取者，親也，與《史》文契合。校補本、訂補本均脱奪。

九二、長鋏歸來乎。（中七五·二三五九—五；考一七—八）

△正義長鋏，劍名，古俠反。（校補七五·九—一一）

璋按：此則《正義》佚文爲校補本新增，但不合《正義》先注音後釋義的注釋體例，必有訛誤。考佚存本此則《正義》原有，但無「長」字，佚文作「鋏，古俠反，劍名」。校補本衍「長」字。

訂補本承校補本之衍誤。

平原君虞卿列傳第十六

九三、且虞卿操其兩權，事成，操右券以責。（中七六·二三六九—一五；考一〇—一〇）

正義右券，上契也。言虞卿事成，常取上契之功，以責平原報己之德。

璋按：「虞卿」下，佚存本有「爲平原取封」五字，考證本奪。「常取」，佚存本作「則嘗取」。

魏公子列傳第十七

九四、平原君負韊矢。（中七七·二三八一—一二；考一〇—八）

正義若胡鹿而短。忱，時林反，字伯雍，任城人，吕姓，晉弦令，作《字林》七卷。

璋按：考證本此則《正義》佚文敘次混亂，莫明所指。考佚存本此則《正義》作：「《集解》云『吕忱曰』。忱，其林反。忱，字伯雍，任城人，吕姓，晉弦令，作《字林》七卷。吕忱云：『若胡鹿而短。』」先爲《集解》所出「吕忱」簡介行歷著作，然後引吕忱《字林》「若胡鹿而短」爲「韊矢」作注。注文井然有序，指向分明。校補本因未見佚存本手稿，故多承考證本之誤。

春申君列傳第十八

九五、注齊秦之要。（中七八·二三八八—七；考五—七）

△正義要，音腰。要得魏氏諸邑，又割濮磨之北地，而東西注齊、秦之胷也。（校補七八·三—一〇）

璋按：佚存本「注齊秦之要」之下，尚有「劉伯莊曰：『注，音朱諭反，猶截也。』」十二字，校補本脱。訂補本承校補本之脱。

廉頗藺相如列傳第二十一

九六、以數千人委之。（中八一·二四五〇—七；考二二—六）

△正義委之，反以少年先常以委。（校補八一·九—五）

璋按：此則《正義》佚文爲校補本新增，而意不可曉。考佚存本《正義》作：「委，僞□反。以少軍先嘗以委。」先爲「委」字注音，「□」，參考校補本應爲「之」字，故「委，僞□反」當爲「委，之僞反」，然後解説句意：以少數軍士先嘗試著委棄給敵人（以探虚實）。故知校補本「委之，反」，當爲「委，之僞反」，中脱「僞」字；「少年」之「年」，則爲「軍」字之形訛；「常」字則爲「嘗」字之音訛。訂補本承校補本之訛、奪。

魯仲連鄒陽列傳第二十三

九七、新垣衍。（中八三・二四五九—一一；考三—三）

正義新垣，姓；衍，名。漢有新垣平。

璋按：「漢有新垣平」句下，佚存本尚有「新垣衍魏客將軍也」八字，考證本脱。校補本、訂補本皆承考證本之脱。

九八、惡之梁孝王。（中八三・二四六九—八；考一九—五）

正義顔師古曰：「惡，謂讒毁也。」

璋按：佚存本無「顔」字，考證本衍。「謂讒毁也」句下，佚存本有「其下亦同」四字，考證本脱。諸本皆同考證本之衍、脱。

屈原賈生列傳第二十四

九九、嚼然。（中八四・二四八二—八；考五—一）

正義嚼然，上白若反，又子笑反。

璋按：「白若反」非「嚼」字切音。佚存本作「上自若反」，方是「嚼」字正確切音。考證本

「白」爲「自」之形訛。「又子笑反」句下，佚存本有「踈濯之貌」四字以釋「皭然」之義，考證本脱。校補本補「踈静之貌」、訂補本補爲「踈眠之貌」，「踈静」、「踈眠」均非「皭然」之義，其實「静」、「眠」均爲草書「濯」字之形訛。

吕不韋列傳第二十五

一〇〇、舉立以爲適而子之。（中八五·二五〇七—一六；考五—一〇）

正義 言華陽夫人舉才達子而爲安國君嫡嗣，而又養之爲嗣也。

璋按：「舉才達子」，意不可曉，字必有誤。考佚存本此四字作「舉才建子」，則意曉然，是考證本「達」字爲「建」字之形訛。「而爲」之「而」，佚存本無，蓋爲衍文。校補本、訂補本皆承考證本之訛、衍。

刺客列傳第二十六

一〇一、公子光。（中八六·二五一六—一一；考四—七）

正義 公子光，諸樊之子也。

璋按：《正義》摘《史》文「公子光」爲注，毋需重「公子光」三字，佚存本無此三字，是。考證本「公子光」爲衍文。

一〇二、却行爲導。（中八六・二五三〇—二；考二五—七）

正義爲導，謂引導田光。

璋按：佚存本無「爲導」二字。考證本將此則《正義》佚文繫於《史》文「却行爲導跪而蔽席」句下，不得不添加《正義》原無之「爲導」二字，以繫注文。

李斯列傳第二十七

一〇三、稅駕。（中八七・二五四七—九；考一四—八）

正義稅，舍車也，止也。

璋按：佚存本「稅」字之上有「顧野王曰」四字，標明注文來源，考證本脫。訂補本承考證本之脫。

一〇四、丞相豈少我哉？且固我哉。（中八七・二五五八—一三；考三六—一）

△正義言丞相幼少，且以我爲故舊哉。（校補八七・二二—一）

璋按：此則《正義》佚文爲校補本新增。「言丞相幼少」，時李斯已是高年，何來「幼少」之說？注文必有脱奪。考佚存本《正義》原作「言丞相幼少我，且以我身爲故舊哉！『固』與『故』通」。意謂二世皇帝認爲丞相李斯欺我年齡幼少，而且以我爲他的故舊而輕易我。語意豁然開朗。校補本、訂補本於「幼少」下方脱「我」字，「且以我」下脱「身」字，又奪「固與故通」四字，遂致意不可曉。

魏豹彭越列傳第三十

一〇五、得攝尺寸之柄，其雲蒸龍變，欲有所會其度。（中九〇·二五九五—六；考一一—二）

[正義]言二人得綰攝一尺之權柄，即生變動，欲有其度數。度，徒故反。

璋按：「欲有其度數」，佚存本「欲有」之下有「會」字，作「欲有會其度數」。「會」，《說文》釋曰「合也」。猶今語符合、投合。考證本脱。校補本、訂補本皆脱。校補本校語又疑「度，徒故反」四字非《正義》注文。然此四字佚存本原有。按《廣韻》，「度」字有兩讀：讀「徒故切」時爲名詞，有器度、抱負之義；讀「徒落切」時爲動詞，意謂圖、謀。《史》文「會其度」之「度」係名詞，正爲胸襟、抱負之義，故《正義》精准地讀爲「徒故反」。校補本之疑非是。

淮陰侯列傳第三十二

一〇六、又不能治生商賈，常從人寄食飲。（中九二·二六〇九—三；考二一—三）

正義 行賣曰「商」，坐賣曰「賈」也。案：食飲，謂託飲食於人，猶乞食也。

璋按：原本《正義》摘「商賈」與「寄食」爲兩條注文。《史記》三家注合刻本合二注爲一。考佚存本「寄食」條《正義》作：「寄飲食，謂託飲食於人，猶乞食也。」考證本誤將「寄飲食」之「寄」，形訛爲「案」，又顛倒「飲食」爲「食飲」，作「食飲，謂託飲食於人」。「食飲」上無動詞，致文理不通。校補本、訂補本皆同考證本之誤。

張丞相列傳第三十六

一〇七、明於事，有大智，後世稱之。（中九六·二六八七—一一；考二一—九）

正義《漢書》：吉道上見殺人，不問。見牛喘吐舌，使吏問之。或譏吉，吉曰：「民間相傷殺，長安令、京兆尹職。歲竟，丞相課其殿最賞罰。宰相不親小事，非所當於道問也。方春少陽用事，未可以熱。恐牛近行，以暑故喘。此時節失氣，恐有所傷害也。三公典陰陽，職所當憂，是以問之。」以吉知大體，故世稱之。

璋按：考證本「宰相不親小事」句中「親」字，佚存本作「視」，是「親」爲「視」之形訛。考證本「此時節失氣」不通。佚存本作「此時氣失節」是，且與《漢書·丙吉傳》合。

酈生陸賈列傳第三十七

一〇八、一歲中往來過他客。（中九七·二七〇〇—一；考一八—四）

△正義言餘處作賓客，一年之中不過三兩過，到莫數見不鮮潔，及久厭我也。（校補九七·一五—十）

璋按：此爲校補本新增《正義》佚文，「到莫數見不鮮潔」，意頗難解，實屬不辭，必有訛誤。考佚存本此則《正義》佚文作：「餘處爲賓客、一年之中三兩過到、若數見不鮮潔、及久厭我也。」兩相比較，校補本衍「言」及「不過」三字，而「莫」字爲「若」之形訛。按佚存本，此則《正義》佚文當如此標點：「餘處爲賓客。一年之中三兩過到，若數見不鮮潔，及久厭我也。」

劉敬叔孫通列傳第三十九

一〇九、劉敬者，齊人也。（中九九·二七一五—三；考二一—二）

正義本姓婁，《漢書》作「婁敬」。高祖曰「婁者，劉也」，賜姓劉氏。

璋按：佚存本此則《正義》作：「本姓婁。高祖曰『婁者，劉也』，賜姓劉氏。《漢書》作『婁敬』。」文從字順。考證本將《正義》後置旁參的文字「《漢書》作『婁敬』」提到「本姓婁」下，切斷文氣，失當。

一一〇、杖馬箠居岐。（中九九·二七一五—一二；考三—一二）

正義杖，音直尚反。箠，音竹委反。杖，持也。

璋按：校補本在「持也」下補「顔師古曰：『箠，馬策也。杖，謂柱之也。云杖馬垂者，以其無所攜持也。』」此段文字，佚存本原有，但文字稍異，如「杖謂柱之也」句，佚存本「柱」作「拄」，字從「手」不從「木」；「云杖馬垂者」句，佚存本無「云」字，而「垂」作「箠」；「以其無所攜持也」句中「其」字，佚存本作「示」。佚存本《正義》所引顔《注》均與《漢書》顔《注》契合，可知考證本「柱」爲「拄」之形訛，「其」爲「示」之形訛；「垂」脱「竹」頭。

袁盎鼂錯列傳第四十一

一一一、夫一旦有急叩門，不以親爲解。（中一〇一·二七四四—六；考一四—六）

正義言人有急叩門被呼，則依父母自解説也。

璋按：《史》文「一旦有急叩門，不以親爲解」云云，係袁盎評論雒陽俠士劇孟之語。考證本所收《正義》佚文，與《史》文原意相反，必有訛誤。考佚存本此則《正義》作：「言人有急叩門被呼，則不依父母爲解免也。」考證本「則」字下奪一「不」字，一字之脱含意全反。「自解説」句，「自」係「爲」字之誤，「説」爲「免」字之訛。校補本、訂補本皆襲考證本之脱、誤。

萬石張叔列傳第四十二

一一二、醇謹無他。（中一〇三·二七六八—一二；考一一一—三）

正義 性醇謹，無他伎能也。

璋按：佚存本《正義》「醇謹」之下有「而已」二字，考證本脱。「伎能」之下無「也」字。

扁鵲倉公列傳第四十五

一一三、邪氣辟矣。（中一〇五·二八一一—六；考五〇—一二）

正義 辟，言辟惡風也。劉伯莊云：「辟，猶聚也。」恐非其理也。

璋按：「辟，言辟惡風也」，佚存本作「辟，言辟除惡氣也」，與《史》文「邪氣辟」契合。考證本脱「除」字，又訛「氣」爲「風」。

匈奴列傳第五十

一一四、作周。（中一一〇・二八八一—六；考四一—一〇）

△**正義** 初作固。一本「周」字作「固」也。（校補一一〇・三—九）

璋按：此爲校補本新增《正義》佚文，然文字有訛誤。佚存本《史》文「作周」《正義》作：「初作周。一本『周』字作『固』。」「初作周」者，古公亶父於岐山下周原初創周國也。校補本「初作固」者，「固」字顯爲「周」字之形訛。訂補本承校補本之訛而未改。

一一五、患其徼一時之權。（中一一〇・二九一九—七；考六九—三）

△**正義** 言世俗説匈奴者患者。（校補一一〇・四一—六）

璋按：校補本所補此則《正義》佚文語意欠明。考佚存本，句首無「言」字，「患者」作「患苦」，全條佚文作「世俗説匈奴者患苦」，知校補本最後之「者」字爲「苦」之形訛。佚存本又在「苦」字右下方旁注「有缺文」三字，可知瀧川資言從《史記》古本欄外校記所鈔原文即有殘缺。

衛將軍驃騎列傳第五十一

一一六、大將軍姊子霍去病。（中一一一·二九二八—八；考四—六）

△正義徐廣云：「姊，即少兒。」（校補一一一·八—五）

璋按：校補本新增此則《正義》佚文，只全録《史》文「大將軍姊子霍去病」句下《集解》文。考佚存本，此下尚有張守節據《漢書》所作的注文：「按：《漢書》云：『其父霍仲孺先與少兒通，生去病。及衛皇后尊，少兒更爲詹事陳掌妻。』」共三十一字，校補本脱。訂補本補上三十一字，但「生去病及衛皇后尊」句，「去病」後未逗斷，易滋誤解；又「詹事陳掌」中之「詹」字形訛爲「礬」字，均需更正。

南越列傳第五十三

一一七、讒臣不討賊。（中一一三·二九七四—九；考一五—一）

△正義謂讒密之臣，事見《春秋》。（校補一一三·七—七）

璋按：此爲校補本新增《正義》佚文，但佚存本原有：「謂機密之臣。事見《春秋傳》。」兩相比較，知校補本之「讒」，爲「機」字之形訛；「春秋」字下奪「傳」字。

一一八、都王險。（中一一一五·二九八五—八；考三一—五）

正義臣瓚曰：「主險，在樂浪郡也。」

璋按：「臣瓚」之上，佚存本有「作主險」三字，標明《正義》所據《史》文作「主險」而非「王險」。所引臣瓚注，亦爲「主險」而作。考證本脱此三字。校補本校語稱「『臣瓚』上有『《正義》作主險』五字」，按之佚存本並無「正義」二字。又，訂補本補「作主險」三字置于句尾，亦與佚存本不合。

一一九、朝鮮相路人、相韓陰、尼谿相參、將軍王唊相與謀曰。（中一一一五·二九八八—一四；考八—三）

正義已上至路人，凡四人。

璋按：「已上」者，指「將軍王唊」以上。「凡四人」之下，佚存本尚有「此《注》：『《漢書音義》曰：凡四人。』」共十字，考證本脱。此《注》，指《史記集解》。然《史》文此下《集解》作「《漢書音義》曰：『凡五人也。』」按《史》文，朝鮮相路人、韓陰、尼谿、相參，加上將軍王唊，實爲五人。《集解》引《漢書音義》作「凡五人也」，甚是。佚存本引作「凡四人」，或爲瀧川氏讀《史》文斷句有誤，將「尼谿、相參」二人讀作「尼谿相參」一人（中華本《史記》此句斷句同有此誤），故鈔改「凡五人」爲「凡四人」。

西南夷列傳第五十六

一二〇、士罷餓離溼死者甚衆。（中一一六・二九九五—六；考八—六）

正義 濕，音温，言士卒歷暑熱而死者衆多也。

璋按：佚存本於標目「離濕」下有雙行夾注：「《正義》作『離濕』。」隨即爲「濕」字注音釋義，如考證本《正義》所言。可知佚存本《正義》係爲《正義》據本「離濕」作注，而非爲《史記》三家注合刻本「離溼」釋義。但考證本脱「正義作離濕」五字夾注，則令讀者莫明所以。

一二一、皆同姓相扶，未肯聽。（中一一六・二九九七—六；考一一—九）

正義 扶，直亮反。顔師古曰：「杖，猶倚也。相倚爲援，不聽滇王入朝。」

璋按：佚存本《正義》於標目「同姓相扶」之下夾注「《正義》『相扶』作『相杖』」，故注文先爲「杖」字注音，再引顔《注》爲「相杖」釋義，句尾且無「入朝」二字。考證本據金陵書局《史記》三家注合刻本作「百姓相扶」，注文亦改原本《正義》「杖」字爲「扶」，却保留「杖」字注音「直亮反」不變，與「扶」讀音相違而不知。

一二二、若乃俶儻瑰偉。（中一一七・三〇一五—五；考二四—八）

正義 俶儻，猶非常也。

璋按：佚存本「也」字下尚有「《廣雅》：『卓異也。』『俶』讀如『倜』同」共十字，考證本脱。校補本、訂補本皆承考證本之脱而未補。

一二三、隤牆填塹，使山澤之民得至焉。（中一一七・三〇四一—七；考五五—七）

正義 言得芻牧樵采也。

璋按：佚存本「言」字下有「重」字，意謂重新開放御苑，使山澤之民能進入其中芻牧樵采。「重」字義長，考證本脱。校補本仍之。訂補本據佚存本補「重」字。

一二四、射《貍首》，兼《騶虞》。（中一一七・三〇四一—一三；考五六—五）

正義《説文》云：「騶虞，白虎黑文，尾長於身，太平乃至，天子射以爲節。」《山海經》云：「如虎五采，日行千里。」《周禮》云：「九射，王以《騶虞》爲節，諸侯以《貍首》爲節，大夫以《采蘩》爲節。」鄭云：「樂章名也。」《禮・射義》云：「《騶虞》者，樂官備也。《貍首》者，樂會時也。《采蘋》者，樂循法也。《采蘩》者，樂不失職也。是故天子以備官爲節，諸侯以時會天子爲節，卿大夫以循法度爲節，士以不失職爲節。」按：《貍首》，逸詩。《騶虞》，《邵南》之卒章。

璋按：考證本「周禮云九射」之「九」，佚存本作「九」，乃「凡」字或體。考證本排印時，手民不識「九」字而誤植爲「九」。「卿大夫以循法度爲節」句中之「度」字，佚存本無，與《禮記·射義》合，是考證本衍「度」字。

一二五、弋玄鶴。（中一一七·三〇四一—一三；考五六—八）

正義鶴，古或反。《禮·射義》作「鵠」，音同。

璋按：考證本《正義》佚文止於「音同」。佚存本此下尚有「《射義》云：孔子曰：『射者發而不失正鵠者，其賢者乎？』鄭云：『畫曰「正」，棲皮曰「鵠」。』」共二十八字，考證本脱。校補本脱「鄭云畫曰正棲皮曰鵠」九字，又據南化本等另補自「正之侯中朱」至「弋亦射也」，共二百四十七字，佚存本原無，疑非《正義》文。

一二六、今割齊民以附夷狄，弊所恃以事無用。（中一一七·三〇四九—一四；考六九—六）

正義所恃，齊民，言帝王依恃。無用，謂夷狄也。

璋按：考證本此則《正義》實爲《史》文「弊所恃以事無用」的注文。「所恃齊民」，佚存本「恃」字之下有「即」字，作「所恃，即齊民」，與《史》文上句「今割齊民」句相應。考證本脱「即」字。

一二七、莅颯卉翕。（中一一七·三〇五七—四；考八三—六）

正義莅颯，飛相及也。卉翕，走相追也。

璋按：「走相追」句之「走」字，佚存本作草書「足」字，考證本形訛爲「走」。校補本、訂補本皆承考證本之訛。

一二八、攄之無窮。（中一一七・三〇六八—三；考九九—八）

正義攄，布也。

璋按：佚存本作：「攄，飾也。」

淮南衡山列傳第五十八

一二九、男子之所死者一言耳。（中一一八・三〇八九—一二；考三〇—四）

正義言男子出一言，至死不改，言反也。

璋按：「言反也」，佚存本作「言必反也」。考證本脱「必」字。校補本承考證本之脱。訂補本已補「必」字。

一三〇、辯武。（中一一八・三〇九〇—一四；考三四—三）

正義按：辯武，謂辯口而武，所説必行也。

璋按：佚存本作：「按：辯武，謂辯口而武烈，説必行也。」考證本奪「烈」字，衍「所」字。校補本、訂補本皆承考證本之奪、衍。

一三一、臣無將，將而誅。（中一一一八・三〇九四—四；考三八—七）

正義 將，將帶群衆也。

璋按：佚存本「將」上有「按」字，「將帶」上有「謂」字，整條佚文作：「按：將，謂將帶群衆也。」考證本奪「按」、「謂」二字。校補本承考證本之脱。訂補本已據佚存本補足。

汲鄭列傳第六十

一三二、推轂士及官屬丞史，誠有味。（中一一二〇・三一一二—一三；考一六—三）

正義 推轂，謂薦舉人如車轂轉運無窮也。有味者，言其推薦之辭甚美也。

璋按：佚存本於此《史》文下有《正義》，但無「推轂」二字，全文作：「謂薦舉人，如車轂轉運無窮也。言薦士及官屬丞史。有味者，其薦舉之辭甚美也。」考證本脱「言薦士及官屬丞史」八字。

儒林列傳第六十一

一三三、瓦合適戍。（中一一二一・三一一六—一四；考五—四）

正義 言如衆瓦全聚蓋屋，先無計謀也。

璋按：「瓦全」，佚存本作「瓦合」。考證本「全」字爲「合」字之形訛。訂補本已據佚存本訂正。

一三四、言《春秋》於齊、魯自胡毋生，於趙自董仲舒。（中一二二一·三一一八—三；考七—一〇）

正義《漢·藝文志》：「事爲《春秋》，言爲《尚書》，帝王靡不同之。仲尼思存前聖之業，以魯周公之國，禮文備物，史官有法，故與左丘明視其史記，據行事，仍人道，因興以立功，就敗以成罰，假日月以定曆數，藉朝聘以正禮樂。有所褒諱貶損，不可書見，口授弟子。弟子退而異言。丘明恐弟子各安其意，以失其真，故論本事而作傳，明夫子不以空言説經也。所貶損大人有權威，皆形於傳，是以隱其書而不宣，所以免時難也。末代口説流行，故有《公羊》《穀梁》《鄒》《夾》之傳。」《七録》曰：「漢興，有《公羊》《穀梁》竝立國學。《左氏》始出乎張蒼家，本無傳之者。建武中，《鄒》《夾氏》皆滅絶。自漢末稍貴《左氏》，服虔、杜預二注與《公羊》《穀梁》俱立國學。」按：左丘明，魯史也。夾，音頰也。

璋按：考證本此則《正義》佚文，與佚存本相較，脱落甚多。「漢藝文志」下脱「云」字；「所貶損大人」句，「所」字之上脱「春秋」二字，「大人」之下脱「當世君臣」四字；「有權威」之下脱「勢力其事實」五字；「末代口説流行」句，「末代」之上脱「及」字。訂補本已據佚存本補足。

一三五、言《詩》雖殊，多本於申公。（中一二二一·三一二二—八；考一六—一二）

正義言《詩》，於魯則申培公，於齊則轅固生，於燕則韓太傅。申公爲《詩》訓詁，而齊轅固、燕韓生皆爲之傳，或取采雜説，咸非其本義，與不得已，三家皆列於學官。又有毛公之學，自爲子夏所傳。《七録》云：「毛公《詩傳》，後鄭玄箋之，諸儒各爲注解。其《齊詩》久亡，《魯詩》亡於西晉，《韓詩》雖有，無傳之者。毛氏、鄭氏獨立國學也。」

璋按：佚存本有此《正義》，與考證本相較，則知考證本頗有脱落。「言詩」下脱「者」字；「韓太傅」下脱「藝文志」三字；「申公爲詩訓詁」，「詁」字佚存本作「故」，與《漢書·藝文志》合；「或取采雜説」，佚存本作「或取春秋，或采雜説」，與《漢志》合，考證本脱「春秋或」三字；「自爲子夏所傳」下，考證本脱「而河間獻王好之未得立」十字；「毛公《詩傳》，後鄭玄箋之，諸儒各爲注解」中「箋之」之「之」字爲衍文；「各」字，佚存本作「合」字。鄭玄爲《毛詩》作「箋」，融會今、古文《詩》説諸家爲一體，「合」正得其實。考證本「各」字實爲「合」字之形訛。

一三六、伏生年九十餘，老，不能行。（中一二一·三一二四—一一；考二〇—三）

正義 衛宏《詔定尚書序》云：「徵之，老不能行，遣太常掌故朝錯往讀之。生年九十餘，不能正言教錯，齊人語多與潁川異，錯所不知者凡十二三，略以其意屬讀而已。」

璋按：佚存本《正義》佚文與考證本頗有差異。「齊人語多與潁川異」句中「語」字，佚存本作「讀」，與上文「朝錯往讀之」之「讀」相呼應；「畧以其意屬讀而已」句中「畧」字，佚存本作「異」，於此逗斷，與上文「與潁川異」之「異」相呼應。是考證本「語」爲「讀」之形訛，「畧」爲「異」之形訛。校補本因未見佚存本手稿，故皆承考證本之訛。「讀」訛爲「語」，「異」訛爲「畧」，涉及到今文《尚書》文多叚借的學術公案，佚文《正義》溯得其源。

酷吏列傳第六十二

一三七、以危法中都。（中一二二二・三一三三—一三；考七—一）

[正義]以危忍之法中射於都，令有罪也。

璋按：校補本校語「忍」字作「惡」，且指出考證本誤作「忍」字，甚是。但其實佚存本《正義》原作「恶」，「恶」即「惡」之草體，考證本排印時手民以形似而誤植爲「忍」。

一三八、會春。益展一月。（中一二二二・三一四八—六；考三二—七）

△[正義]立春之後，不復行刑。（校補一二二・一四—一一）

璋按：佚存本《正義》摘《史》文「會春」及「益展一月」標目作注：「立春之後，不復行刑，故云然。展，伸也。」校補本脱「故云然展伸也」六字。

大宛列傳第六十三

一三九、及使失指。（中一二二三・三一七一—九；考二六—六）

[正義]失指，失天子之本意也。

璋按：《正義》摘《史》文「失指」二字作注，毋需重書「失指」。此二字乃考證本所添加，實爲衍文。考證本「本意」二字，佚存本《正義》作「旨」一字。

一四〇、今自張騫使大夏之後也，窮河源，惡睹本紀所謂崑崙者乎。（中一二三・三一七九—一〇；考四四—一二）

正義按：張騫窮河源不審，今太史公有疑也。

璋按：「張騫窮河源不審」句中之「窮」字，佚存本《正義》作「極」字；「今太史公」之「今」，佚存本作「使」。

遊俠列傳第六十四

一四一、昔者虞舜窘於井廩。（中一二四・三一八二—六；考三—一〇）

正義舜塗廩鑿井，在《五帝紀》。

璋按：「在《五帝紀》」，佚存本《正義》作「語在《五帝本紀》」。考證本脱「語」「本」二字。

滑稽列傳第六十六

一四二、前有墮珥。（中一二六・三一九九—六；考五—一〇）

正義珥，珠之在耳。

璋按：佚存本《正義》作「珥，珠玉在耳」。考證本「之」字爲「玉」字之誤。

一四三、羅襦襟解。（中一二六・三一九九—八；考六—四）

正義襟，巨禁反。解，閑買反。衿，或作「終」，帶結也。

璋按：「衿，或作『終』，帶結也」，佚存本《正義》作：「衿，或作『終』。終，帶結也。」考證本脱一「終」字。

日者列傳第六十七

一四四、今夫卜筮者利大而謝少，老子之云豈異於是乎。（中一二七・三二一九—四；考九—二）

正義言卜者於天下利則大矣，天下宜以財讎謝則少也。

璋按：「言卜者於天下」，佚存本《正義》於「天下」之下有「宜」字，全句作「言卜者於天下宜，利則大矣」。考證本脱「宜」字。校補本於「天下」之下補「宣」字，校語且謂「瀧川本脱『宣』字」，校補本「天下宜」作「天下宣」。其實校補本所補之「宣」字爲「宜」字之形訛。此則《正義》佚文應如此點讀：「言卜者於天下宜，利則大矣。天下宜，以財讎謝，則少也。」

貨殖列傳第六十九

一四五、至治之極。（中一二九・三二五三—四；考二—九）

△正義言至治之極時，猶鄰國相望，其俗至死不往來也。（校補一二九・一—五）

璋按：此則《正義》考證本原無，爲校補本新增。然佚存本原有，且於「相望」之下、「其俗」之上有一「樂」字，校補本脱。訂補本承校補本脱「樂」字。此則《正義》當如此點讀：「言至治之極時，猶鄰國相望，樂其俗，至死不相往來也。」

一四六、旱則資舟，水則資車。（中一二九・三二五六—五；考九—一）

正義資，取也。《國語》大夫種曰：「賈人夏則資皮，冬則資絺；旱則資舟，水則資車，以待之也。」

璋按：佚存本此則《正義》無考證本之「國語」及「夏則資皮冬則資絺」十字，全條《正義》作：「資，取也。大夫種曰：『賈人旱則資舟，水則資車，以待之也。』」張守節針對《史》文旱資舟、水資車之敘文，節引《國語》作注，故删削夏資皮、冬資絺無關之辭而取其要實。

一四七、躡利屣。（中一二九・三二七一—五；考二九—三）

正義言屣鮮好，躡而行之，會人愛尚，故云「利屣」也。

璋按：「鮮」，佚存本作「雖」；「會」作「令」。全條《正義》作：「言屣雖好，躡而行之。令人愛尚，故云『利屣』也。」語意上下貫通，應爲《正義》原貌。訂補本已據其改正。

太史公自序第七十

一四八、爭於機利。（中一三〇・三三〇六—一一；考三七—七）

正義 爭於機利，謂機巧之利也。

璋按：「謂機巧之利」係釋「機利」一詞，而非釋「爭於機利」一句。佚存本《正義》作「爭於機利，謂爭機巧之利也」。據此可知考證本、校補本、訂補本均因奪一「爭」字遂致欠通。

一四九、粟姬偩貴。（中一三〇・三三一一—三；考四四—六）

正義 負，恃也。

璋按：佚存本《正義》先注音，後釋義，作「偩，音負。負，恃也」。考證本脱「偩音負」三字。校補本、訂補本皆脱此三字。

一五〇、出委以梁。（中一三〇・三三一二—八；考四七—一）

正義 以梁付吴、楚也。

璋按：佚存本《正義》「以」下有「出」字，「付」字作「委於」二字。全文作：「以出梁委於吴、楚也。」